陈云

ChPBCLUB（中国私人银行家俱乐部）创办人兼理事长、危而思商学院首席讲师，曾任某信托公司私人信托部首席财富顾问，经济学学士、中级经济师、认证私人银行家，著有畅销书《大额保单操作实务》。

有着十多年的家庭财富管理经验，先后任职于国内知名的三方财富管理机构和信托公司，担任高级理财经理和首席财富顾问，擅长于依据客户具体情况，构建家族信托和大额保单的财富管理架构。先后受聘于工商银行、建设银行、中信银行、民生银行、交通银行、深圳农村商业银行、中国人寿、交银康联人寿、太平人寿、中意人寿、华夏人寿、英大人寿、中信保诚人寿、建信人寿、中银三星人寿、汇丰人寿等金融机构及团队，累计主讲各类培训和客户场沙龙将近两百场。

刘娓娜

北京市千奭律师事务所主任、北京企业法治与发展研究会＆企业诉讼研究中心副主任、北京大学国家发展研究院硕士，ChPBCLUB（中国私人银行家俱乐部）特聘专家讲师。

拥有10多年的丰富律师经验，专注于研究中国私人财富传承的法律风险防范，将民营企业家在企业运营过程中的刑事法律风险与公司运营过程中涉及公司内部股权结构设计中的控制权、运营权及分红权等诸多法律问题与私人资产配置等相关法律问题相结合，研究了一系列的有效隔离及防范措施及解决方案。擅长处理特别重大、复杂的案件，特别是涉及公司运营中的法律风险防范、公司股权结构设计、公司股权分割与继承案件。

邓美姝

私人信托及财富管理领域的资深专家；注册会计师，注册税务师，国家高级理财师，国际财务管理师，国际金融理财师；新个税学院高净值教研室主任；曾任新时代信托私人信托部总经理。

具有十多年的财富管理工作经验，2013年，提出“以信托为载体，以家庭为核心“的综合财富管理理念，并以此主导了新时代信托私人信托业务的建设和发展，首提“私人信托专户概念”，并以“全方位、全周期、全过程、一站式”的综合财富管理特色赢得了客户的口碑。

陈进

法学博士，百瑞信托有限责任公司研究发展中心总经理，中国信托业协会特约研究员，曾担任百瑞仁爱天使基金、百瑞仁爱映山红慈善信托、百瑞仁爱金庚慈善信托、百瑞仁爱甘霖慈善信托等多单公益慈善类信托项目信托经理，有丰富的信托行业研究、慈善信托研究和实操经验。

李征

ChPBCLUB（中国私人银行家俱乐部）秘书长，某大型金融机构私人银行方向工作人员。

多年专注于研究中国私人财富的资产保值增值，为国内高净值客户及其名下公司的公司运营、财务管理、税务筹划以及合规问题提供整体性、定制化的服务。擅长根据国内现有的税务及金融监管框架结合高净值人群及其持股公司的股权架构特点，有针对性地提供相应的规划金融及金融产品。

ChPBCLUB

私人财富管理系列丛书

Trust management handbook

信托一本通

——从理财信托到家族信托

from financial trust to family trust

陈云 刘娓娜 邓美姝 陈进 李征 著

中国财经出版传媒集团
中国财政经济出版社

图书在版编目（CIP）数据

信托一本通：从理财信托到家族信托 / 陈云等著
. --北京：中国财政经济出版社，2020.8
（私人财富管理系列丛书）
ISBN 978-7-5095-9893-1

Ⅰ. ①信…　Ⅱ. ①陈…　Ⅲ. ①信托－基本知识－中国
Ⅳ. ①F832.49

中国版本图书馆CIP数据核字（2020）第117426号

责任编辑：潘　飞　　　　责任印制：史大鹏
封面设计：卜建辰

XINTUO YIBENTONG：CONG LICAIXINTUO DAO JIAZUXINTUO

中国财政经济出版社 出版
URL：http：//www.cfeph.cn
E-mail：cfeph @cfemg.cn

社址：北京市海淀区阜成路甲28号　邮政编码：100142
营销中心电话：010-88191537
北京时捷印刷有限公司印刷　各地新华书店经销
710 × 1000毫米　16开　17.25印张　217 000字
2020年8月第1版　2021年9月北京第2次印刷
定价：68.00元
ISBN 978-7-5095-9893-1
（图书出现印装问题，本社负责调换）
本社质量投诉电话：010-88190744
打击盗版举报热线：010-88191661　QQ：2242791300

私人财富管理，扬帆起航的体系思维

1978年，对中国来说注定是不平凡的一年，那一年召开的党的十一届三中全会决定开始实行对内改革、对外开放的政策，由此拉开了中国大跨步发展的序幕。时至今日，已经过去40多年，无论从政治、文化、法制和思想的角度看，还是从经济、财富、科技和教育的角度看，中国都已然发生了天翻地覆的变化，这些变化最终使我国人民的生活水平不断提升。尤其是在财富的积累方面，放眼古今中外，能在如此短的时间内，创造如此多的社会财富，可以说是前无古人，后也难有来者。

我们欣喜于改革开放所带来的财富积累的同时，也需要冷静地观察其背后的财富风险：

首先，改革开放源于1978年，但直到2005年中国才有了真正意义上的个人理财，而更为全面的私人财富管理，也仅仅是最近几年才逐渐被大家所熟知，由此导致的最大的问题就是缺乏专业且全面的体系架构思维，大部分私人财富管理的参与者都处于相对比较茫然的“头痛医头，脚痛医脚”的初级阶段。当居民的财富管理需求越来越多元化、越来越个性化时，从业者如何提升自己的专业水准和架构思维，是其必须思考的问题。

其次，2005年以后，中国的个人理财业务得到了飞速的发展，但风险也如影随形。从误导性销售到“飞单”，从庞氏骗局到“两非”（非法集资、非法吸收公众存款），从股市波动到金融危机……无论是普通的“中产”还是年迈的老者，都像韭菜一样，在有意无意中被人收割。我们固然要谴责那些制造风险的参与主体，但我们也要反思自己，是什么因素驱使着我们去做一些从表面看就能感知的高风险理财，是人性的贪婪还是专业的无知，抑或是碍于情面的善良？况且，随着市场波动的除了辛苦积累的财富，还有年轻从业者的职业生涯。面对这些难以分辨的风险，我们又当如何去守护财富、规划人生？

再次，改革开放40多年了，中国的“创一代”“富一代”大部分都到了退休的时候，伴随而来的，或许是人类历史上绝无仅有的财富移转浪——巨量的财富从一代传承到二代。而在传承的过程中，又会有太多的不确定性因素导致传承的失败，比如：内地的国画大师的家族继承纠纷案，相声名家的财富争夺案；港台地区的某集团世纪遗产案，经营之神的家族遗产争夺案；等等。还有很多发生在民间的继承纠纷，尤其是以房产继承为核心的纠纷，无不映射着财富在传承中的问题和不确定性，所有的这些不确定性所带来的风险小则影响家庭和睦，中则影响企业发展，大则影响一方经济，“富不过三代”俨然成了传承路上的魔咒。如何打破这样的历史枷锁，如何帮助家族更好地“传”和“承”财富，是从业者应该思考的关键问题。

最后，全球化在给我们提供各种便利的同时，也让越来越多国外先进的财富管理理念和模式进入中国，这对我国的财富管理既是机遇也是挑战。挑战在于如果国内从业者再不对我国财富管理方面的模式和方法进行学术性探讨和系统性梳理，不对自身财富管理的专业水平和服务意识进行必要的完善和赋能，那么或许会有越来越多的“创一代”“富一代”选择海外的财富管理，这会导致我国财富、人才的外流；但我们又不能简单粗暴地对这样的选择加以直接的阻止，只有完善我国私人财富管理的方方面面，才是留住财富、留住人才甚至吸引他国财富、他国人才的根本所在。

基于以上的这些思考，我们集众人之力，写了这套关于私人财富管理的丛书，可以说是目前国内第一套也是唯一一套系统梳理私人财富管理的丛书。

本套丛书从资产配置流程和策略、理财产品分析、境内外税务筹划、婚姻家庭资产规划、境内外家族信托和境内外保险设立、家族企业股权治理等多个维度系统地阐述私人财富管理的方方面面；并且，本套丛书定位于将复杂的金融专业知识，用尽可能通俗的语言展现给大家，争取让零基础的朋友也能轻易地看懂。

这套丛书总共有三本：

第一本，《私人财富一本通：从保值增值到保全传承》，是从私人财富管理的概念和内涵、私人财富管理的目标和流程、理财工具分析、资产配置与组合管理策略、私人财富管理与境内外税务筹划、私人财富管理与婚姻财富管理筹划、私人财富管理与企业股权的治理等多视角进行详细的阐述，既有理论的分析，也有案例的讲解，还有法律条文的解读，可谓是深入浅出、通俗易懂。

第二本，《保险一本通：从普通保险到大额保险》。长久以来，很多民众对于保险存在着这样那样的误区，这其中既有保险服务不是很完善的问题，也有保险条款复杂难懂的问题，更有购买保险时的期望与理赔时的现实之间差距的问题。而市面上大部分关于保险的书籍都是从营销角度进行阐述的，甚少有从保险的基本分类到条款解读、从功能价值到架构设计、从境内到境外等多维度分析。《保险一本通：从普通保险到大额保险》一书可以说最大限度地弥补了上述不足，让民众尽可能全面地了解保险，并对保险形成更为客观、合理的判断和认知，继而帮助其配置真正符合自身需求的保险产品。而对金融从业人员来说，尤其是保险从业人员，正确、全面、客观地认识保险产品，也有助于更全面地体现其专业价值、更好地服务客户。

第三本，《信托一本通：从理财信托到私人信托》。信托作为一个舶来品，国人对此了解甚少。信托作为世界范围内运用最为广泛的私人财富管理工具，无论是其核心功能还是运用空间，都超乎我们的想象，被誉为“现代信托之父”的美国哈佛大学教授斯考特先生曾说过：信托的运用范围可以和人类的想象力相媲美。《信托一本通：从理财信托到私人信托》一书从信托的基础概念和分类、理财型信托和家族信托的异同、家族信托的功能和特点、家族信托在我国发展的运用和困境、慈善信托在我国的发展、离岸信托的内涵与分类等多维度展开叙述，为大家全方位、立体化地呈现信托的面貌，在中国私人财富规模不断增加的时代背景下，助力中低收入家庭的财富保值与增值、高收入家庭的财富保全与传承。

本套丛书核心内容于2019年年中全部完成，后经过反复多次的修改和调整，最终形成目前的内容。原计划于2020年初正式出版发行，岂料天有不测风云，新冠肺炎疫情的暴发，让全国人民都遭受了空前的影响与不便，本套丛书也由此耽误了出版的进度。所幸在全国人民的共同努力下，新冠肺炎疫情很快得到了有效控制，各项工作陆续恢复，在中国财政经济出版社尉敏老师的帮助与协调下，本书的出版工作也得以顺利推进。

2020年还有一件大事值得大书特书，那就是《中华人民共和国民法典》（以下简称《民法典》）正式颁布，并将于2021年1月1日开始实施，作为中华人民共和国的第一部法典，《民法典》的颁布具有深远的影响。

在此背景下，私人财富管理领域亦有不小的变化，比如，公证遗嘱优先效力的取消，在保障遵守立遗嘱人最真实意愿的同时，也有可能带来额外的遗嘱效力的纠纷，作为财富管理者，我们该如何应对？再比如，对于债权人代位权行使的问题，由之前《合同法》规定的仅在债务人怠于行使其到期债权时，债权人才可以行使代位权，改为《民法典》所规定的只要债权人有证据表明债务人存在怠于行使其债权的情形并且会导致债权人利益受损，就可以向人民法院申请代位权，这体现了保护善意当事人合法权益的立法精神。在实务中，我们应该树立正确的价值观，以法律为准绳，帮助客户做好财富规划。

对此，本套丛书也依据《民法典》的相关规定，做了全面的修改和完善，这也算是给各位读者的补偿，让大家能够与时俱进，更好地服务客户。

当然，由于我们学识有限，有些地方写得或许不够全面，恳请广大读者海涵并提出宝贵意见。

此外，感谢本套丛书的各位作者，不辞辛劳，多次修改书稿，感谢中国财政经济出版社的尉敏老师和潘飞老师对于本套丛书的修订与校稿。正是大家的共同努力，才使这套丛书顺利地与大家见面。

当然，还要感谢我的爱人，在写这套丛书的时候，正处于其艰难的怀孕期间，由于写作的繁忙，没有太多时间陪伴她，但她对于我的工作依然是一如既往地支持，感谢她的理解与支持。让我们倍感幸福和幸运的是，我们的龙凤胎儿女，差不多在本套丛书完成之际，也来到了这个世界，这是上天赐予我们最好的礼物。如今，本套丛书即将出版，他们也一岁有余，希望两个小家伙健康快乐地成长，将来成为对社会有用之人。

最后，衷心地希望本书能够给每一位读者，带来一些思想、方法、价值等方面的启迪。

ChPBCLUB私人银行家俱乐部创始人　陈云

2020年7月18日北京

目录

CONTENTS

第一章 信托的基础

Chapter 1

所谓信托，简单来说，就是因为信任，所以托付。按照《中华人民共和国信托法》（全书简称《信托法》）的定义，信托是委托人基于对受托人的信任，将其财产权委托给受托人，由受托人按委托人的意愿，以自己的名义，为受益人的利益或特定目的，进行管理和处分的行为。

普遍认为，最早的信托行为发源于4500年前古埃及的“遗嘱托孤”，古埃及人在其写的遗嘱中，指定其妻继承财产、其子为受益人，并为其子指定了监护人。而从法律的角度来说，信托最早来源于《罗马法》中的“信托遗赠”制度：在按遗嘱划分财产时，可以把遗嘱直接授予继承人，若继承人无力或无权承受时，可以按“信托遗赠”制度，把财产委托或转让给第三者处理。古罗马的“信托遗赠”已形成了一个比较完整的信托概念，并且首次以法律的形式加以确定。

而现代的信托制度，起源于英国的“尤斯制度”。该制度起初是为了克服基督教徒向教会捐赠土地的法律障碍：凡要以土地贡献给教会者，不做直接的让渡，而是先赠送给第三者，并表明其赠送目的是维护教会的利益，第三者必须将从土地上所取得的收益转交给教会。之后，随着封建制度的彻底崩溃和资本主义市场经济的确立、契约关系的成熟、商业信用和货币信用的发展，以及分工的日益精细繁复，“尤斯制度”逐渐演变为现代信托。

中华人民共和国的信托业始于改革开放初期，1979年10月，经国务院批准，由原国家副主席荣毅仁先生主导建立了中国第一家信托公司——中国国际信托投资公司，它的诞生标志着中国正式引入现代信托制度。

在之后的20多年，伴随着中国经济体制的巨大变革和转型，信托的制度建设和法制建设相对落后，再加之各信托公司盲目发展，严重偏离信托本源，致使信托业经历了由萌芽起步到野蛮生长再回归落寞的痛苦历程，其间全行业历经数次整顿。

直到1999年，我国确立了“分业经营、分业监管”原则，将整顿后的信托公司定位于“主营信托业务的金融机构”，并于2001年颁布《中华人民共和国信托法》，由此，确立了信托业务经营的基本法律准则，结束了信托业长期以来功能定位不清晰的局面，奠定了我国信托业的法律基础。

随后我国相继出台了《信托投资公司管理办法》和《信托投资公司资金信托业务管理暂行办法》，与《信托法》并称为信托领域的“一法两规（‘旧两规’）”。由此信托法律体系和监管框架逐步确立，信托业逐步走上规范化发展之路，信托从以信贷、实业和证券为主营业务和收入来源的模式，转向以“受人之托，代人理财”为主营业务，以收取手续费、佣金和分享信贷收益为主要收入来源的金融机构。

2007年，银监会修订的《信托公司管理办法》与《信托公司集合资金信托计划管理办法》（简称“新两规”）正式出台，开宗明义地强化信托公司的信托功能，提出防范风险与鼓励创新并举，引导信托公司发挥信托制度优势，立足信托本源业务，提高自主管理能力，成为真正经营信托业务的专业化资产管理机构，信托公司由此进入了前所未有的健康快速发展轨道。

2010年7月，银监会发布《信托公司净资本管理办法》，旨在进一步引导信托公司发展主动管理型业务，从追求规模和短期收益的粗放式经营向提升业务技术含量和产品附加值的内涵式发展模式转型，由此，信托行业正式进入净资本管理时代。

随着信托相关法律法规的逐步出台、信托监管的逐步完善，作为一种特殊的财富管理制度，信托在私人财富管理领域发挥着越来越重要的作用。比如，美国的洛克菲勒家族、默多克家族和乔布斯家族，英国的戴安娜王妃，法国的穆里耶兹家族，意大利的安东尼家族、中国香港地区的邵逸夫家族和李嘉诚家族，中国台湾地区的王永庆家族和蔡万霖家族，中国大陆龙湖地产的吴亚军、京东的刘强东、龙光地产的纪海鹏等，这些声名显赫的大家族或者企业主，其背后都有信托的身影。

第一节　信托的基本概念

英国著名法律史学家梅特兰（F. A. Maitland）曾说过，如果有人要问，英国人在法学领域取得的最伟大、最独特的成就是什么，那么就是历经数百年发展起来的信托理念，我相信再没有比这更好的答案了。这不是因为信托体现了基本的道德准则，而是因为它的灵活性，它是一种具有极大弹性和普遍性的制度。

虽然信托的发展已经经历了数百年，其间也有不少专家学者对信托下过具体的定义，但时至今日，依然没有一个非常准确且完全令人满意的定义，其主要原因在于：

第一，信托本身在不断地发展变化，不同时期有着不同的表现形式，难以用同一个信托概念来体现不同时期的信托形态。

第二，信托的类型多种多样，不同类型的信托在特征上又有着或大或小的差别，从这些不同特征中抽象出一个统一的定义，确实存在难度。

第三，也是比较关键的，现代信托起源于英国，而英国法律属于判例法，法院审理案件时必须遵循先例，因此大部分情况下都没有必要考虑信托的定义。

尽管为信托进行一个统一的、令人满意的定义存在上述的难度，但依然有不少人对信托给出了尽可能完美的定义。接下来，我们将从国内和国外两个角度，来看看到底什么是信托。

一、国内信托的定义

（一）定义

国内对于信托的定义出现在《信托法》的第二条："本法所称信托，是指委托人基于对受托人的信任，将其财产权委托给受托人，由受托人按委托人的意愿以自己的名义，为受益人的利益或者特定目的，进行管理或者处分的行为。"

理解这一定义，可以从以下几个方面把握其基本的特征：

1.信托是一项特殊的财富管理制度

信托是一种由第三人进行管理的财富管理制度，信托关系中的当事人有3个，即委托人、受托人和受益人。

2.信托以信任为基础

信托的当事人之间具有充分的信任关系，尤其是委托人与受托人之间的信任关系，成为信托关系产生的基础，无信任，不托付。

3.信托以财产为前提

没有信托财产或者信托财产不明确，信托都不能成立。而信托财产是以受托人的名义持有，但同时具有较强的独立性，不属于受托人的固有财产。受托人对信托财产行使管理、运用或处分权，必须受信托目的的约束，信托财产在实质上属于受益人所有。

4.信托以受托人为核心

在信托活动中，受托人虽然是按照信托文件或者信托法律的规定，行使对信托财产的管理、运用或处分的权利，但是以受托人自己的名义进行，并就此承担相应的责任。正是因为如此，《信托法》中关于受托人权限、义务、权利和责任等方面的规定，占据了相当大的篇幅。

5.信托以委托人意愿为目的

信托目的，本质上就是委托人的意愿，委托人将财产权委托给受托人，其目的是实现自己的意愿，包括受益人的利益或者特定的其他目的，而委托人的这些意愿，往往都体现在了信托文件之中。这些文件，可以说是日后受托人信托行为的准则。

（二）与其他概念的异同

作为一项财富管理制度，信托与委托代理、寄存保管、行纪之间有着怎样的区别呢?

1.信托与委托代理的区别

从经济功能上看，在委托他人管理、运用或处分财产这一点来看，两者有相似之处，但在法律原则上，则存在重大的差别：

（1）在信托关系中，信托财产的名义人为受托人；而在委托代理关系中，财产权仍为本人的名义。

（2）在信托关系中，委托人可以指示受托人，但不直接管理、运用和处分信托财产；而在委托代理关系中，代理人和本人都可以行使对财产的管理、运用和处分的权利。

（3）在信托关系中，信托财产具有独立性，受托人死亡、破产等，都不影响信托关系的存续；而在委托代理关系中，代理人死亡，该代理关系随之终止。

（4）在信托关系中，信托财产因管理、运用或处分对第三人产生的债务，以受托人的名义对第三人承担责任；而在委托代理关系中，因代理行为产生的对第三人的债务，则由本人承担责任。

（5）在信托关系中，受托人的行为约束信托财产，但不直接约束受益人；而在委托代理关系中，代理人的行为约束本人。

2. 信托与寄存保管的区别

在财产由委托人转交给受托人/保管人这一点来看，两者有近似之处，但在法律原则上，则存在重大的差别：

（1）在信托关系中，不仅信托财产的占有发生变化，信托财产的名义转为受托人；而在寄存保管关系中，保管人只临时占有寄存的财产，并不发生名义上的变化。

（2）在信托关系中，受托人要按照信托文件的约定，为了信托目的，对信托财产进行管理、运用和处分；而在寄存保管关系中，保管人仅负有安全保管和返还的义务，而不承担运用、处分财产的义务。

3. 信托与行纪的区别

行纪是指行纪人接受委托人的委托，以自己的名义为委托人从事贸易活动，而由委托人支付报酬的行为。行纪与信托在为他人的利益进行财产的管理、处分方面有共同之处，但在法律关系上有着重要的区别：

（1）设定关系的形式不同。行纪关系只能通过契约形式设定；而信托关系不仅可以通过契约形式设定，而且还可以通过遗嘱以及其他书面形式设定。

（2）受托人的权利范围不同。在行纪关系中，行纪人经委托人授权，其权利只限于代委托人买卖财物，并不得违背委托人在价格、数量、质量等方面的要求；而在信托关系中，受托人的权利要比行纪人的权利广泛得多，其对财产的管理和对信托事务的处理，包括了事实行为、法律行为和诉讼行为，在管理、运用或处分信托财产上，具有更大的权限。

在国内，信托除了是上述的一项财富管理制度之外，还作为一种理财产品被大家所熟知，其类型包括固定收益类信托和证券投资类信托，后续章节将对此作详细介绍。

二、国际信托的定义

不同的国家有着不同的法律背景和社会习俗，并且各国之间的信托发展历程也不尽相同，因此各国之间对于信托的定义往往有所差别。而随着经济全球化的发展，国际信托活动日益频繁，在法律适用方面，各国之间存在的一定的障碍甚至是矛盾，并且有部分国家和地区尚未建立或者承认信托制度。为了解决这一问题，并为各国信托制度的完善和相互认可提供解决方案，1985年，在荷兰海牙召开的国际会议通过了《关于信托的承认及其法律适用的国际公约》(以下简称《海牙信托公约》)。

《海牙信托公约》对信托的定义为：信托是指一个人即委托人在生前或者死亡时创设的一种法律关系，委托人为受益人的利益或者为某个特定目的，将其财产置于受托人的控制之下。

同时，《海牙信托公约》还对信托的特点做了如下归纳：(1)信托项下的财产为独立的资金，不是受托人自己财产的一部分；(2)以受托人名义或以代表受托人的另一个人的名义拥有信托财产；(3)受托人有根据信托的条件和法律所加于他的特殊职责，管理、使用或处分财产的权利和应尽的义务。

该定义只是较好地反映了信托的一些主要特征，并非信托的完美定义，其目的主要是让不同国家特别是大陆法系国家认可和接受。

《海牙信托公约》的诞生，具有重要的意义。为没有信托制度的国家认识信托制度提供了机会，为其处理国际信托事务提供了指导，为其适用信托冲突法规则提供了方法论上的创新；对有信托制度的国家来说，

《海牙信托公约》有利于信托制度的承认和信托冲突法规则的统一。而《海牙信托公约》对于完善我国信托法律适用制度的作用则是，既为我国制定信托冲突法规则提供了立法蓝本，也为我国加强与世界其他国家在信托事务方面的国际合作提供了契机。

当然也必须看到，尽管公约具有非常重要的作用，但也存在着一些不足，比如，由于其过于原则性和概括性的规定，导致各缔约国法院的认定和判罚存在一些差异；同时由于对某些问题保持缄默，导致了各缔约国的自由裁量空间过大，而且由于目前的缔约国较少，所以公约的影响力还比较小，在处理国际信托事务方面，尚有潜力可挖。

纵观上述国内、国外关于信托的定义，我们可以看到，大部分都是相似的，比如，对于受托人的角色定位、对于委托人意愿的体现等。但也有一些差异，其中最核心的一点在于，国内对于信托财产的转让用的是“委托给”的术语，而国外基本用的是“转移”。

其实，国际通行的信托制度是建立在信托财产所有权转移的基础之上，即设立信托，委托人必须将其合法拥有的财产的所有权转移到受托人名下，这是信托历经数百年演变而始终不变的特点之一，也是信托在财富管理方面发挥巨大功能的根本性制度保障，但为何信托进入中国后，其“转移”关系却变成了“委托给”的关系呢?

早在1996年全国人大财经委提交的《信托法（草案）》（一次审议稿）中，关于信托的定义是这样的：“本法所称信托，是指委托人基于对受托人的信任，将其财产权转移给受托人，由受托人按委托人的意愿以自己的名义，为受益人的利益或者特定目的，进行管理或者处分的行为。”但在2001年正式通过这部法律时，却将“转移给”变换成了“委托给”，到底是何缘由呢？并且经此一改，给法律界和实务界都带来了一个巨大的问题，即“委托给”是只具有形式的法律意义，还是具有实质的法律意义?

所谓的“形式的法律意义”是指只是形式上的用词不同而已，实际上并没有改变委托人需要将财产权转移给受托人的实质。所谓“实质的法律意义”是指不只是形式上的用词不同，实质上也与“转移给”不同，这就意味着在我国设立信托，仅有意思表示就够了，无需财产权的转移，甚至于信托设立后，信托财产的所有权仍然保留在委托人手中。

上述两种理解不同，在信托的成立要件和法律效果上就会有完全不同的情形，因此，对我国《信托法》定义中的“委托给”的法律含义进行分析，显得非常有必要。

将《信托法》的立法背景和全文其他条款综合来看，我国信托定义中的“委托给”一词只具有形式的意义，并没有改变设立信托需要财产权转移的实质。其原因主要有：

第一，从立法背景来看，这是一种制度安排的需要。我国已经建立了比较完备的以意思表示为基础的委托代理制度和委托合同制度，如果信托制度只是一种以意思表示为基础的委托财产管理制度，那么我国就根本没有必要再另起炉灶，来制定一部专门的信托法律了，因为现行的委托制度已经足够解决相关问题。所以实际情况是，信托制度从诞生之日起，就表现出了与委托制度完全不同的法律和功能特征。我国制定信托法、确立信托制度的根本目的，也正是发挥信托在财产管理方面完全不同于委托的功能。

第二，从《信托法》本身的规定来看，信托财产所有权也不可能仍然保留在委托人手中。主要有以下5个方面的原因：

一是《信托法》第十五条明确规定了信托财产独立性的法律特征，即“信托财产与委托人未设立信托的其他财产相区别”。

二是《信托法》的第八条明确规定“信托可以采取遗嘱方式设立”，第五十二条规定“信托不因委托人死亡、解散、被撤销或者破产而终止”。而从法律上来说，当自然人死亡或者企业终止后，将丧失民事权利能力，作为委托人自然也就没有财产拥有的资格。由此可见，《信托法》

实质上已经表明了信托财产所有权已经发生转移的事实。

三是信托财产的定义也表明了其财产权已经转移的事实。《信托法》第十四条规定“受托人因承诺信托而取得的财产是信托财产”，即要成为信托财产，除了要受托人做出承诺信托的意思表示之外，还必须要有受托人“取得”财产权的行为。

四是从新、旧受托人职责交接看，其财产权亦是转移的事实。《信托法》第四十一条规定：“受托人有本法第三十九条第一款第（三）项至第（六）项所列情形之一，职责终止的，应当作出处理信托事务的报告，并向新受托人办理信托财产和信托事务的移交手续。”如果财产权不转移，何来职责终止后的移交呢?

五是信托财产的归属也表明了财产权转移的事实。《信托法》第五十五条规定：“依照前条规定，信托财产的归属确定后，在该信托财产转移给权利归属人的过程中，信托视为存续，权利归属人视为受益人。”由此可见，信托终止时，信托财产的归属确定后，不是由权利归属人当然取得信托财产，而必须由受托人向权利归属人办理信托财产转移手续。如果设立信托时信托财产没有转移给受托人，就没有必要办理这个手续。

第三，从操作层面看，也需要财产权的转移。《信托法》关于信托的定义中，有很重要的一条，即需要受托人以自己的名义管理或处分信托财产。如果不将财产权转移至受托人名下，受托人如何以自己的名义去管理特别是处分信托财产呢?特别是在信托财产是记名财产或者是需要注册登记的财产时，比如不动产和股权等，没有所有权的受托人更是无法实施管理和处分行为。

第四，从信托业务的实践来看，也是一种转移的实质。当前信托公司经营的各种信托业务，无论是集合信托业务还是单一信托业务，无论是作为财富管理的家族信托业务还是作为理财产品的信贷业务，实践中均采取了财产权转移的做法。信托业监管部门对此也予以积极承认，并要求信托公司对受托的信托财产以自己的名义在商业银行开立“信托财产专用账户”。

因此，综上所述，虽然我国《信托法》中对信托的定义采用的是“委托给”的表述，但其实质是“委托”加“给”的意思，“委托”是设立信托的意思表示行为，“给”是将信托财产所有权转移给受托人的行为。

第二节　信托的一般结构、要素与当事人

一、一般结构

在中国，信托既是一项财富管理制度，同时也是一种理财产品类型，因此，从结构上来说，两者稍微有些区别，图1-1是信托作为一项财富管理制度时的一般结构，图1-2是其作为一种理财产品时的一般结构。

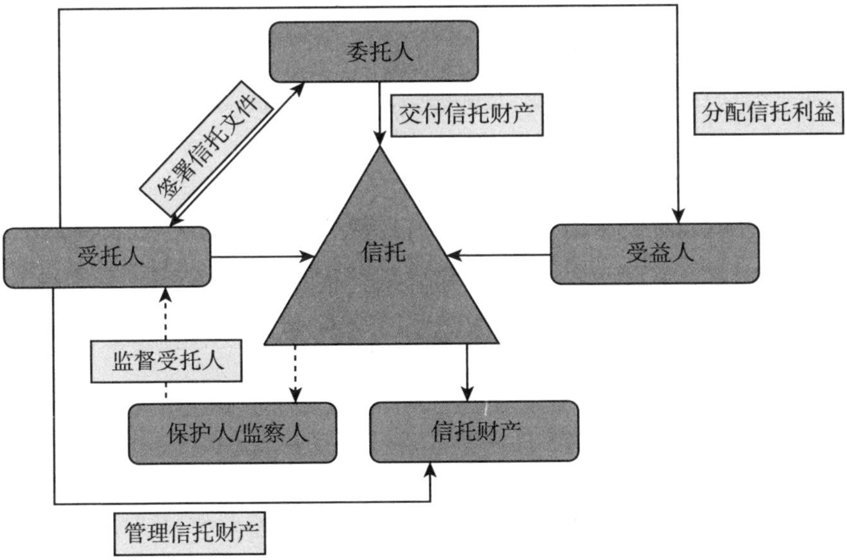

图1-1　信托作为财富管理制度时的一般结构图

资料来源：ChPBCLUB中国私人银行家俱乐部。

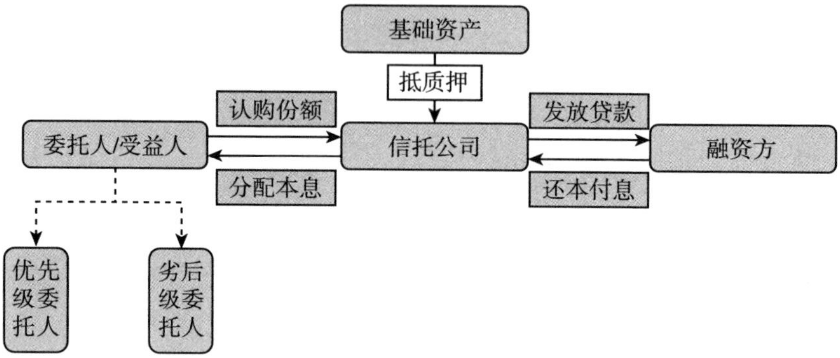

图1–2　信托作为理财产品时的一般结构图

资料来源：ChPBCLUB中国私人银行家俱乐部。

上述结构图只是一般性的，其中虚线部分是可选的结构，实线部分是必须有的结构。在实务中，针对具体的情形会有诸多的变化，比如图1–1中保护人或者监察人可以依据具体的需要进行设置或者不进行设置，针对不同的信托财产类型，还可以采用不同的架构来持有，比如，将股权作为信托财产设立信托，就可以在信托项下再加一层SPV（特殊目的载体）架构来持有股权，以方便日后的管理和分割。再比如图1–2中的结构，在某些特殊场景中，或许还需要加入投资顾问、证券经纪人等角色。

二、设立信托的三要素

无论是设立理财型的信托还是财富管理型的信托，都需要一些基本的要素，其中有3个是必不可少的，包括信托必须要有当事人、合法且确定的信托财产以及合法的信托目的。

（一）当事人

信托法律上的当事人只有3个，分别为委托人、受托人和受益人。具体的主体资格以及权利义务，下文再详细阐述。

除了上述3个基本的当事人之外，在一些具体的信托架构下，还存在一些与之相关的关系人，虽然其不是设立信托的必要因素，但在信托活动中依然发挥着重要的作用。比如，作为一项财富管理制度的信托，其有可能设置保护人，用以代替委托人或者在委托人身故后，履行监督受托人、保护受益人的职责；在公益信托项下，不仅必须要设置监察人，有时候还有可能需要设置执行具体公益项目的执行人。再比如，作为一项理财产品的信托，其有可能需要设置投资顾问、证券经纪人等角色。

（二）合法且确定的信托财产

按照《信托法》的规定，确定的、合法的信托财产是设立一项信托必须具备的要件之一。《信托法》第七条规定："设立信托，必须有确定的信托财产，并且该信托财产必须是委托人合法所有的财产。"这里面包含3个层面的意思：

一是合法的。只有属于委托人合法所有的财产，在委托受托人进行管理、运用或处分的过程中，财产权利明确，不存在导致信托无效或被申请撤销信托的情形，否则，信托关系不稳定，难以达到委托人设立信托的目的。特别是要防止恶意的委托人与受托人串通，利用信托从事侵占国家、集体或者他人财产的活动。

二是现存的。无论是财产还是财产权，都必须是委托人实际所有的，而将来可能取得的财产不能作为信托财产。

三是确定的。信托财产可以是一件财产，也可以是若干件财产，还可以既有实物财产又有无形财产。不论信托财产的种类如何，一项信托的信托财产必须具有确定性，受托人才能按照信托文件确定的信托财产管理方法进行管理、运用或处分。

（三）合法的信托目的

设立信托是委托人的自愿行为，与一般民事、商事法律行为一样，属于当事人之间的自主行为，可以由当事人在公平的情况下协商一致后设立，所以其目的具有广泛性，既包括财富的增值，也包括照顾家庭成员以及子孙后代的生活，还可以是某项社会公益事业，等等，不一而足。但无论是什么目的的信托，其基本前提必须是合法的。按照《信托法》的规定，合法的信托目的，是设立一项信托必须具备的要件之一。《信托法》第六条规定："设立信托，必须有合法的信托目的。"

此外，《信托法》第十一条规定了一些禁止性的信托目的，包括信托目的不得违反法律、行政法规或者损害社会公共利益，不得专以诉讼或者讨债为目的设立信托。

举例来说，在国外，因设立一项信托而禁止受益人结婚，是不可以的，因为这被认为限制了受益人的婚姻权，是违法的，但若只是禁止其与某类人结婚，则是被允许的。

三、信托当事人

信托的当事人分别为委托人、受托人和受益人，那么各个主体都有些什么样的资格要求以及权利义务呢？

（一）委托人

委托人是交付信托财产的信托当事人，按照《信托法》的规定，具有完全民事行为能力的自然人、法人或者依法成立的其他组织都可以成为委托人。

1.委托人权利

按照法律的规定，委托人具有较大的权利，包括但不限于：

（1）信托管理事务的知情权。《信托法》第二十条规定："委托人有权了解其信托财产的管理运用、处分及收支情况，并有权要求受托人作出说明；同时，委托人有权查阅、抄录或者复制与其信托财产有关的信托账目以及处理信托事务的其他文件。"

委托人享有的上述知情权，能够保障委托人能够比较及时和全面地了解和掌握与信托有关的事实，有利于对受托人管理信托事务和信托财产管理情况的监督，从而有利于委托人意愿或者信托目的的实现。

关于委托人知情权的行使方式，《信托法》并未做出明确的规定，但根据民事法律行为的意思自治原则，委托人知情权的行使，原则上有约定依约定，没有约定依法定。因此，委托人可以和受托人协商确定行使知情权的方式，既可以是定期的书面行使，也可以是随时的口头行使，只要双方协商一致即可。但需要特别注意的是，信托文件不能限制委托人行使知情权的方式，剥夺或者变相剥夺委托人享有的法定知情权。

而如果受托人不配合委托人行使知情权，则委托人可以向人民法院提出诉讼，通过司法程序强制受托人履行职责。

（2）信托财产管理方法调整的要求权。《信托法》第二十一条规定："因设立信托时未能预见的特别事由，致使信托财产的管理方法不利于实现信托目的或者不符合受益人的利益时，委托人有权要求受托人调整该信托财产的管理方法。"

在信托关系中，信托财产的管理权属于受托人，委托人不得随意干涉受托人的管理活动，更无权随意变更信托财产的管理方法。这是信托关系法律效力的表现，也是信托财产独立性原则的要求。

但由于客观情况的变化，致使原来采用的信托财产管理方法不能继续采用或者不需要再采用时，则应当变更原来的管理方法，否则势必会影响信托目的的实现。信托财产管理方法的调整，有些是设立信托时就预先考虑到的，可以由受托人在信托文件的授权范围内做出调整。

受托人在有权调整却未予调整的情形下，法律赋予委托人有权要求受托人依照信托目的和受益人利益调整信托财产的管理方法。委托人可以直接向受托人行使这项权利，也可以通过法院做出的裁定行使这项权利。

（3）损失救济权。《信托法》第二十二条规定：“受托人违反信托目的处分信托财产或者因违背管理职责、处理信托事务不当致使信托财产受到损失的，委托人有权申请人民法院撤销该处分行为，并有权要求受托人恢复信托财产的原状或者予以赔偿；该信托财产的受让人明知是违反信托目的而接受该财产的，应当予以返还或者予以赔偿。前款规定的申请权，自委托人知道或者应当知道撤销原因之日起一年内不行使的，归于消灭。”

信托设立后，受托人有权以自己的名义对信托财产进行管理和处分，委托人对受托人处理信托财产的行为，原则上不得干涉，更不能随意撤销，否则信托财产的交易安全性以及信托财产的独立性就无法得到保障。但是，为了防止受托人故意或者过失致使信托财产不当减少，法律也赋予了委托人有针对性的撤销权，用以保护信托财产的安全，维护信托目的，保护受益人的切身利益。

但委托人的撤销权不得随意行使，若行使，应当具备以下构成要件：

一是须有受托人的行为，并且为在信托成立后和继续有效存在的行为。

二是处分信托财产或使信托财产减少并受到损失的行为。撤销权的行使，以维护信托目的、保护信托财产安全为宗旨。

三是受托人的行为应当是违反信托目的、有害于受益人受益权的行为。这是撤销权成立的根本条件。

四是委托人须在撤销权消灭时效内行使撤销权。

委托人撤销权应当通过诉讼方式行使，人民法院根据委托人的请求作出撤销受托人处分信托财产行为的判决后，受托人的处分行为即发生自始无效的法律后果。

这种无效处分行为的法律后果主要有两个方面的内容：一是恢复信托财产的原状；二是赔偿信托财产损失。恢复原状请求权和赔偿损失请求权的效力及于明知是违反信托目的而接受该信托财产的受让人。如果接受该信托财产的受让人是善意的，则受托人处分行为的无效不影响善意受让人取得该信托财产行为的法律效力，对善意受让人取得信托财产的行为不得予以撤销，善意受让人不承担返还财产或赔偿损失的责任。

（4）受托人解任权、辞任同意权和新受托人选任权。受托人解任权的依据是《信托法》的第二十三条："受托人违反信托目的处分信托财产或者管理运用、处分信托财产有重大过失的，委托人有权依照信托文件的规定解任受托人，或者申请人民法院解任受托人。"

委托人作为信托财产的提供者、信托目的的设定人，拥有保护信托财产、维护信托目的并促使信托目的实现的权利。正是基于这种法律地位，委托人享有解任受托人的权利。

但如果委托人任意行使解任权，信托关系就失去了稳定性，这种理财制度的风险就会增加，信托的功能就会受到影响，这当然不利于信托目的的实现，也不符合受益人的利益。因此，委托人在两种情形下可以行使解任权：一是受托人违反信托目的处分信托财产；二是受托人管理运用、处分信托财产有重大过失。上述两种情形中有一种情形发生时，委托人即可行使解任受托人的权利。

除上述两种情形外，在其他情形下，委托人都无权解任受托人。

委托人行使解任受托人权利的方式有两种：第一种是按照信托文件的规定直接行使解任权；第二种是通过诉讼方式行使解任权。

另外，不论信托文件对解任受托人的内容是否做出规定，委托人都可以申请人民法院解任受托人。

辞任同意权的依据是《信托法》的第三十八条："设立信托后，经委托人和受益人同意，受托人可以辞任。"

由于受托人的责任重大，受托人也需要是有经验、有能力、有知识、有时间和身体情况允许的成年公民或机构完备、运行状况良好的法人或社会组织。在有的情况下，受托人可能因为种种原因，自己的情况发生变化或不能很好地履行受托人职责，或者与委托人、受益人发生一些关系上的变故，在这样的情况下，只须经委托人和受益人同意，受托人就可以辞任。考虑到《信托法》的有关建立信托需要书面文件的规定，这里的同意应采取书面文件形式。

新受托人的选任权的依据是《信托法》第四十条："受托人职责终止的，依照信托文件规定选任新受托人；信托文件未规定的，由委托人选任。"

为维护有关信托当事人的利益，保持受托人职责的连续性和不间断性，受托人职责终止的，要按照有关程序选任新受托人。信托文件有规定的，依信托文件的规定选任新受托人，信托文件未规定的，由委托人选任。

委托人只有在条件成立的情况下才能行使上述权利，既是保障信托目的顺利实现的需要，也是维持信托财产独立性的基本要求。

（5）信托的解除权、对于受益人的变更权和受益权的处分权。《信托法》第五十条明确规定了委托人对于信托的解除权，第五十一条则规定了上述三项权利。

第五十条规定："委托人是唯一受益人的，委托人或者其继承人可以解除信托。"

在委托人是唯一受益人的情况下，允许委托人享有随时解除信托的权利，在通常情况下并不会损害其他信托当事人的利益；并且委托人行使这个权利，没有前提条件，也不必征得受托人的同意，而且不需要有任何理由。

第五十一条规定："设立信托后，有下列情形之一的，委托人可以变更受益人或者处分受益人的信托受益权：（一）受益人对委托人有重大侵权行为；（二）受益人对其他共同受益人有重大侵权行为；（三）经受益人同意；（四）信托文件规定的其他情形。有前款第（一）项、第（三）项、第（四）项所列情形之一的，委托人可以解除信托。”

由于信托是委托人无偿地以自己的财产为受益人的利益而设立，受益人在信托关系中不付出任何代价而纯享利益，因此如果受益人对委托人实施重大侵权行为，给委托人的人身、财产或者其他合法权益造成重大损害时，基于社会正义和伦理道德的要求，委托人可以变更受益人或者处分该受益人的信托受益权，以剥夺该受益人的全部或者部分受益权，还可以解除信托。

（6）信托财产或者信托受益权的归属权。当信托目的已经实现或者不能实现，但还剩余有信托财产的时候，委托人享有对于信托财产或者信托受益权的归属权。《信托法》的第四十六条和第五十四条都对此有着具体的规定。

归根结底，信托毕竟是由委托人设立的，目的是实现委托人自身的意愿，因此，委托人除了拥有上述各项权利之外，还可以在法律范围之内，拥有其他诸多权利，比如特定情形下的信托财产管理的权利、追加信托财产的权利、增加信托受益人的权利、增加或者调整信托保护人或者监护的权利等。

当然，无论何种权利的行使，都必须要在法律的允许范围之内，并且最好能够事先与受托人协商一致，将上述权利保留在信托文件之中。

2. 委托人义务

委托人除了享有上述的各项权利之外，也有一些需要遵循的义务，包括如下几点：

（1）信托财产来源合法。不只信托，全世界没有任何一种金融工具或者法律制度，会保护非法收入。因此，委托人必须履行保证信托财产来源合法的基本义务。

（2）信托目的合法。任何法律和制度，都不会保护合法外衣下的非法目的，信托亦然。作为一种财富管理制度，信托具有诸多的优势和功能，但若利用这些优势和功能达成非法的目的，则信托的效力很容易受到挑战。因此，委托人必须履行的第二种义务就是要保障信托目的的合法。

（3）设立信托不得损害其他债权人的合法利益。《信托法》第十二条明确规定："委托人设立信托损害其债权人利益的，债权人有权申请人民法院撤销该信托。"

由于信托是委托人无偿地以自己的财产为受益人的利益而设立，受益人在信托关系中不付出任何代价而纯享利益，并且受托人也可以是受益人之一，因此，就有可能出现委托人为了逃避债务，将应当抵偿债务的财产设定信托，损害债权人利益。此种情形属于欺诈信托，债权人有权依照法定程序撤销该信托。

（二）受托人

可以这么说，受托人是信托关系中最重要的信托当事人，委托人的意愿或者说信托目的能否最终实现，很大程度上仰仗于受托人的专业管理能力和职业操守。《信托法》共七十四条，其中有十九条是专门针对受托人的相关规定，与之相比，《信托法》中专门针对委托人和受益人的篇幅，加起来也不过十二条内容。而在现代信托发源地的英国，其议会制定的最重要的信托法律甚至直接被称为受托人法，即现行《1925年受托人法》和《2000年受托人法》，重点规范受托人的产生、职责和权利义务等。由此可见，受托人在信托关系中具有举足轻重的地位。

受托人是委托人设立信托的相对人，从委托人那里接受财产权的委托，负有按照信托文件的规定管理、处分信托财产的义务。从主体资格来说，由于受托人负有这一义务，因此，受托人应当是具有完全民事行为能力的自然人、法人。

细心的读者也许已经发现，与委托人的资格不同，受托人只能是具有完全民事行为能力的自然人和法人，并不包括依法成立的其他组织，这是为什么呢?

原因是在信托活动中，受托人需要以自己的名义管理和处分信托财产，并且承担相应的民事责任。但依据最高人民法院发布的《关于适用〈中华人民共和国民事诉讼法〉若干问题的意见》，现阶段，几乎所有的依法成立的其他组织，都不具有最终承担民事责任的能力。

《关于适用〈中华人民共和国民事诉讼法〉若干问题的意见》

第四十条：民事诉讼法第四十九条规定的其他组织是指合法成立、有一定的组织机构和财产，但又不具备法人资格的组织，包括：

（1）依法登记领取营业执照的私营独资企业、合伙组织；

（2）依法登记领取营业执照的合伙型联营企业；

（3）依法登记领取我国营业执照的中外合作经营企业、外资企业；

（4）经民政部门核准登记领取社会团体登记证的社会团体；

（5）法人依法设立并领取营业执照的分支机构；

（6）中国人民银行、各专业银行设在各地的分支机构；

（7）中国人民保险公司设在各地的分支机构；

（8）经核准登记领取营业执照的乡镇、街道、村办企业；

（9）符合本条规定条件的其他组织。

虽然法律规定了自然人可以成为受托人，但在当前环境下，还难以实现，原因如下：

第一，我国尚未建立完整的个人信托体系，以自然人为受托人，容易滋生道德风险。

第二，我国尚未建立个人收入和财产信息系统，并且没有个人破产制度。个人名下的财产，哪些是自己所有的财产，哪些是受托的信托财产，存在区分的难度，容易冲击信托财产的独立性。

第三，如果说上述两个原因还可以在不以营利为目的的信托活动中加以克服的话，那么在营业性的信托业务中，自然人成为受托人是法律所不允许的。

《信托法》第四条：

受托人采取信托机构形式从事信托活动，其组织和管理由国务院制定具体办法。

《信托公司管理办法》第二条：

本办法所称信托公司，是指依照《中华人民共和国公司法》和本办法设立的主要经营信托业务的金融机构。本办法所称信托业务，是指信托公司以营业和收取报酬为目的，以受托人身份承诺信托和处理信托事务的经营行为。

《信托公司管理办法》第七条规定：

设立信托公司，应当经中国银行业监督管理委员会批准，并领取金融许可证。未经中国银行业监督管理委员会批准，任何单位和个人不得经营信托业务，任何经营单位不得在其名称中使用“信托公司”字样。法律法规另有规定的除外。

因此，在当下的中国，无论是作为理财产品的信托还是作为财富管理制度的信托，都应该是以持牌的信托机构为受托人更为合适。

1.受托人权利

为了让受托人更好地履行受托人职责，法律赋予了其一些权利，包括：

（1）信托财产的名义所有权。从民法上来说，所有权是指所有人依法对财产所享有的占有、使用、收益和处分的权利。如前文所分析，虽然信托设立后，进行了实质的财产权转移，但受托人只享有其中的占有、使用和处分的权利，并不享有收益的权利，所以说受托人只是获得了信托财产的名义所有权。

（2）信托财产的管理和处分权。《信托法》赋予了受托人对信托财产的管理和处分的权利。在符合信托目的的前提下，受托人可以依据自身的专业、经验等对信托财产进行相应的处理，我国《信托法》对受托人享有的这一权利并没有施加任何强制性的限制，但也不反对委托人依据自己的意愿对此进行的限制，只要是在信托文件中有载明即可。

（3）报酬请求权。《信托法》第三十五条规定："受托人有权依照信托文件的约定取得报酬。信托文件未作事先约定的，经信托当事人协商同意，可以作出补充约定；未作事先约定和补充约定的，不得收取报酬。约定的报酬经信托当事人协商同意，可以增减其数额。"

受托人的报酬请求权受两个方面的影响：

其一，必须要载明于信托文件或者补充约定之中，否则，受托人将不享有报酬请求权。

其二，受托人违反信托目的处置信托财产并且由此导致信托财产遭受损失，在没有将信托财产恢复至原状或者予以赔偿之前，受托人亦不能行使报酬请求权。《信托法》第三十六条有明确规定："受托人违反信托目的处分信托财产或者因违背管理职责、处理信托事务不当致使信托财产受到损失的，在未恢复信托财产的原状或者未予赔偿前，不得请求给付报酬。"之所以要如此规定，其目的在于监督受托人尽忠职守，避免受托人为追求报酬而以激进或者不恰当的方式管理信托财产，也是为了激励受托人提升自身专业管理水平。

（4）辞任权。信托设立后，受托人就受到信托文件的相关约束，并且需要具备履行受托人职责所需要的主观和客观条件。但在现实中，随着受托人内部和外部环境的变化，受托人自身也有可能面临一些变化，包括硬件配套设施的变化和软件自身实力的变化，也包括可能会与委托人或者受益人发生一些关系上的变故，尤其是可能会涉及信任的根基，而导致不能或者不便继续担任受托人，此时，受托人可以辞任。《信托法》第三十八条规定："设立信托后，经委托人和受益人同意，受托人可以辞任。本法对公益信托的受托人辞任另有规定的，从其规定。"

由此可见：受托人虽然拥有辞任权，但并不能够随意行使，而需要经委托人和受益人同意后，方可行使；并且在公益信托方面，还需要得到公益事业管理机构的批准。

除了上述核心权利之外，受托人在管理信托事务的过程中还具有其他一些权利，比如信托财产不当强制执行的异议权（《信托法》第十七条）、信托财产优先受偿权（《信托法》第三十七条）等，而在自由裁量权信托下，受托人的权利更为广泛，包括上述委托人权利中的大部分甚至是全部。

2. 受托人义务

与此同时，受托人亦需要遵循一些义务，包括但不限于：

（1）遵守信托文件的义务。信托文件是委托人意愿的具体体现，既包含信托目的，也有可能包含信托财产和信托事务管理的原则和方法，因此，受托人负有遵照执行的义务。《信托法》第二十五条明确规定："受托人应当遵守信托文件的规定，为受益人的最大利益处理信托事务。"

（2）忠实义务。信托是基于信任而建立的，委托人对受托人的信任包含两个层面：一是道德层面忠诚和信用的信任，二是专业层面谨慎和有效管理的信任。《信托法》第二十五条第二款明确规定："受托人管理信托财产，必须恪尽职守，履行诚实、信用、谨慎、有效管理的义务。"

（3）分别管理的义务。《信托法》第二十九条明确规定："受托人必须将信托财产与其固有财产分别管理、分别记账，并将不同委托人的信托财产分别管理、分别记账。"

受托人对不同类型的财产分别管理的好处在于：

一是维护信托财产的独立性，使之更好地实现信托目的；

二是明确受托人的责任，促使其为受益人的利益管理好信托财产；

三是一定程度上防止受托人的道德风险；

四是便于委托人和受益人对信托财产运营情况进行定期或者实时查询；

五是便于主管部门对于商事信托受托人的监管；

六是便于司法机关在处理相关问题时有据可查。

（4）亲自管理的义务。《信托法》第三十条明确规定：“受托人应当自己处理信托事务，但信托文件另有规定或者有不得已事由的，可以委托他人代为处理。受托人依法将信托事务委托他人代理的，应当对他人处理信托事务的行为承担责任。”

信托的信任基础是建立在委托人对受托人资质、能力、人品、见识、工作业绩等特质的了解之上，因此，在委托人与受托人制订信托文件时，其实就隐含有一定的条件，即除非另有规定，否则处理信托事务和管理信托财产必须由受托人亲自为之。

需要指出的是，亲自管理的义务，并不等同于凡事都需要受托人自己去做。比如，在处理信托事务过程中，所涉及的一些法律或者税务问题，或者其他一些受托人并不擅长的领域，如果受托人强行自己处理，一来可能会给信托财产造成损失，二来也有可能违背上述第二项义务中关于谨慎和有效管理的相关规定，因此，此时受托人可以聘请有关领域的专业人士，如律师、税务师等进行协助，由于这些专业人员是在受托人指示下完成某项具体工作，而并非做出独立意思来管理信托事务，因此并不违反亲自管理的义务。

而本条第二款规定的委托他人代理信托事务的情形，无非有两种：一种是信托文件另有规定的，另一种是有不可抗力或者不得已之事由的。但无论是基于哪种情形，都只相当于代理人依据受托人的委托对外发生法律关系，并且是以受托人的名义承担处理信托事务的后果，履行作为受托人的所有义务，因此，受托人本身也需要对此承担责任。

（5）记录、报告和保密的义务。《信托法》第三十三条明确规定：

“受托人必须保存处理信托事务的完整记录。受托人应当每年定期将信托财产的管理运用、处分及收支情况，报告委托人和受益人。受托人对委托人、受益人以及处理信托事务的情况和资料负有依法保密的义务。”

受托人的记录并保存和报告的义务既是为了防止受托人利用信托财产为自己牟取私利，也是为了保障委托人和受益人的知情权。

由于信托关系涉及当事人之间的财产转移与支付，可能牵涉个人隐私甚至是商业机密，因此受托人对与信托相关的信息负有保密义务。当然，保密也非绝对的，当国家机关和工作人员依照法定程序要求了解与信托相关的情况时，受托人应依法配合。

（6）分配信托利益的义务。《信托法》第三十四条明确规定：“受托人以信托财产为限向受益人承担支付信托利益的义务。”

委托人设立信托，最根本的目的是使受益人获得信托利益，但由于信托财产是以受托人的名义持有并由受托人控制，因此，受益人要想获得信托利益，就必须要有受托人的配合，若受托人无故不给受益人分配信托利益，则信托目的就难以实现，因此法律规定了受托人分配信托利益的义务。

当然，受托人向受益人分配信托利益也并非是无限制的，只要其在管理信托财产、处理信托事务的过程中没有违背信托文件的相关规定，则其只需要以信托财产为限，向受益人分配信托利益。

（7）清算义务。《信托法》第五十八条明确规定：“信托终止的，受托人应当作出处理信托事务的清算报告。受益人或者信托财产的权利归属人对清算报告无异议的，受托人就清算报告所列事项解除责任。但受托人有不正当行为的除外。”

为了分清责任、维护委托人和受益人的利益，当信托终止时，受托人应该做出清算报告，包括对于信托事务处理的清算和信托财产运营的清算等。

由于信托财产长期处于受托人控制之下，因此清算报告只有在获得受益人或者信托财产的权利归属人的认可后，方能解除受托人的责任。

（三）受益人

信托是为受益人的利益而设立的一种财富管理制度，因此受益人是信托关系中不可缺少的一方当事人。《信托法》第四十三条明确规定："受益人是在信托中享有信托受益权的人。受益人可以是自然人、法人或者依法成立的其他组织。"

与委托人和受托人需要具备完全民事行为能力不同，受益人并不受此约束。其原因主要是受益人在信托关系中是纯享收益而无须付出的当事人，并且在信托设立的过程中，也可以不用参与。

另外，《信托法》第九条规定，设立信托，其书面文件应当载明受益人或者受益人范围。由此可见，设立信托时，受益人可以是尚不存在的，前提是只要能够在信托的存续期间内确定即可。比如尚未出生的孩子，委托人可以在信托中约定受益人为与自己有血缘关系的子女和/或孙子女，即便目前还没有子女或者孙子女，这样的信托也是有效的，但若委托人设定的受益人是"我的后辈"，由于"后辈"的范围在法律上没有界定，因此无法确定，不属于是确定了受益人范围，这样的约定是无效的，信托也就不能有效成立。

由此可见，《信托法》对于信托的受益人几乎是没有限制的，原则上只要具有民事权利能力的人都可以成为信托受益人。

之所以说"原则上"，有两个原因：

一是虽然《信托法》没有限制，但其他法律法规或许有限制，其中最重要的就是要考虑信托财产类型。只要是委托人合法拥有的财产，原则上都能设立信托，但不是所有受益人都能获得任意类型信托财产的受益权，比如，住宅房产可以成为信托财产，外国人成为信托受益人也是没有限制，但我国很多省市对于外国人持有境内房产都是有限制性规定的，若恰巧作为信托财产的房产位于对外国人限购的省市，那么该信托指定外国人为受益人就很有可能会被认定为无效。

二是虽然受托人可以成为受益人，但不允许受托人是唯一受益人。《信托法》第四十三条第三款明确规定："受托人可以是受益人，但不得是同一信托的唯一受益人。"之所以做这样的规定，是因为信托财产所有权中的占有、使用和处分的权利归属于受托人，而受益权则归属于受益人，如此才能保证信托财产的独立性，才能称之为信托。但当受托人是某一信托的唯一受益人时，信托财产的管理、使用、处分和收益权归于同一人，信托就失去了其设立和存在的意义。因此，受托人可以是共同受益人之一，但不得是同一信托的唯一受益人。

关于慈善信托受益人，《慈善信托管理办法》第十条规定，慈善信托的委托人不得指定或者变相指定与委托人或受托人具有利害关系的人作为受益人。也就是说，慈善信托是为慈善目的而设，不允许其中有私益的目的，因此在设立慈善信托的受益人时，一般设定的都是受益人范围，而非某个具体的受益人，比如，为扶老目的的70岁以上老人、为助残目的的二级以上的残疾人等。但慈善信托的受益人范围必须是能够确定的，而不能是无法确定的范围。比如，以助学为目的的慈善信托，其受益人可以设定为某个或者某类学校的某班或者某个专业内排名前五或者前十的学生，或者能够提供证明的贫困生等，但不能是某校品学兼优的学生，因为品学兼优无法从法律上进行界定。

关于非人类的生命体能否成为受益人的问题，由于我国《信托法》将受益人限定在自然人、法人、依法成立的其他组织的这3种情况，因此非人类的生命形态体在我国还不能成为信托受益人。但是在某些国家或地区，也有过判例承认以宠物等非人类的生命体的利益为目的而设立信托的有效性。

1.受益人的权利

虽然受益人是纯享受益而无须付出的信托当事人，但法律依然赋予了其一些权利，包括：

（1）信托利益分配权。委托人设立信托，就是为了实现受益人的利益，如果受益人不能享有信托利益的分配权，那么信托就变得毫无意义，因此，受益人享有的信托利益分配权是其最基本也是最核心的权利。《信托法》第四十三条给予了充分的肯定："受益人是在信托中享有信托受益权的人。"

另外，受益人对于受益权的取得并非天然形成，而是要以信托的生效为前提，某些时候还需要以信托文件的具体规定为前提。《信托法》第四十四条有明确规定："受益人自信托生效之日起享有信托受益权。信托文件另有规定的，从其规定。"这里面有两个隐含的情形：

第一，信托成立并不等于信托生效，信托成立并不带来受益人享有信托受益权的必然结果。比如，在遗嘱信托项下，遗嘱信托成立时，委托人可能还在世，遗嘱信托并未真正生效，此时受益人也并不享有受益权，而一旦委托人身故，意味着遗嘱信托正式生效，此时，受益人才能真正享有受益权。

第二，信托生效，也未必会带来受益人享有受益权的必然结果。比如，委托人可以在信托文件中约定，只有等到受益人达到一定的条件，如年满25岁或者结婚等，才能享有受益权。

（2）知情权、救济权、受托人解任权等与委托人共享的权利。《信托法》第四十九条规定："受益人可以行使本法第二十条至第二十三条规定的委托人享有的权利。"由此可见，受益人在某些时候拥有委托人的一些权利，而且在实务中，如果信托架构下没有设置保护人的机制，那么委托人的大部分甚至是全部权利，都会在其身故后由受益人享有，这样能够在很大程度上监督受托人的行为，从而保障信托目的的实现。

具体权利内容前文已经阐述过了，此处不再赘述。

（3）剩余信托财产归属权。《信托法》第五十四条规定："信托终止的，信托财产归属于信托文件规定的人；信托文件未规定的，按下列顺序确定归属：（一）受益人或者其继承人；（二）委托人或者其继承人。"

由于委托人设立信托的核心目的是受益人的利益，所以当信托终止，信托文件对剩余信托财产的归属人未作明确规定时，将之归属于受益人最符合委托人的意愿。而如果信托终止时，受益人已死亡，比如由于全体受益人都已死亡必然导致信托目的无法实现，从而信托终止，那么根据继承的一般原则，受益人取得该信托财产的权利应当由其继承人继承。

当然在实务中，一般都会对信托终止后的剩余信托财产作出明确的归属约定，以减少不必要的麻烦和纠纷。

（4）遗嘱信托受托人的选任权。《信托法》第十三条规定："设立遗嘱信托，应当遵守继承法关于遗嘱的规定。遗嘱指定的人拒绝或者无能力担任受托人的，由受益人另行选任受托人；受益人为无民事行为能力人或者限制民事行为能力人的，依法由其监护人代行选任。遗嘱对选任受托人另有规定的，从其规定。"

遗嘱信托作为在委托人身故后才生效的一种信托形态，具有一些不同的特点，其中之一就在于信托生效时，可能面临受托人缺位的情形，此时，由于委托人已经身故，所以交由受益人来选定，符合信托目的，也符合受益人利益最大的原则。

2.受益人的义务

尽管受益人在信托关系中只是纯享利益的存在，既不需要做出任何法律行为，也无须参与信托的设立，但其依然需要承担一些基本的义务，包括但不限于：

（1）不得对委托人和其他受益人有重大侵权行为。尽管信托是委托人无偿地以自己的财产为受益人的利益而设立，受益人亦无须在信托关系中付出任何代价，但受益人要获得受益权有一个重大的前提，即受益人不得对委托人和其他受益人有重大侵权行为，否则委托人可以变更受益人甚至是解除信托。《信托法》第五十一条对此有明确规定："设立信托后，有下列情形之一的，委托人可以变更受益人或者处分受益人的信托受益权：（一）受益人对委托人有重大侵权行为；（二）受益人对其他共同受益人有重大侵权行为；（三）经受益人同意；（四）信托文件规定的其他情形。有前款第（一）项、第（三）项、第（四）项所列情形之一的，委托人可以解除信托。"

（2）遵守信托文件的义务。信托目的往往是受益人的利益，而这个利益绝非简单地给予信托财产，在实务中，信托往往是为了照顾家族后代，或者让他们过着体面的生活，或者帮助他们培养好的习惯，或者支持他们完成某项使命，等等，而分配信托财产只是手段。而从委托人意愿角度考量，其也肯定是不止把信托财产简单地分配给受益人，而是希望受益人能够合理利用信托财产，因此在信托合同中，往往会约定一些附带的条件，受益人只有遵守并达到特定的条件之后，才能获得相应的信托利益。

比如，在信托文件中可以约定，子孙后代只有考取重点大学，才能获得信托利益，或者才能获得更多的信托利益；再比如，在信托文件中还可以约定，子孙后代只有保持团结，并定期去家族长辈坟前祭拜，才能获得相应的信托利益，等等。

而上述第一项义务，恰恰就是受益人所需要遵守的底线。

Chapter 2

第二章 集合资金信托

第一节 概 述

近年来，集合资金信托计划的管理规模及业务范围领域在整体信托行业的发展中增速迅猛。从国家、监管部门再到信托公司自身均极为重视集合资金信托计划的发展。该计划是信托公司业务扩展的重中之重，同时也是监管部门强监管、严审核、重把控之地。从2019年全年运行情况看，全球经济复苏步伐放缓，经济、金融不确定性上升，中国经济运行总体平稳，信托行业经营状况较为良好，风险水平整体可控，信托业务规模稳中趋降，整体结构不断优化。

来自中国信托业协会的数据显示，截至2019年年末，全国68家信托公司管理的信托资产规模已经达到21.6万亿元，较2018年年末的22.7万亿元同比下降4.85%，在经历了2018年较大幅度的调整后，2019年信托业资产规模下降幅度明显收窄，进入了波动相对较小的平稳下行阶段。

从信托资金结构来看，2018年以来，随着资管新规出台，监管政策影响下的以单一信托为主的通道业务受限，信托利用自身制度优势逐步推进转型。2019年，信托公司普遍加强财富渠道建设，注重主动管理能力的培养，集合资金信托占比进一步提升，新增信托资产来源结构优化趋势明显；财产权信托尤其是资产证券化等事务管理类信托业务发展较快，行业转型初见成效。其中，集合资金信托规模9.9万亿元，占比为45.93%，较2018年年末增加8000亿元，占比上升5.81%。单一资金信托规模约8万亿元，占比为37.1%，较2018年年末减少1.82万亿元，占比下降6.23%。单一资金信托规模占比在2010年第二季度曾达到83.27%的历史高位，之后持续下降，从原有的“一家独大”到目前显著低于集合信托，信托业务的资金来源结构得到了显著优化。

从信托资金功能划分来看，2019年信托业务结构变化较为明显，在日益严厉的“去通道”监管环境下，融资类信托占比有所上升，事务管理类信托占比显著下降，投资类信托占比则保持基本稳定。随着通道类业务占比的不断下降，信托业回归主业、服务支持实体经济的转型取得显著成效。

事务管理类信托在2019年呈逐季下降的趋势，截至2019年年末余额为10.65万亿元，占比49.30%。与2018年和2017年年末相比，事务管理类信托规模分别减少2.6万亿元和5万亿元，降幅分别为19.6%和31.95%，占比较2018年、2017年同期分别下降9.06%和10.32%。事务管理类信托规模的下降，是过去两年信托资产整体规模下降的主要原因。

从信托投向来看，服务支持实体经济是金融供给侧结构改革的核心要求，是信托业转型的重要方向。2019年，信托业按照“六稳”的要求，采取积极措施，稳步加大对实体经济的资金投入，着重引导资金进入工商企业和基础设施领域，积极支持国家重大战略实施，提高金融服务效率。与2018年相比，工商企业继续在资金配置中占据首位，基础产业和房地产占比分别上升到第二位和第三位，金融机构占比则从第二位下滑到第四位，信托资金运用的结构优化趋势较为明显。

一、概念与特点

（一）集合资金信托概念

如前所述，信托按照分类标准不同，可以分为不同类型的信托计划产品。按照委托人数量的不同，可分为单一资金信托计划与集合资金信托计划。

顾名思义，信托公司办理资金信托业务时，只有一名委托人而设立的信托方式被称之为“单一资金信托计划”。单一资金信托计划的委托人目前以金融机构或者其他法人机构为主。信托公司在发展“单一”信托业务时，一般只承担事务性管理责任，不参与项目尽职调查，不参与项目的主动管理，对于信托的设立，信托财产的运用对象、运用方式和处分均由委托人自主决定并承担相应的风险责任。

集合资金信托计划是指依据《信托公司集合资金信托计划管理办法》规定，信托公司在办理资金信托业务时，为了共同的信托目的，将两个以上（含两个）有效合格委托人交付的资金（即信托财产）集合在一起管理的资金信托方式。从文字上理解，集合资金信托计划是至少拥有两个（含两个）以上委托人、有共同的目的、由受托人统一管理而形成的信托计划，在实践中，合格投资者中的自然人及法人机构都可以参与。

（二）集合资金特点

1.委托人为两个或两个以上的机构法人或者自然人，信托公司负责审核合格投资者

2018年4月27日，中国人民银行、中国银行保险监督管理委员会、中国证券监督管理委员会、国家外汇管理局联合印发的《关于规范金融

机构资产管理业务的指导意见》第五条规定，资产管理产品的投资者分为不特定社会公众和合格投资者两大类。合格投资者是指具备相应风险识别能力和风险承担能力，投资于单个资产管理产品不低于一定金额且符合下列条件的自然人和法人或者其他组织。

（1）具有2年以上投资经历，且满足以下条件之一：家庭金融净资产不低于300万元，家庭金融资产不低于500万元，或者近3年本人年均收入不低于40万元。

（2）最近1年末净资产不低于1000万元的法人单位。

（3）金融管理部门视为合格投资者的其他情形。

合格投资者投资于单个固定收益类产品的金额不低于30万元，投资于单个混合类产品的金额不低于40万元，投资于单个权益类产品、单只商品及金融衍生品类产品的金额不低于100万元。

投资者不得使用贷款、发行债券等筹集的非自有资金投资资产管理产品。

2.委托人拥有共同目的、权利、义务，并分别与受托人信托公司签订《集合资金信托计划合同》《信托计划说明书》《认购风险申明书》等银监会要求签订的其他相关材料

《集合资金信托计划合同》应当在首页右上方用醒目字体载明下列文字："信托公司管理信托财产应恪尽职守，履行诚实、信用、谨慎、有效管理的义务。信托公司依据本信托合同约定管理信托财产所产生的风险，由信托财产承担。"委托人与信托公司签署的各个文件内容包括但不限于如下信息。

（1）《集合资金信托计划合同》应当载明以下事项：

1）信托目的；

2）受托人、保管人的姓名（或者名称）、住所；

3）信托资金的币种和金额；

4）信托计划的规模与期限；

5）信托资金管理、运用和处分的具体方法或安排；

6）信托利益的计算、向受益人交付信托利益的时间和方法；

7）信托财产税费的承担、其他费用的核算及支付方法；

8）受托人报酬的计算方法、支付期间及方法；

9）信托终止时信托财产的归属及分配方式；

10）信托当事人的权利、义务；

11）受益人大会召集、议事及表决的程序和规则；

12）新受托人的选任方式；

13）风险揭示；

14）信托当事人的违约责任及纠纷解决方式；

15）信托当事人约定的其他事项。

（2）《信托计划说明书》至少应当包括以下内容：

1）信托公司的基本情况；

2）信托计划的名称及主要内容；

3）信托合同的内容摘要；

4）信托计划的推介日期、期限和信托单位价格；

5）信托计划的推介机构名称；

6）信托经理人员名单、履历；

7）律师事务所出具的法律意见书；

8）风险警示内容；

9）中国银行业监督管理委员会规定的其他内容。

（3）《认购风险申明书》至少应当包含以下内容：

1）信托计划不承诺保本和最低收益，具有一定的投资风险，适合风险识别、评估、承受能力较强的合格投资者。

2）委托人应当以自己合法所有的资金认购信托单位，不得非法汇集他人资金参与信托计划。

3）信托公司依据信托计划文件管理信托财产所产生的风险，由信托财产承担。信托公司因违背信托计划文件、处理信托事务不当而造成信托财产损失的，由信托公司以固有财产赔偿；不足赔偿时，由投资者自担。

4）委托人在认购风险申明书上签字，即表明已认真阅读并理解所有的信托计划文件，并愿意依法承担相应的信托投资风险。

认购风险申明书一式二份，注明委托人认购信托单位的数量，分别由信托公司和受益人持有。

3. 委托人交付的资金由受托人信托公司集中管理、运用和处分

委托人将资金转入受托人的募集集合账户后，由受托人统一将集合资金转至信托财产专户进行管理。受托人即信托公司应当在5个工作日内向委托人披露信托计划的设立情况。信托公司从组织架构上应设立为信托计划服务的信托资金运用、项目管理、信息处理等有效部门。运用信托资金，应当与信托计划文件约定的投资方向和投资策略相一致，对不同的信托计划，应当建立单独的会计账户分别核算、管理。信托公司管理、运用、处分不同委托人的信托财产所产生的债权债务，不得相互抵销。

信托财产与属于受托人所有的财产（以下简称“固有财产”）相区别，不得归入受托人的固有财产或者成为固有财产的一部分。受托人即信托公司依法解散、被依法撤销、被宣告破产而终止，信托财产不属于其清算财产。受托人管理、运用、处分信托财产所产生的债权，不得与其固有财产产生的债务相抵销。

二、法律关系

集合资金信托计划涉及信托财产的委托和保管，信托法律关系中更明确了各个相关委托人、受托人、受益人等各主体的权利及法律责任，对于信托财产则由保管人进行保管。

（一）委托人

委托人是集合资金信托计划中的合格投资者，他应是具有完全民事行为能力的自然人、法人或依法成立的其他组织，提供信托财产，确定谁是受益人以及受益人享有怎样的受益权。他有权了解其信托财产的管理、运用、处分及收支情况，并有权要求受托人作出说明，有权查阅、抄录或者复制与其信托财产有关的信托账目以及处理信托事务的其他文件。他还可以指定受托人并有权监督受托人实施信托。委托人委托的是“财产权”。

（二）受托人

受托人应当是具有完全民事行为能力的自然人、法人。法律、行政法规对受托人的条件另有规定的，从其规定。受托人承担着管理、处分信托财产的责任。在我国目前法律框架下，受托人是特指经中国银监会批准成立的信托公司。受托人必须恪尽职守，履约诚实、信用、谨慎、有效管理的义务。受托人按委托人的意愿以自己的名义，为受益人的利益或者特定目的，进行管理或者处分的行为，并争取受益人的最大利益，依照信托文件的法律规定管理好信托财产的义务。

（三）受益人

受益人是委托人在签署《信托合同》中约定享有信托受益权的人，可以是自然人、法人或依法成立的其他组织。现行法律体系内在集合资金信托计划只能是自益信托，即受益人与委托人是同一人。

在集合资金信托计划中，根据我国《信托法》的规定，除了信托受益人享有信托收益权之外，信托的委托人和受益人共同享有如下权利：

1. 知情权

委托人与受益人有权了解其信托财产的管理、运用、处分及收支情况，并有权要求受托人做出说明。

2.查阅复制权

委托人与受益人有权查阅、抄录或者复制与其信托财产有关的信托账目以及处理信托事务的其他文件。

3.调整信托管理方法权

因设立信托时未能预见的特别事由，致使信托财产的管理方法不利于实现信托目的或者不符合受益人的利益时，委托人与受益人有权要求受托人调整该信托财产的管理方法。

4.要求委托人恢复信托财产的原状或者予以赔偿权

受托人违反信托目的处分信托财产或者因违背管理职责、处理信托事务不当致使信托财产受到损失的，委托人有权申请人民法院撤销该处分行为，并有权要求受托人恢复信托财产的原状或者予以赔偿；该信托财产的受托人明知违反信托目的而接受该财产的，应当予以返还或者予以赔偿。前款规定的申请权，自委托人知道或者应当知道撤销原因之日起一年内不行使的，归于消灭。

5.解任受托人权

受托人违反信托目的处分信托财产或者管理、运用、处分信托财产有重大过失的，委托人与受益人有权依照信托文件的规定解任受托人，或者申请人民法院解任受托人。

（四）保管人

保管人并不属于信托法律关系主体，但因集合资金信托计划的设立、运行、清算等必须由保管人参与，所以保管人必不可少。保管人的含义为：在集合信托计划中，必须是信托公司针对集合资金信托计划设立保管账户时所选择的法人机构，国内法律条款约定信托财产的保管账户和信托财产专户应当为同一账户，国内的保管人须由商业银行担任。信托公司依据信托计划合同约定需要使用信托资金时，应当向保管人出示并提供纸质的信托合同复印件及资金用途说明。对信托财产实行保管制。

作为集合资金信托计划的法律关系主体，委托人与受托人之间形成了“受人之托、代为理财”的关系，容易与委托代理法律关系混淆。两者有很大区别：

1. 财产的转移不同

信托是将财产权利转移到受托人的名下，更加有利于将不同投资者的资金汇聚到一起，由受托人进行统一管理，从而实现投资理财的规模效应。而代理则不进行财产转移，被代理人仍然继续占有财产。

2. 对财产的管理和处分权不同

信托财产移转给受托人后，受托人即享有信托财产的管理、处分权，委托人即便拥有对受托人指示的权利，也不得直接进行管理或者处分，必须通过受托人进行管理、处分。而代理则与之不同，代理人与被代理人的管理、处分权经常会发生竞合，甚至在受托人无权代理的情况下，还会发生委托人的追认问题。而信托因为受托人本身即享有管理、处分权，自然也就不会发生此类问题。因而，信托的法律关系更加清晰，更有利于信托公司发挥专业优势，实现投资理财的目的。

3. 信托关系的独立性与稳定性

在代理关系中，如果被代理人或者代理人死亡，代理关系即发生消灭。而信托则不同，即使受托人死亡，信托仍然存续，信托关系由新选定的新受托人予以承继。信托管理更具有独立性。

4. 与第三人的关系不同

在信托关系中，如果受托人违反信托义务处分信托财产时，受益人有权行使对信托财产的追及权，从取得人处取回信托财产，或请求受托人恢复信托财产原状，或者补偿损失等。在代理关系中，被代理人一般不可以向第三人主张无权代理，只能向代理人请求损害赔偿。

第二节　集合资金信托类型

一般而言，集合资金信托计划依据其资金运用方式、投向市场的标的以及预期收益是否约定的不同，分为债权类信托、股权类信托、证券投资类信托及权益类信托。

一、债权类信托计划

债权类信托计划是指委托人将资金委托给受托人时，受托人按照集合资金信托计划合同中约定的协议条款，将委托资金到期还本付息的一种集合资金信托计划。协议条款内容约定了双方的权利及义务，阐述了交易主体及标的项目、委托期间的预期收益率计算方式、期间利息分配时间、产品到期清算日等其他事项。

债权类信托依据投资行业的不同又可分为工商企业信托、基础设施信托、房地产信托、金融机构信托、证券市场信托5个大类。截至2019年年末，5大类资金投向情况分别为：工商企业类的信托资金总额为5.49万亿元，占比30.6%，基础产业类的信托资金总额为2.82万亿元，占比15.72%，房地产类的信托资金总额为2.7万亿元，占比15.07%，金融机构类的信托资金总额为2.5万亿元，占比13.96%，证券市场类的信托资金总额为1.96万亿元，占比10.79%。工商企业信托规模持续多年依然稳居各类债权信托榜首，接下来依次是基础产业信托、金融机构信托、房地产信托、证券市场信托。2017年以来，受到金融强监管和去杠杆政策的影响，信托集合资金投向金融机构的规模逐步降低、增速放缓。而中央政策继续对房地产行业的发展维持高压态势，限定“房子是用来住的，不是用来炒的”监管要求，预计房地产信托资金增速也将趋于平稳。以下对主要信托类型做总体介绍。

（一）工商企业信托

工商企业信托是指信托公司接受合格投资者的委托，将信托资金用于向从事产品生产和提供服务的工商企业提供流动资金、项目建设资金，满足其并购资金需求的信托项目。工商企业信托资金的使用范围较为宽泛，只要符合法律法规，在工商企业正常的经营范围内均可。对受托人即“信托公司”而言，其核心风控焦点是工商企业在信托计划期间内的未来现金流充盈，确保集合信托资金能如期终止。而工商企业的经营风险，又与经济环境、所处行业的政策引导、扶持等关系紧密，故信托公司在对工商企业标的进行前期尽职调查过程中不仅要关注企业本身的经营情况，更要关注行业状态、政策指引等。

对工商企业信托而言，应从资金使用安全角度考虑，围绕“三去一降一补”的中央政策来发展。可从国家政策层面加以指引：银行业等金融机构要按照风险可控、商业可持续原则，坚持以供给侧结构性改革为主线，深化改革、积极创新、回归本源、专注主业，进一步提高服务实体经济的能力和水平，深入实施差异化信贷政策和债权人委员会制度。金融机构要切实提升经营管理的精细化程度，进一步完善区别对待、有保有控的差别化信贷政策，细化分类名单制管理。对于长期亏损、失去清偿能力和市场竞争力的“僵尸企业”，以及包括落后产能在内的所有不符合国家产业政策的产能，坚决压缩退出相关贷款，稳妥有序地实现市场出清。对于产能过剩行业中技术设备先进、产品有竞争力、有市场，虽暂遇困难但经过深化改革和加强内部管理仍能恢复市场竞争力的优质骨干企业，继续给予信贷支持。要继续推广债权人委员会制度，进一步完善债权银行信息共享、客户评价、联合授信等机制，确保一致行动，加强与企业、地方政府之间的沟通协作。工商企业信托发展方向与政府政策引导息息相关，务必切实根据政策来调整行业投资方向。

（二）房地产信托

房地产信托是指委托人将自己合法拥有的资金委托给信托公司，由信托公司按委托人的意愿以自己的名义，为受益人的利益或特定目的，将资金投向房地产业并对其进行管理和处分的行为。这也是我国目前正大量使用的房地产融资方式之一。

目前，中央政府对房地产行业施以如下政策指引：因地因城施策，促进房地产市场长期稳健发展。银行业、金融机构要牢牢把握住房的居住属性，分类调控，因城施策，落实差别化住房信贷政策。严禁资金违规流入房地产市场，切实抑制热点城市房地产泡沫。支持居民自住和进城人员购房需求，推动降低库存压力较大的三、四线城市房地产库存。持续支持城镇化建设、房屋租赁市场发展和棚户区改造，加大棚改货币化安置力度。由以上政策可以看出，虽然中央政府对房地产市场是严格管控，因为中国城镇化建设的推进，银行业、信托公司仍然需要有选择地支持城镇化建设、棚户区改造等。房地产信托发展空间依然巨大。房地产信托涉及范围广、市场影响大，对于房地产信托将在下一章节重点详细介绍。

（三）基础设施信托

基础设施信托是指将信托资金专门用于投资公共基础设施的信托项目，融资主体往往是具有高信誉级别或拥有一定政府背景的企业集团，能够为投资者提供安全稳定的投资收益。在基础设施信托中，以地方政府融资平台公司作为交易主体。

地方政府融资平台公司（以下简称“政府融资平台”）是指由地方政府及其部门和机构、所属事业单位等通过财政拨款或注入土地、股权等资产设立，承担政府项目融资功能，并拥有独立法人资格的经济实体，包括各类综合性投资公司，如建设投资公司、建设开发公司、投资控股公司、投资发展公司、投资集团公司、国有资产运营公司、国有资本经营管理中心等，以及行业性投资公司，如交通投资公司等。政府融资平台实行名单制管理，一般分为3类：仍按平台管理类、退出为一般公司类、未纳入名单制管理类。

仍按平台管理类，是指不符合退出条件以及未完成退出流程的融资平台公司。

退出为一般公司类，是指经核查评估和整改后，已具备商业化贷款条件，自身具有充足稳定的经营性现金流，能够全额偿还贷款本息，整体转化为一般公司类客户管理的融资平台公司。

未纳入名单制管理类（政府背景类公司），是指不在统计名单内的政府融资平台公司。

融资类业务是指平台公司通过贷款、应收账款投资、投资附加回购等直接或间接融资方式为平台公司进行融资而开展的主动管理类信托业务。各省市对地方政府融资平台公司的认可程度不同，现以某省份对平台公司项目的要求及可行性操作进行说明。

1.信托公司在对政府融资平台公司进行信托融资时，禁止以下情况发生

（1）用款项目为公益性项目。公益性项目是指为社会公共利益服务、不以营利为目的，且不能通过市场化方式运作的政府投资项目，如市政道路、公共交通等基础设施项目，以及公共卫生、基础科研、义务教育、保障性安居工程（指公租、廉租、棚户区改造项目）等基本建设项目。

（2）用款项目为已签署BT协议的项目。BT项目是政府利用非政府资金来进行非经营性基础设施建设的一种融资模式。政府与投资方签订BT投资合同，投资方组建BT项目公司，投资方在建设期间行使业主职能，对项目进行融资、建设并承担建设期间的风险。政府在BT投资全过程中行使监管权利，保证BT投资项目的顺利融资、建设和移交。项目竣工后，双方按照BT合同，投资方将完工验收合格的项目移交给政府，政府按约定总价（或计量总价加上合理回报）按比例分期偿还投资方的融资和建设费用。

（3）用款项目为违规采用政府购买服务项目。政府购买服务是指政府通过公开招标、定向委托、邀标等形式将原本由自身承担的公共服务转交给社会组织、企事业单位履行，以提高公共服务供给的质量和财政资金的使用效率。

信托公司在对政府融资平台公司进行信托融资时，对于未纳入“名单制”管理的政府融资平台进行信托融资的，信托项目还款来源不得为财政性资金。对该类平台，信托公司须综合评估其自身还款能力以及用款项目自身现金流情况。财政性资金是指70%以上（含70%）来源于一般预算资金、政府性基金预算收入、国有资本经营预算收入、预算外等财政性资金的偿债资金，包括采用BT协议方式，最终资金来源于上述资金。

信托公司在对交易主体的财务预测中，在测算政府融资平台主体现金流全覆盖、项目测算现金流时，应剔除地方政府提供的信用承诺、没有合法土地使用权证的土地预期出让收入（专业土地储备机构除外）、一般预算资金、政府性资金预算收入、国有资本经营预算收入、预算外收入等财政性资金承诺的资金来源。

2. 信托公司在为政府融资平台公司进行融资的过程中，应确保交易主体真实合规，交易结构设计规范，标的项目安全、增信措施全面等

（1）交易主体真实合规。

①政府融资平台公司在进行直接或间接融资时，须保证应为现金流全覆盖、资产负债率不高于80%的政府融资平台公司。“现金流全覆盖”是指融资平台公司自有现金流量占其全部应还债务本息的比例为100%

（含）以上。信托公司在项目申报时，融资主体为监管类、监测类政府融资平台的，应在申报书中对融资主体的现金流是否达到全覆盖的条件进行测算。

②信托公司在对融资平台企业进行立项及尽职调查时应审查政府融资平台（包括实际使用投融资资金或对信托财产承担负债的交易主体、担保人）最新的基础资料，包括营业执照、组织机构代码证、税务登记证（“三证或五证合一”营业执照）、公司章程及历次章程修正案、相关资质证书、最近3年经审计的财务报表、最近一期财务报表等资料。原则上，融资平台公司应提供最近3个月加盖工商档案查询章的企业登记注册信息，包括但不限于营业执照、公司章程、公司公章样本、法定代表人签名及印鉴样本、股东及董事签名样本和股东变更情况表等材料。若因当地工商行政管理部门原因无法查询的，融资平台公司应提供承诺有效的最新版本且加盖公章的上述资料。

③信托公司应通过核查交易主体的最新营业执照、公司章程或政府有权部门授权文件确定其具备项目开发或经营管理资质、投融资主体资格等，确保交易主体的合理性、合法性。承建安置房、限价房、经济适用房等保障性安居工程项目的融资主体或其控股股东、下属企业或其他关联公司应具备二级以上房地产开发资质。在上述项目中，如果交易主体需借用与其并无关联的公司为房地产开发资质，应不予认定。

（2）交易结构设计规范。政府融资平台项目交易结构的设计务必合规，目前政府融资平台融资交易模式主要包括直接贷款模式、应收账款融资模式。同时需要注意一点：不得通过直接或间接融资的方式向政府融资平台发放流动资金贷款。

①接贷款模式是指信托公司直接向政府融资平台发放用于融资人具体项目建设的贷款。

直接贷款模式操作中要符合以下主要要素条件：

A.批复及证照一致性：项目方为融资人的，项目可行性研究报告（以下简称“可研报告”）、发改委立项批复、发改委可行性研究报告批复（以下简称“可研批复”）、发改委初步设计批复及相关证照中的权利人单位名称应与融资方单位名称保持一致，且明确融资方为投融资主体。

B.资金缺口合理性：发改委可研批复确定的总投，扣除融资人、项目业主投入的自有资本金后剩余的资金缺口应大于等于本次信托融资额度。

C.项目建设进度合理性：发改委可研批复、可研报告及建筑工程施工许可证上的合同开工日期、合同竣工日期应与申报时提供的项目建设进度匹配，若存在延期开工或预计远超竣工日期情形的，应取得相关政府主管部门的书面说明文件或其他相关证明文件，并在对应的法律性文件中明确因此造成的责任承担问题。

D.若代建方为融资人的，代建方应为政府融资平台或建设工程施工企业，应有代建协议作为基础文件明确项目方与代建方的权利义务。应特别关注代建协议项下因代建方未按约定进度施工、工程质量等问题而可能导致代建协议项下收入不能全部或部分实现的问题，为确保信托计划安全，应在相应的法律性文件中明确对应的责任承担问题及相应的补救措施。

E.若融资人为非用款项目的业主或代建方的，融资方、代建方及用款项目均应符合法律法规、监管政策的要求。融资方原则上应为代建方的股东或控股股东，有相应的文件证明融资方与代建方存在资金统筹运用、统一调配使用的关系，须提供明确融资方为项目融资主体的证明文件，且在具体操作时应有对应的措施确保资金用于指定用途，严格防范资金被挪用的风险。

②应收账款项目融资模式是指政府融资平台将其合法持有的应收账款通过卖断或买入返售的方式向信托公司进行项目融资。

应收账款卖断交易模式操作应具备并关注以下主要要素条件：

A.应收账款的合规：标的应收账款应有对应的证明文件（包括基础文件、划转凭证、财务报表数据体现等）并取得会计师事务所出具的专项审计报告。应收账款转让应在人行征信系统办理转让登记。

B.资金端与信托端的匹配：应通过签署债权转让协议的方式明确新债权人与债务人的权利义务关系，须特别关注债务支付时点与信托端中信托利益分配、信托期限的匹配。

C.还款来源合规：不能以政府或任何以财政性资金作为主要来源的法人或其他组织作为债务人。

③应收账款买入返售交易模式操作应具备以下主要要素条件：

A.应收账款短期返售模式（即信托公司买入应收账款后在短期内将应收账款返售给融资人）项下，可以在返售后办理应收账款质押登记，从法律层面上确保信托公司作为质权人的优先受偿权。

B.应收账款到期返售模式项下，须特别关注融资人后续擅自将同一应收账款再次转让、质押的风险，应在对应的法律性文件中明确融资人违反约定进行上述行为的对应处罚措施，确保融资平台项目质押资产的有效。

（3）标的项目的安全。

①信托公司在对融资平台公司要求融资项目进行立项及尽职调查中应取得如下相关证明文件：

A.用款项目均应取得发改委立项批复、可研批复或其他核准或备案文件，取得上述批复中明确标的项目建设内容涉及所应取得的相关主管部门的批复文件（如环评批复、国土批复等其他政府部门批复）。

B.管线工程等市政基础设施类项目，信托公司原则上应取得用地证明文件、建设工程规划许可证、施工许可等证明文件，涉及占用农用地的，应取得相关农用地转用审批手续。

C.安置房、经济适用房、限价商品房等，信托公司应取得标的项目的“四证”（即土地使用权证、建设用地规划许可证、建设工程规划许可证、建筑工程施工许可证），融资人具备房地产开发二级资质及自有资本金投入达到20%的要求。

D.产业园等综合园区建设项目，信托公司须取得相关用地证明文件及施工许可证明文件，若项目为厂房建设但厂房未来涉及销售的，用款项目原则上应取得四证，融资人具备二级资质，自有资本金投入占比达到25%。

②对融资平台公司的项目用款中的自有资本金的要求：用款项目自有资本金投入应达到国务院规定的最低比例要求。政府平台公司应提供自有资本金投入相关银行划转凭证，该凭证应与标的项目相关联，若凭证无法证明关联性，则应提供对应的关联合同证明投入的关联性。

（4）增信措施全面。信托公司在进行政府融资平台公司立项、设立、风险管控时，一般常用的风险措施包括抵押、质押、保证担保等措施。抵押增信措施安全边际相对更高一些。但信托公司不得接受学校、幼儿园、医院等以公益为目的的事业单位、社会团体以教育设施、医疗卫生设施和其他社会公益设施作为抵押物；不得接受被查封、扣押、监管或权属有争议的抵押物；不能办理由于权属性质、四至坐落、相邻关系限制等客观原因难以处置、变现的抵押物。原则上不接受土地未经过招拍挂流程、未全额支付土地出让金、土地使用权性质（取得方式）为“划拨”，或者土地用途为“公共设施用地”的抵押物。

①增信措施中，可以用于办理抵押的资产如下：

A.以土地使用权作为抵押物的，可接受土地使用权性质为“出让”的抵押物，并应取得土地使用权证，提供土地出让合同、招拍挂文件、土地出让金及相关税费缴纳凭证，但信托公司应关注土地是否存在闲置问题。

B.以在建工程作为抵押物的，应当具备土地使用权证、工程施工许可证、工程规划许可证、用地规划许可证，自有资本金投入达到项目最低比例要求，同时已经确定施工进度和竣工交付日期。

C.以土地承包经营权设定抵押的，应当具备承包经营权证、有效土地承包合同，且剩余承包期限能够覆盖信托融资期限。以采矿权、探矿权、林权等用益物权抵押的，应当具备有权机关颁发的权利许可证书，确保剩余权利在有效期能够覆盖信托融资期限，并关注对权利受让主体的限制要求。

D.信托公司在审查抵押物现状时，应特别关注几点：核实抵押物是否已经被设定抵押；核实抵押物是否存在被出租、出借、占用或私搭乱建的情况；已被出租的，须要求承租人签署放弃优先购买权及到期腾空承诺；存在出借、占用或私搭乱建情况的，须要求在抵押登记前恢复原状，否则不接受该抵押物。

②关于以质押担保作为项目增信措施的，信托公司应核查质押物的性质现状、权属情况以及是否有优先权利等，不得接受法律、法规或票面背书禁止、限制转让的动产或财产权利作为质押物。

A.以应收账款质押的，应当取得第三方审计机构最近60天内出具的对该笔应收账款的专项审计报告，以及应收账款债务人对应付金额、付款期限、付款条件等情况的确认函，并在放款前办妥人行征信系统质押登记手续。

B.应收账款为工程施工、代建回购款的，应取得该建设工程应收账款基础协议、债务人确认函，核实相关工程许可证照的合规性、完备性以及工程进度情况。应收账款质押操作时应特别关注拟质押的应收账款是否已设置在先的质权。

C.应收账款为收费权的，应具备有权机关颁发的依法设立并批准收费的政府文件，确保出质人与文件确定的收费权主体相同、该收费权未被禁止/限制转让，并在放款前办妥人行征信系统质押登记手续。原则上不得接受以公益为目的、具有非营利性或为履行行政管理服务职责而设立的收费权作为质押物。

③以连带责任保证担保作为项目增信措施的，不能以国家机关、学校、幼儿园、医院等以公益为目的的事业单位、社会团体作为保证人，不能以不具备独立民事主体资格的企业法人分支机构、职能部门等作为保证人。

在政府融资平台公司提供的增信措施中，除了上述规定外，还有如下规定：法人向其他企业投资者或为他人提供抵押、质押或保证担保的，应根据其最新工商备案章程的规定，取得股东会或董事会的有效同意决议；未设股东会或董事会的，应取得其股东的同意决定。法人对其股东或者实际控制人提供抵押、质押或保证担保的，必须取得股东会有效同意决议。国有企业法人提供抵押、质押或保证担保的，还应核实当地是否有地方性规定要求须报经国有资产监督管理主管机关批准。

二、股权投资类信托

股权投资信托，指以信托计划、契约型基金、有限合伙、资管计划等作为出资主体，通过股权收购、增资扩股等方式，投资并持有非上市企业股权的行为。从具体投资形式上来说，按照信托公司参与所投企业或者项目标的主动管理的程度、投资标的的数量，分为单项目主动投资、基金类主动投资、单项目委托投资和基金类委托投资。

单项目主动投资，指由公司或公司相关主体作为直接管理人，投资于单一企业股权的项目。通常由公司负责投资决策、投后管理及项目退出等具体的投资管理工作。

基金类主动投资，指由信托公司或公司相关主体作为直接管理人，投资于多个企业股权的项目。通常由信托公司负责具体投资管理工作，可聘请外部投资顾问对项目选择、投后管理等方面提供投资建议。

单项目委托投资，指由第三方机构作为直接管理人，投资于单一企业股权的项目。项目的投后管理及退出由第三方机构负责。

基金类委托投资，指由信托公司认购或推荐合格投资者认购第三方股权投资机构发起设立并管理的股权投资基金份额。项目的投资管理工作通常由基金管理人负责。

（一）投资的基本原则

股权投资业务与债权投资是完全不同的层面，要求对所投项目更加了解，能够预测未来几年的整体行业情况、竞争对手情况、项目运行情况、财务情况、可能存在的风险及应对风险的措施等，在进行投资时应严格遵守如下原则：

1. 合法合规原则

开展股权投资业务应符合国家法律法规、监管机构的管理规定及要求。

2. 审慎尽职原则

开展股权投资业务应严格遵循委托人的意愿和协议预定，恪尽职守，强化风险控制和管理，维护受益人的最大利益。

3. 风险可控原则

开展股权投资业务应进行全面的风险评估与识别，充分揭示关键风险，对于可预期的风险应确保具有可行的应对措施。

4. 价值投资与盈利性原则

开展股权投资业务应选择具有内在投资价值、良好成长性和增值性、盈利空间可观的投资项目。

（二）项目筛选标准

信托公司在对股权投资项目筛选方面，应该有一定的标准及把握。

1.项目筛选标准

（1）符合国家的产业和环保政策，符合国民经济发展战略，国家政策有一定的持续性，确保项目退出前政策层面的稳定。

（2）选择国家鼓励的或具备明确发展前景的相关行业，如七大战略性新兴产业、TMT、消费升级、大健康等行业。

（3）估值合理，退出路径主要为上市或市场化并购或易于协议转让或回购，项目初步测算的年化IRR原则上不低于20%。

（4）实际控制人、股东、董事及高级管理人员有良好的诚信记录，未受到相关监管部门的处罚和处理。

2.主动投资类项目标准

主动投资类项目除符合上述规定外，针对项目所处的投资阶段，应适用不同的选择标准：

（1）在天使阶段投资方面，目标企业应具备经验丰富且有事业心和责任感的管理团队、创新的商业模式、核心竞争优势突出的产品或技术。

（2）在VC阶段投资方面，目标企业应在细分领域占据领先地位，核心业务指标或者财务指标应显示良好的发展前景。

（3）在PE阶段投资方面，应有明确的退出途径，目标企业最近2年营业收入和净利润应稳步增长，各项财务指标符合行业特点，企业资金流转正常，没有重大可疑的财务欺诈现象。

（三）交易结构设计原则

在股权投资交易结构设计方面，应遵循以下原则：

一是对于天使和VC投资阶段的项目，原则上应采用组合基金形式，且单个项目的投资规模应不超过基金规模的50%。

二是主动投资类项目应根据股权比例争取相应的投票决策权及董事、监事、高级管理层的人事派驻权。委托投资类项目原则上应取得对重大事项决策拥有一票否决权。

三是为控制投资风险，股权投资应积极争取股权回购、现金补偿等对赌条款，以及共同出售权、强制随售权、优先受让权等保障型条款。必要时，可采用结构化、债转股、可转债等投资形式。

（四）股权项目尽职调查方法和内容

信托公司在开展股权投资类信托业务时，一般的尽职调查方法及内容包括：

1.股权投资信托的尽职调查

可通过实地调研、查阅原始资料、高管访谈、电话沟通及互联网查询等多种途径，调查目标企业或管理人的经营背景、声誉情况、信用记录、投资业绩，了解目标企业的历史沿革、股权结构、发展前景、公司治理、管理团队、财务状况、经营状况、法律风险等情况。尽职调查工作应根据项目的行业、业务类型及风险特点制订差异化尽职调查方案。原则上除了信托公司人员自己走访进行尽职调查外，还需律师事务所、会计师事务所等中介机构针对目标企业进行尽职调查。

2.主动投资类股权项目的尽职调查

应以现场调查为主，电话沟通、互联网查询等非现场调查为辅。原则上，所有主动投资类项目均须对目标企业实施现场调查。尽职调查对象原则上应包括目标企业的主要股东、管理团队、核心业务部门、行业竞争对手、上游供应商、下游客户以及股权投资机构。

3.委托投资类股权项目的尽职调查

应围绕管理人或投资顾问展开，尽职调查对象原则上应包括投委会成员、投资经理、被投企业、基金LP以及其他专业投资机构。应充分了解管理人或投资顾问的核心团队组成及变动情况、激励机制、项目来源、风控体系、投后管理、历史业绩等。对底层目标企业的尽职调查，原则上可委托管理人或投资顾问负责；管理人或投资顾问应根据投资协议约定向公司提供尽职调查报告及相关明细备查文件。

4. 尽职调查完成后，信托公司须形成书面的项目申报书暨尽职调查报告

报告内容原则上应包括：

（1）项目概要；

（2）交易方案及费用结构合理性分析；

（3）行业概述及竞争格局分析；

（4）拟投企业历史沿革、主营业务、管理团队分析；

（5）交易对手分析；

（6）财务分析及盈利预测；

（7）投资回报测算；

（8）投后管理方案；

（9）项目优劣势分析及风险揭示；

（10）对项目进行独立评估并形成书面风险评估报告。

（五）股权项目审批材料

信托公司对股权投资项目的审批一般包括但不限于如下材料：

一是项目尽职调查报告，行业尽职调查报告；

二是外部律师事务所、会计师事务所尽职调查报告，评估机构的资产评估报告（若有）；

三是股权项目主体资质、财务、内控及实际控制人、核心团队成员、基础性文件等；

四是采用信托形式投资的股权项目，在签署股权投资协议后，还须办理股权或产权的工商登记过户手续，同时按照原银监会《信托公司私人股权投资信托业务操作指引》的规定，向信托公司所在地银保监局派出机构报告。

（六）资金募集及管理

1.股权投资项目的资金募集可以通过信托公司自主募集或通过其余金融机构代理销售

（1）公司自主募集项目，应充分披露股权项目投资结构和收费安排，客观描述项目预期回报，全面揭示投资风险。在客户适当性管理方面，应针对投资者财产、收入、投资经验等多维度进行综合评估，根据评估情况为其确定风险能力等级，原则上，股权投资项目仅针对风险承受能力较高的个人投资者和机构投资者募集。

（2）金融机构代理销售的项目，信托公司应与代销机构充分沟通项目风险，明确目标客户的风险承受能力等级，并通过合同协议对其销售过程进行规范性管理。

2.股权投资项目的投后管理工作

包括：把握项目动态信息、预警和化解项目风险、维护股东投资权益、提升项目价值。

（1）对主动投资类项目，信托公司应至少每季度进行一次现场核查和实地访谈，了解被投资项目的运营、财务等情况，并形成投后管理报告，抄送运营部、风险管理部等相关职能部门。投后管理报告原则上应包括但不限于：

1）目标企业所属行业发展情况、行业政策；

2）目标企业本期的重大变化，包括但不限于股权变化、核心团队变化、重大对外投资、重大对外借贷、担保情况、重大关联交易情况等；

3）目标企业的运营情况，资金运用情况，财务状况；

4）投资退出进展等。

同时，信托公司应当根据目标企业的特点为企业提供战略性或策略性咨询等增值服务，降低投资风险，提升投资效益，包括但不限于为帮助公司推进证券化、对接资本市场，对接产业上下游资源、提升企业运营效率，对接各种金融资源、推进企业发展等。

（2）对委托投资类项目，信托公司应监督基金管理人的投资行为，定期了解被投企业的经营业绩和财务状况等，督促基金管理人向信托公司出具投后管理报告，投后管理报告的频率原则上不低于每季度一次。

（3）当目标企业出现重大风险时，比如，目标企业所属行业发生重大变化，目标企业自身出现经营问题或核心团队变化、财务状况急剧恶化，目标企业未遵照法律法规和协议的约定，做出侵害公司股东权益的行为，公共传媒出现关于目标企业的重大负面舆情等，信托公司应采取必要措施，直至消除风险或者将风险控制在可承受范围内，可采取的措施包括：

1）根据目标企业具体情况，制订整改计划，督促已投资企业限期整改；

2）在目标企业召开董事会、股东会会议时行使股东提案权、否决权等权利；

3）督促目标企业设立专用账户管理资金；

4）按投资协议的约定要求企业回购股权；

5）向目标企业大股东或者外部投资者转让股权；

6）提起仲裁或者诉讼等。

（七）项目退出

股权项目的目标是实现投资收益、资产增值。因此，在投资股权项目前需要确定将来项目实现收益的方式，即退出方式。由于股权项目的分类不同，每一类的退出方式也不尽相同。

1.单项目股权投资

可通过股份上市、协议转让、回购、股权分配和解散清算等方式，实现投资退出。

2. 基金类股权投资

应按照股权投资基金的投资协议约定的方式退出，包括投资基金份额的转让、清算等方式。

3. 对主动投资类项目

业务部门应综合考虑投资期限、风险控制、操作难度及退出价格，以投资收益最大化为目标，编制退出方案并报公司审批，经审批通过后方可实施。项目退出方案的内容包括但不限于：

（1）拟处置股权情况及企业概况：投资规模、出资额及方式、持股比例、累计分红、发展趋势、存在问题等；

（2）股权处置的具体操作建议；

（3）退出收益测算；

（4）拟受让股权方的基本情况（如有）；

（5）相关中介公司的评估报告（必要时）。

4. 委托投资类项目

原则上由基金管理人负责退出方案的制订和实施。在项目退出期，业务部门应就退出进展与管理人保持持续沟通，督促管理人明确退出方案，并监督管理人依照方案执行。

三、证券投资类信托

证券投资类信托是指信托公司接受合格投资者的委托，将信托产品项下资金投资于依法公开发行，并在符合法律规定的交易所公开交易的证券，包括但不限于股票、银行间市场和交易所市场的债券及逆回购、证券投资基金等。

证券投资类信托业务需要一整套流程，是信托公司与券商、银行等其他金融机构互相合作完成的一项投资行为，能发挥各自优势，尽可能减少未来潜在的市场风险。

信托公司对证券投资类信托业务进行市场研究、产品开发，收集项目信息，并制作相关文本。同时，对保管银行、证券交易经纪商、投资顾问、一般委托人等进行尽职调查。

信托公司对信托交易结构进行合规性审查，规范合同文本、交易协议及信息披露文件等内容。完成对项目的风险评估，包括但不限于对信托交易结构、操作风险、选聘的投资顾问、一般委托人资质等进行审核，进行事前风险管理，及时有效地制定风险应对措施，进行投后评估及信后风险管理。完成对交易系统中的风控参数设置及变更情况进行审核。对证券投资类项目建立独立的会计账簿、信托财产专户和资金账户，进行明细分类核算。根据投资交易结果进行估值和会计核算，并定期与保管银行进行账户核对，编制相应报表。负责计提缴纳证券投资类信托业务的相关税费、信托利益分配和终止时的清算分配工作。信托公司根据信托业务的安排与投资顾问签订《投资顾问聘任协议》，与证券交易经纪商签订《证券交易委托代理协议》《远程交易协议》，与保管银行签订《托管协议》，并预留投资代表、公司业务章、财务章等印鉴。

证券投资类信托，其投向标的大多为流动性较强的二级市场，投资风险较大。目前，全球经济关联性很强，受到国内外的经济形势、突发事件、行业发展和政策指引及个股公司营运能力的影响，收益存在不确定性。同时，投资期限一般是长期投资，对收益分配的日期没有明确约定，分配时间取决于投资标的的收益表现。

四、权益类资金信托

权益类资金信托是指将信托资金投资于能够带来稳定持续的现金收益的财产权或者权益的资金信托品种，这些权益在信托产品中主要包括基础设施收费权、公共交通营运权、旅游项目收费权、教育项目收费权等，有时也可以是另外一个信托的受益权等。权益信托中的信托资产与我们平时所说的“权益类资产”是不同的。权益类资产主要包括对股票和基金的短期投资、长期股权投资和其他权益性资产。所以，权益类信托涉及的投资标的资产应与“权益类资产”有所区别。

权益类资金信托和股权类资金信托对投资标的都有一定的“权益”，但两者区别依然十分明显：第一，股权投资的底层资产一般是单一或某些企业的组合，而权益投资的资产是收费权、营运权等能够产生收益的项目或权利；第二，股权投资期限一般较长，同时只约定大概期限范围，而权益投资一般是有期限的；第三，在股权投资中，股东一般被自然赋予了股东的权利并承担义务，可参与企业管理和经营，而权益信托的受益人一般不参与管理和运营。

第三节　筛选集合信托的方法

目前，国内市场各类集合资金信托计划中发行规模最大、增长速度最快、社会影响范围更广，当属债权类集合资金信托。所以接下来本节将结合中国银保监会于2019年5月10日印发的《中国银保监会关于开展“巩固治乱象成果　促进合规建设”工作的通知》（银保监发〔2019〕23号）（以下简称“23号文”），以债权类信托中的房地产信托为例，将信托公司发行的房地产信托进行讲解。房地产信托是涉及房地产行业开发、经营、消费等的主动管理类信托项目，与融资平台公司实施的保障房项目从尽职调查到风控等各个环节均不同。以房地产开发企业为例进行说明。信托公司在开展房地产业务时应遵循合规、审慎、客观原则。从初期开始接触项目再到项目后续管理需要按照流程办理。一般运作流程如下：项目前期接洽—确定融资方案及交易结构—项目尽职调查—抵押物价值评估—公司内部审批—报监管局审批—签订融资合同—办理抵押手续—产品正式发行—放款—产品存续期管理—项目到期清算。

一、交易主体审核

房地产集合资金信托计划中的交易对手应当是依法设立、合法存续、具备相应行为能力的法人主体。主要包括：借款主体、担保主体、被投资主体及实际使用投融资资金或对信托财产承担负债的其他主体。信托公司初期接洽及在开展房地产项目尽职调查时，应根据公司相关制度要求收集交易对手的相关资料。主要资料包括但不限于：

（一）借款主体一般性资料

（1）企业法人营业执照（三证或五证合一）；

（2）法人代表证明书和法人代表授权委托书；

（3）法人代表和被授权人身份证；

（4）公司章程；

（5）经审计的近3年年度财务报表及近期财务报表（根据企业成立时间据实提供）；

（6）由依法注册的会计师事务所出具的验资报告；

（7）贷款卡复印件或银行信贷登记系统的查询清单；

（8）各类荣誉、资质证书；

（9）企业在其他金融机构的信用评级材料；

（10）企业基本情况、主要负责人、财务负责人介绍材料或从业证明；

（11）土地使用权有偿出让、转让合同；

（12）由当地国土部门出具的付清土地出让金证明书；

（13）国有土地使用权证书；

（14）建设用地规划许可证；

（15）建设工程规划许可证；

（16）建筑工程施工许可证；

（17）商品房预售或销售许可证；

（18）房地产企业或其控股股东资质证书；

（19）项目可行性分析报告；

（20）房地产开发建设自有资金落实的证明文件；

（21）其他资料。

（二）担保主体尽职调查须提供的资料

1. 企业保证人资料

（1）企业法人营业执照（三证或五证合一）；

（2）法人代表证明书和法人代表授权委托书；

（3）法人代表和被授权人身份证；

（4）公司章程；

（5）经审计的近3年年度财务报表及近期财务报表（根据企业成立时间据实提供）；

（6）由依法注册的会计师事务所出具的验资报告；

（7）股东会或董事会同意承担保证责任或抵（质）押责任的决议；

（8）其他资料。

2. 抵（质）押物资料

（1）抵（质）押物权属证书；

（2）抵（质）押物评估参考材料；

（3）抵（质）押物基本情况介绍材料；

（4）其他资料。

3. 担保机构保证人资料

（1）企业法人营业执照（三证或五证合一）；

（2）备案证（复印件）；

（3）最近一年的年检资料；

（4）由合作银行确认的最近一年每月的在保余额证明文件和担保总额证明文件；

（5）最近一年的资产负债表、现金流量表、利润表、担保余额变动表和审计报告；

（6）公司章程；

（7）有资质的信用评级机构评定的信用等级证明材料；

（8）公司高管人员从业经验介绍材料；

（9）其他资料。

4. 自然人保证人资料

（1）个人有效身份证；

（2）有效收入证明（个人所得税纳税证明等）；

（3）银行存款、股权、证券类资产证明；

（4）不动产、机动车权属证明；

（5）其他资料。

信托公司除尽职调查以上材料外，还应对主要交易主体的历史沿革及现状进行调查分析，重点关注交易对手实际控制人变更、重大资产重组是否有涉诉及所受行政处罚等情况，可通过中国裁判文书网等平台查询主要交易对手的涉诉信息，对于涉诉案件较多、金额较大、所受行政处罚金额较大或性质较严重的，应当分析其成因、进展及可能造成的影响。确定交易主体所应具备的房地产开发资质，并审查相应的房地产开发资质证书。

二、交易结构的设计

集合资金信托计划交易结构的设计应遵循合规、有效、合理、风险可控、可承受的原则。房地产信托项目可以采用直接发放贷款、投资附加回购、股权+债权等交易结构，但不得采用商品房预售回购的方式变相发放房地产贷款。通过买断或买入返售应收账款、第三方远期受让信托债权等方式进行项目融资，导致债务人和实际用款人不一致、用款项目和还款来源不一致的，用款项目应当符合债权信托类项目的相关合规要求。

三、资金用途情况

信托公司尽职调查以及在设计房地产项目时应明确信托资金的具体投向，根据银保监会下发的“23号文”，禁止向“四证”不全、开发商或其控股股东资质不达标、资本金未足额到位的房地产开发项目直接提供融资，或通过“股权投资+股东借款”“股权投资+债权认购劣后”、应收账款、特定资产收益权等方式变相提供融资，或直接或变相地为房地产企业缴交土地出让价款提供融资，直接或变相地为房地产企业发放流动资金贷款。

信托资金向建筑施工企业或房地产集团公司发放流动资金贷款的，信托公司应注意核查借款人真实的流动资金需求是否为日常经营所需且主要用于购买基础设备等，严格监管资金使用情况，防止资金为房地产开发项目垫资或流入房地产项目。同时，应结合房地产项目类型、项目实际情况等设置不同的资金监管方式，可通过事前审核、事中检查、事后跟踪、委托监管银行等方式监管资金，确保专款专用。信托资金用于偿还其他金融机构借款、其他渠道融资的，该金融机构借款或其他渠道融资应当与信托资金用于同一项目。

四、标的项目要求

开展房地产信托，项目公司应当满足“四证”齐全、项目资本金达到国家最低比例要求、具备二级以上房地产开发资质等条件。项目资金缺口、项目资本金等确实难以测算的，建议聘请第三方中介机构出具专项审计报告。

（一）项目资金缺口的测算

用款项目应当有合理的资金需求，信托公司在项目申报时应当对用款项目的资金缺口进行测算，具体可参照如下公式：

项目资金缺口=项目总投资额-项目资本金-销售回款-其他外部融资

信托资金全部或部分用于偿还外部融资，或者项目公司在信托计划成立前拟偿还或部分偿还外部融资的，且在发行审查前提供最新的财务报表及其他凭证予以佐证的，可不予扣减已偿还或拟偿还的其他外部融资。

信托公司须提供相关证明材料确认标的项目的总投资额，原则上应提供发改委的批复、备案文件。无法提供发改委批复、备案文件或提供的发改委批复、备案文件中的总投资额与申报书中援引的数据存在较大出入的，应提供标的项目可研报告或项目公司盖章确认的项目总投资额书面说明；必要时，应当提供第三方（如工程监理方、审计师事务所等）报告以佐证标的项目总投资额。如交易主体提供的是项目公司盖章确认的项目总投资额的书面说明，应逐一列明项目总投资额明细，各具体数据应具备合理性。土地成本原则上应该是土地出让金及相关税费，建设成本中每平方米建造成本应当具备合理性，在排除项目定位、区域等因素后，与市场上同类型物业的建造成本不能有较大出入。如与发改委备案、批复文件中关于总投资额的数据有较大出入的，还应当对该数据存在出入的原因予以说明。

（二）“四证”的核查

“四证”指国有土地使用证、建设用地规划许可证、建设工程规划许可证、建筑工程施工许可证。业务部门应注意核查“四证”的基本信息：

（1）“四证”中的权利人或建设单位名称应与项目公司名称保持一致；

（2）“四证”中的建设项目名称原则上应与用款项目名称一致，如不一致，信托公司应进一步核查；

（3）在核查土地使用权证时应注意地号、面积等要素应与土地出让合同保持一致，如因测量可能会存在面积偏差，但偏差一般不能超过5%；

（4）在核查建设用地规划许可证时应注意面积应与土地使用权证一致，如因测量可能会存在面积偏差，但偏差一般不能超过5%；

（5）在核查工程规划许可证及施工许可证时应注意建筑面积的一致性、开工竣工时间与标的项目的开发节奏是否大致匹配。

（三）项目资本金的测算

项目资本金在项目成立前及项目运行期间的任何时点均应符合法定最低比例。信托公司可以通过分析标的项目公司的财务报表科目来确定项目资本金的来源。

1. 实收资本

对应资产负债表中的实收资本。实收资本是股东的实缴出资，该金额可以直接认定为资本金。

2. 公积金

对应资产负债表中的资本公积和盈余公积，项目公司股东投入产生的资本公积金及经营标的项目所产生的盈余公积可以认定为项目资本金。部分项目公司将股东借款计入资本公积，该等资本公积在符合本条关于股东借款的相关条件的前提下，可以认定为项目资本金的来源。项目公司持有的金融资产、投资性房地产等产生的资本公积，不应当计入项目资本金。

3. 未分配利润

资产负债表中的未分配利润可以认定为项目资本金，但为了防止项目运行期间股东做出利润分配的决议，原则上应当要求项目公司及其股东出具在信托期间不进行利润分配的承诺函。

4.股东借款

股东借款在资产负债表中一般体现在其他应付款科目中，在符合下列条件时可以认定为资本金：

（1）股东借款的支付方为与项目公司有股权关系的股东，包括直接控股股东或根据股权结构图能够核查到的实际控制人。

（2）股东借款的支付方与项目公司共同出具劣后于信托融资偿还的承诺函。对于集团型房地产开发企业来说，内部统一资金调配导致项目公司的往来款可能是与其没有股权关系的关联方的借款，可以要求关联公司将该债权转让给项目公司的股东，由该股东与项目公司共同出具劣后于信托融资偿还的承诺函，或由关联方、项目公司及其股东各方书面明确该笔往来款的性质及来源并出具劣后于信托融资的承诺函。

信托公司应当验证股东借款的真实性及其与用款项目的关联性，可以通过查阅项目公司的财务报表附注对股东借款的披露情况，或分析财务报表中相关科目金额、合同、划款凭证、期末余额明细能否相互印证等方式。在计算项目资本金时，应当关注以下事项：

（1）项目资本金的计算应当基于标的项目公司的财务报表，原则上不能基于支出端如已付土地出让金、已付工程款等进行分析；

（2）以股权投资附加回购承诺（含投资附加关联方受让或投资附加其他第三方受让的情形）等方式运用的信托资金不得算作项目资本金；

（3）股东或关联方对项目公司的资金占用，投资性房地产、长期股权投资等非用款项目的投资对资金的占用，应当予以扣减；

（4）对于多期滚动开发、多期平行开发的项目，应当对项目公司操盘的多期项目进行整体分析，包括但不限于各期项目的总投、销售进度、资本金占用情况等，结合标的项目物业类型、土地占比或建筑面积占比等因素确定各期项目对资本金的占用，合理计算用款项目的资本金。

（四）二级资质的认定

项目公司控股股东或实际控制人具备二级以上房地产开发资质的，可以直接认定标的项目满足二级以上房地产开发资质要求。如控股股东或实际控制人持有项目公司股权比例低于50%的，信托公司应提供相关材料以证明其控股股东或实际控制人地位，如公司章程、控股股东或实际控制人的审计报告、相关协议等。标的项目是由具备二级以上房地产开发资质的项目公司关联方实际开发管理的，则在项目公司与具体关联方签署委托代建协议的基础上，可认为已满足二级资质需求。

五、增信措施的介绍

固定收益类信托在每一个项目的立项、尽职调查、融资主体要求、风控措施等各个方面会有略微不同，但增信措施基本一样，均主要有抵押、质押、担保结构化设计和过程管理等。有的产品只采用一种风控措施，有的产品同时采用多种风控措施。

抵押或质押：融资方将其动产或不动产（房产、股权等）抵押或质押给信托公司，若融资方无法按期支付信托产品的本金及收益，信托公司可以拍卖抵押或质押物，以保障投资人的利益。

担保：对于没有抵押（或质押）或者抵押率比较高的，信托公司往往会要求融资方对信托财产提供相应的担保。比如，担保公司担保、第三方担保（融资方的母公司或关联公司）、公司法人无限连带担保等。

结构化设计：结构化设计就是将信托收益权进行分层配置，购买优先级的投资者享有优先收益权，购买次级和劣后级的投资者享有劣后收益权。在固定收益类信托理财产品中，劣后级投资一般由融资方投资，信托期满后，投资收益在优先保证优先级受益人本金、预期收益及相关费用后的余额全部归劣后级受益人；若出现投资风险，也先由劣后级投资者承担。

过程管理：过程管理就是在信托计划资金投放后，通过管理项目存续过程中的相关人、事、物实现对项目整体风险进行控制的一种风险控制手段。常用的过程管理手段包括但不限于管理标的章证照，对标的企业派驻人员或董事会成员、对标的企业相应账户中的资金进出进行资金监管，对标的企业的销售进度或工程形象进度设置考核时点等方式，达到对项目整体风险的控制。

（一）抵押担保

房地产抵押担保是信托业务中常用的一种增信措施，抵押物类型的不同对抵押物登记价值与担保债权的范围也会产生不同的影响。信托公司在接受交易对手提供的抵押物时应注意核查抵押物的权属情况，比如，权利证明是否完整准确，抵押人和抵押物是否相互对应，抵押物上是否存在其他权利限制。

1.抵押物为土地使用权的

信托公司应注意核查相关土地是否经过土地招拍挂流程，土地出让金及相关税费是否已缴纳完毕，是否存在土地闲置。信托公司应向抵押物所在地登记部门核实当地现行有效的抵押登记政策，比如土地、在建工程能否为非用于该土地、在建工程开发建设的融资提供担保，是否允许第二顺位抵押登记担保的主债权金额超过抵押物余值，是否需要拆分主债权以及抵押物后续销（预）售时是否需要出具同意销（预）售函或解押等。对土地、在建工程等抵押物出具同意销（预）售函的，在抵押物实现销售时，不论是否解除抵押登记，抵押权人将无法就该抵押物行使抵押权。业务部门应当高度重视出具同意销（预）售函的风险，原则上应按照解除抵押的标准设置相应的风险缓释措施，如采用置换抵押物、缴纳保证金、提前还款、剩余货值管理等方式闭合风险。

2. 抵押物为土地使用权、在建工程或现房且评估价值与原始取得成本相比增值较多的

应当关注土地增值税等对抵押物可变现价值的影响，并在尽职调查报告中对可变现价值进行测算。

3. 信托公司在办理抵押登记时需要注意之处

（1）抵押物评估——实现可抵押价值最大化

由于《城市房地产抵押管理办法》规定“抵押人所担保的债权不得超出其抵押物的价值”，《他项权证》通常只能在抵押物评估价值范围内登记担保金额。为实现每个抵押物可抵押价值最大化，信托公司可以提前介入评估阶段，要求评估机构适度提高抵押物评估价，从而提高单个《他项权证》可登记的最高担保金额；但在公司内部仍以抵押物实际价值及抵押率判断其可担保金额。

（2）抵押物登记——尽可能扩大登记范围

1）尽量与登记机关沟通，按照《抵押合同》约定主债权金额登记每个抵押物担保金额；若登记机关要求只能在评估值范围内作登记，应要求评估机构按前款建议适度提高评估价，办理登记时直接以每个抵押物的评估价作为担保金额（而非主债权拆分金额），实现对每个抵押物优先受偿权的最大化。

2）不论办理在建工程还是现房抵押，除办妥工程（房产）抵押登记外，原则上也要同时办理其所在地块的土地使用权抵押，实现“房地同抵”以利于信托公司处置同一地块内多个抵押物时取得主动权，提高抵押物整体处置效率。

3）仅以土地使用权作抵押的，完成登记后业务部门应定期跟踪该地块建设、抵押情况，如地块新增在建工程的，应要求抵押人将在建工程一并抵押。

4）信托公司在确定增信措施阶段事先对拟抵押房地产进行调查核实，审慎受理存在“划线”情况的抵押物；不建议接受其他第三方已办“划线”抵押登记的抵押物再办理余值抵押；若因交易条件所限只能以“划线”土地抵押，应在签订《抵押合同》时明确约定该抵押物仅能抵押给某公司，不得引入其他第三方抵押权人。

（3）《抵押合同》条款中应增加条款明确信托公司实现抵押权的范围

应约定：“《抵押合同》项下若包含多个抵押物，其中每个抵押物均以其全部价值对本合同项下主债权总额进行担保”；“若抵押登记机关对单个抵押物的担保金额、对应主债权金额或评估价值另有约定的，应仅出于办理抵押登记所需，并不代表该抵押物仅限于对上述金额范围内的债权进行担保，也不构成抵押权人行使优先受偿权的限制或障碍”；“主合同约定的主债权项下及担保范围内的任何应收款项未获清偿，抵押权人均有权选择本合同项下任意部分或全部抵押物行使抵押权”。

（二）质押担保

对于交易主体提供的质物，信托公司应关注质物的权利权属情况，比如，权利证明是否完整准确，出质人和质物是否相互对应，质物上是否存在其他权利限制。质物为股权的，业务部门还应关注该股权所对应的注册资本是否已缴纳完毕，并在项目申报书中明确股权所对应标的公司的基本信息、财务情况等内容。质物为应收债权、应收账款、存单等，业务部门还应关注基础合同、权利凭证等的法律效力，确保质物真实、合法、有效。

（三）保证担保

保证担保在集合信托风控措施中是应用比较广泛的方法之一。随着信托行业业务发展的不断扩大，保证担保范围也涉及境内与境外。其中法人或自然人是境内机构提供保证担保的，信托公司应通过访谈分析交易主体提供的基础资料、财务报表、全国企业信用信息系统、互联网等多种方式核查保证人的资信、财务情况等有效性。通过核查保证人的最新营业执照、章程或身份证件确定保证人合法有效地存续或其身份的真实性。保证担保的风控措施有一定的流程安排。

1.提前收集担保人的内部决议相关材料

信托公司与交易主体进行商业谈判时应向其出具“材料清单”，并要求其提供回执。当极端情况发生而交易主体拒绝提供相应材料时，该回执可在一定程度上证明信托公司已履行审慎义务，保障信托公司担保权益。

2.由担保人公司法定代表人签署合同

应要求担保人公司法定代表人签署相关担保合同，最好采用本人亲笔签字，并现场核对其身份证件及法定代表人签字样本，留存面签核保的照片和影像资料。若无法由法定代表人本人签署的，则可由法定代表人出具亲笔签字的授权委托书（原件）并加盖担保人公司公章，比对该亲笔签字与法定代表人签字样本并确认其外观一致后，由被委托的自然人签署担保合同，并采取本条所述的面签核保措施。

3.取得担保人的有效公司章程

交易主体应提供加盖工商查档章的最新版担保人公司章程，以供信托公司参照核查公司内部决议的有效性。若担保人住所地工商登记机关不提供查档等服务，可由担保人提供其最新版的公司章程，加盖其公章并注明该版本为最新版且与原件一致。

4.取得符合章程的担保人内部决议

（1）章程有规定的情形。对于章程规定对外担保事项由股东会决定的，应提供股东会决议；对于章程规定对外担保事项由董事会决定的，可提供股东会或董事会决议。

（2）章程无规定的情形。若担保人公司章程并未就对外担保事项的决策层级做出明确规定，原则上应提供股东会决议。如果担保人提供董事会决议等其他层级的相关担保决议文件的，则应同时取得该层级有权决定对外担保事项的证明文件（如股东会授权书、股东说明等）。

5.对担保人提供的内部决议进行形式审查

相应内部决议文件中应载明股东会或董事会的召开时间和地点，由股东或董事签字/签章确认，并加盖担保人公司的公章。同时取得担保人公司的股东或董事的名单及其签字或签章样本（若该样本为复印件，应加盖公司公章并注明与原件一致），并将内部决议与之对比，相关决议上的签名/签章应与该样本所载保持外观上的一致。

6.决议的程序符合《公司法》和信托公司的一般章程规定

（1）一般情况下，若担保人提供了所有股东或董事一致同意并签字/签章的股东会或董事会决议，且被担保人（借款人）不是担保人公司的股东或实际控制人，则无须对决议程序问题进行特别审查。

（2）部分股东或董事未签字/签章情形：

1）如果保证人能够提供相关材料证明其已经履行对所有股东或董事的通知程序的，则应当审查决议对担保事项的表决是否有效。若公司章程就对外担保事项的表决有效性有明确规定的，应该符合该规定（例如需要2/3以上或者1/2以上表决权的股东同意方可视为通过等）。若公司章程并未就对外担保事项的表决做出明确规定，则一般情况下股东会决议应由占1/2以上表决权的股东同意，董事会决议应由半数以上董事同意方可视为通过。

2）若保证人不能够提供相关材料证明其已经履行通知程序的，则相应决议做出的程序存在瑕疵。

（3）对为股东或实际控制人担保的处理。如果借款人为担保人的股东或实际控制人提供担保，则根据《公司法》第十六条的相关规定，应一律要求担保人提供股东会决议（决议上必须注明股东会召开的时间地点及到场股东）。同时，借款人及受借款人实际控制的股东不得参与相应决议的表决（即不得在股东会决议上签字），且该项表决由出席会议的其他股东所持表决权的过半数通过。

保证担保如果是境外机构提供保证担保的，信托公司应重点审核合法有效性。目前，信托行业中存在着大量由境外主体向信托债权提供连带责任保证担保的业务模式。现就境外主体提供的相关担保文件的效力问题提示如下：

通常情况下，信托公司均要求与该境外担保主体签署保证合同，履行尽职调查、公证转递等相关手续。

如由境外担保主体单方面出具担保函，则必须在担保函中明确该境外担保主体承担连带责任保证担保，关于承担保证责任的表述也应与保证合同相一致，以确保该担保函具有与保证合同相同的法律效力。

（1）信息披露、内部决策等流程对担保效力的影响。

（2）如境外担保主体是上市公司的，应履行境外上市主体信息披露相关程序。如其未履行相关流程的，担保行为的效力原则上不受影响。信托公司在与境外担保主体签署担保合同或由其单方面出具担保函的同时，应根据相关法律法规的规定取得同意其提供担保的有效内部决议文件。

（3）境外形成的担保文件的效力保证，若境外担保主体在境外依据章程规定形成内部决议和/或签署担保文件的，应要求境外担保主体就前述内容履行相应的律师见证/公证认证（公证转递）等手续。

（4）境内形成的担保文件的效力保证。在不违反境外担保主体登记地法律的前提下，若境外担保主体在境内依据章程规定形成内部决议/签署担保文件，应就该等内部决议/担保文件由境内公证机关对股东/董事/授权代表等签字/盖章行为进行公证并出具相应公证文书。若境外担保主体根据章程规定通过股东（大）会决议或董事会决议等形式将签署担保文件的权利授予该法定代表人行使，还应对该法定代表人签署担保文件的过程经境内公证机关进行公证并出具相应公证文书。

目前，在国内审判实践中，一般情况下，只有在申请执行人（债权人）能够提供确凿财产线索证明境外担保主体在境内存在可执行财产的情况下，人民法院方启动执行程序；且人民法院一般只执行境外担保主体名下的境内实物资产，申请人民法院执行境外担保主体名下的境内股权或境内子公司名下资产存在较大的困难。因此，信托公司在选择境外机构/个人作为担保主体时应关注上述风险，同时在采取境外担保时应关注境外担保主体在境内是否有可供执行的财产。

以上以集合资金信托计划中的房地产信托为例，对房地产信托的交易主体审核、交易结构设计、资金用途要求、标的项目要求、风控措施保证等内容进行了介绍。集合资金信托计划的核心内容是保证项目的安全到期兑付，只有实现委托人所委托的资金安全，才能保证集合信托产品持续稳定地发展与增长。

第三章 私人信托概述

Chapter 3

第一节　私人信托概述

私人信托，并非法理框架下的一种法律意义上的分类，而是在业务实践中根据实务操作需求而进行的业务划分。私人信托是指一个私密的、私人定制的信托法律架构，围绕家庭及个人的不同生命周期，为实现不同的财富目的（教育、养老、保全、增值、传承等），以信托为载体、受益人利益为核心，为委托人提供的全方位、全周期、一站式的综合财富管理服务，主要有安全独立、风险隔离、隐私保护、条款定制、税务筹划、投资广泛、保值增值、隔代传承、延续控制、慈善捐赠等特点。

人类最原始的私人信托行为可追溯到公元前2500年古埃及的遗嘱。私人信托的最早雏形可追溯到古罗马帝国时期（公元前510年—公元前476年），为避开《罗马法》将外来人、解放自由人排斥于遗产继承权的约定，罗马人将自己的财产委托移交给其信任的第三人，要求为其妻子或子女利益而代行对遗产的管理和处分，从而在实际上实现遗产继承权。

现代意义上的信托制度则起源于英国封建时代的“用益”制度（Uses）。13世纪中期，英国教徒们为了避免土地被没收，还能够实现将土地捐献给教会的目的，就将其土地转让给社会上的某人，而实质上却是委托他人管理、经营土地，并将该土地所产生的收益捐赠给教会。这种制度是英国信托的起源和前身。1893年的《受托人条例》、1896年的《官选受托人条例》和1899年《团体法人条例》等早期颁布的条例成为英国信托立法的根源。

私人信托在中国也并非一件舶来品。在中国历史上，有一个非常知名的“白帝城托孤”的故事，其实就是一个私人信托的典故，在这个故事里，委托人刘备将信托财产“蜀汉政权”委托给受托人诸葛亮，要求其辅佐受益人刘禅，从而构成了一个完整的私人信托框架。

随着世界各国经济飞速发展，信托的需求和市场也越来越庞大。私人信托被世界范围的高净值家庭所采用：美国的洛克菲勒家族、默多克家族和乔布斯家族，英国的戴安娜王妃，法国的穆里耶兹家族，意大利的安东尼家族。中国香港的邵逸夫家族和李嘉诚家族，中国台湾的王永庆家族和蔡万霖家族等，中国大陆富豪龙湖地产吴亚军、SOHO中国潘石屹等一系列知名的大家族，无不是通过私人信托的方式，让家族得以永续，让财富得以传承。

被誉为“现代信托业之父”的美国哈佛大学斯考特教授说，私人信托的运用范围，可以和人类的想象力相媲美。

一、概念和特征

《信托法》第二条规定：“本法所称信托，是指委托人基于对受托人的信任，将其财产权委托给受托人，由受托人按委托人的意愿以自己的名义，为受益人的利益或者特定目的进行管理或处分的行为。”从该定义中我们可以看出信托业务关系所包含的以信任为基础、以信托财产为前提、以委托人的意愿为目的、以受托人为运作核心、以受益人的利益为结果的五维立体要素。

有人说信托是一种理财制度，“受人之托，代人理财”，其实这种说法只是反映出目前认知的主流内容，还是没有全面揭示出信托作为一种制度安排的完整功能，更没有体现出它在应用上所具有的灵活多样的功能。信托不仅是一种财产管理制度，更是财产转移制度，更是因目的和管理方式不同从而派生出丰富的应用性功能。

私人信托并非法定的信托类型，而是在业务实践中对具有某类共同特征的信托的统称。私人信托首先表现为“私”字，即相对“公”而言，更多体现的是私人意愿和私密需求。市场中也有称之为家族信托，两者从整体功能和实现的价值来看并无太大差别，主要体现为思维基础的不同：私人信托更加以委托人意志为轴心，从委托人的角度和视野作为出发点，触发对某个受益人或是整体家族甚至是未来几代的某种、某类或是整体需求、意志的满足和实现；而家族信托更多是从家族整体出发，更多体现家族意志、家族整体需求、家族精神传承等方面的内容。因此，市场上有些规模不大，或是功能简单的信托也被称之为“迷你”家族信托或是家庭信托。本章从“私人”角度对这种功能性信托即私人信托做一介绍，主要是从推进市场发展、业务开发、业务操作和业务功能和实践的角度进行理解和阐述。

二、基本结构和要素设置

私人信托是一个生命周期长、设计复杂、功能复合多样的家族（家庭）财富规划。在私人信托业务关系中存在重要的“四个三”：整体财富管理架构设计中存在三个关键要素，即信托财产、信托目的、信托当事人；私人信托关系中要有“委托人”“受托人”及“受益人”三个角色；私人信托业务处理主要围绕三种关系，即委托人和受托人之间产生的信任和受托关系、受托人和受益人之间的尽职和利益关系、委托人和受益人之间的托付和受益关系；整体业务过程中的三个关键行为，即交付财产、管理财产、分配财产。

（一）信托结构关系图

正是基于上述关系，私人信托业务基本结构图见图3-1。

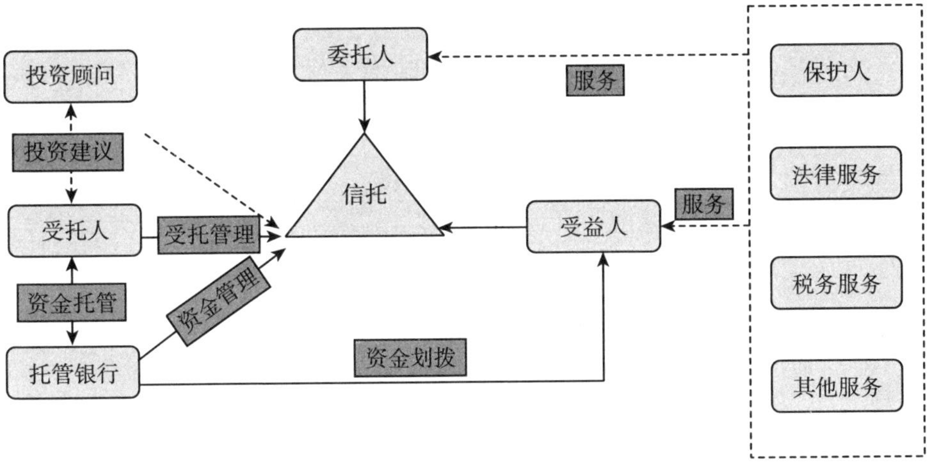

图3-1　私人信托业务基本结构图

资料来源：ChPBCLUB中国私人银行家俱乐部。

（二）关键要素及设置

尽管私人信托因目的、财产类型等不同，法律构造存在不同程度的差异，但基本关键要素均必须包含下列几个关键要素：信托目的、信托财产、信托当事人、信托行为。以下就私人信托设立过程中关键要素的设置内容、设置要点等展开分析。

1.信托目的

顾名思义，信托目的即设立信托所欲达到的目的、结果。《信托法》对于信托目的有所限定，第六条和第十一条均对信托目的合法性作出规范性要求。信托首先必须合法，即不得违反法律、行政法规规范或损害公共利益。同时，信托专以诉讼或讨债为目的。

接下来就上述规定进行重点剖析：

一是违反法律规范的层面只包含法律和行政法规两个层面，对于部门规章层面，除非从法律层面予以认定，其他不得认可为违法；

二是认定违法性质应为法律规范明确禁止行为。对于未加以明确禁止的则不能视为违法目的，即法无禁止皆可为。

三是法律和行政法规的范围并非局限在《信托法》，也包含其他法律规范，如《民法通则》《合同法》《婚姻法》《继承法》等。比如，对于夫妻的共有财产，离婚时应当合理地加以分配，如果一方为了独占该财产，把本属于共同财产的财物通过设立信托的方式加以转移，那么该信托属违反《婚姻法》而设定的信托，属于无效信托。

除上述禁止性约定之外，信托目的设置非常开放、高度灵活、多样且具个性。可以就各种目的设置信托，比如，离婚子女抚养信托、子女成长信托、养老信托、婚前财产保全信托等，既可实现私益目的，即以特定人的利益为信托目的，也可实现公益目的，即以公共利益为信托目的，如专项救济信托、贫困儿童教育信托等。

从信托设立的角度来说，信托目的一定要合法。不得违反法律法规的强制性、禁止性规定，不得违反公序良俗，更不能为逃避债务侵害债权人利益或为规避法律而设立信托。如若违反法律或是限制性规范，则信托无效。无效是指当然无效，即在法律上无须任何人启动无效确认程序，法院和仲裁机构可以自行依法确认。无效为自始无效即自始就没有法律约束力，其法律后果为所有权利义务关系均恢复到没有设立信托前的状态。也就是说，受托人应当将其名下的信托财产返还给委托人，受益人没有取得的信托利益不再享有，已经取得的信托利益也应当返还给委托人，如不能返还或没必要返还的，应当向委托人折价补偿。

信托制度发展到今天，作为一种专门的财产管理制度，信托法充分肯定信托目的设定的自由原则，体现委托人意志、受托人运作的基础和核心。因此，受托人在信托运营过程的信托财产管理方式、投资策略和投资配置、信托利益分配模式都要紧紧围绕着信托目的而进行设计。比如，委托人设置一个养老保障信托，目的就是实现自己的养老保障。因此，信托财产在投资策略和配置品种上应恪守保守、稳健、安全原则；利益分配条款应着重考虑发生突发疾病时如何处理、信托利益开始领取时间和频率等关键条款。

2. 信托财产

（1）信托财产的确定性和合法性。信托财产是对受托人以信托方式持有和管理的财产的总称。《信托法》第七条、第十一条规定，设立信托，必须有确定的信托财产，并且该信托财产必须是委托人合法所有的财产，该财产包括合法的财产权利；信托财产不能确认，信托无效。同时，《信托法》第十四条规定，法律、行政法规禁止流通的财产如国家所有的矿藏、水流、海域、草原、荒地、毒品、走私物品及其他各类违禁品不得作为信托财产；法律、行政法规限制流通的财产如探矿、采矿权、文物等，依法经有关主管部门批准后，可以作为信托财产。

作为信托的载体，合法所有的财产含有二重含义，其一，取得财产的方式是合法的，即以盗窃、抢劫等方式取得的财产不属于合法所有的范畴。其二，委托人对财产具有占有和支配的权利。如夫妻共有财产，委托人不得单独处置，如若以该财产设立信托，必须取得共有人的同意，否则信托无效。设立信托的财产是非法财产，信托就可能被法院确认无效。如上文所述，信托无效为当然无效，即在法律上无须任何人启动无效确认程序，法院和仲裁机构可以自行依法确认。其法律后果即恢复到信托成立前信托财产原状或不能返还原状部分予以相应补偿。

（2）信托财产类型的多样性。原中国银监会《信托公司管理办法》第十六条从营业信托的角度，规定了信托财产的范围包括资金、动产、不动产、有价证券、其他财产或财产权五大类。财产权是依法具有财产利益的权益，包括股权、债权、知识产权、票据权利及信托受益权本身等。

因《信托法》对信托财产登记生效制度的相关规定，且我国信托登记制度细则当前仍不健全，导致目前市场实操层面比例最多仍属资金财产。并非其他不动产、财产权无法操作实施，委托人须从操作细节、成本费用等更多层面做出综合考虑和规划安排。

3. 信托当事人

（1）关键当事人：委托人、受托人、受益人。在私人信托业务关系中，《信托法》中约定的信托当事人即必备构成主体包括委托人、受托人和受益人。这里的委托人为单一委托人，即只有一个委托人（即使利用夫妻共同财产设立的信托也选择其中一方作为委托人），与集合理财类信托（一个项目项下至少必须存在两个含以上多个委托人）相比，数量关系存在明显区别。同时，也不受“合格投资者”条件的限制和约束。因委托人是私人信托意志的源泉，因此，《信托法》第十九条规定，委托人应当是具有完全民事行为能力的人。由此可以推断出没有完全民事行为能力的委托人设立的信托无效。

受托人是整体信托关系的运行主体，是负责对信托财产进行管理、运用或处分的人。《信托公司管理办法》第七条明确约定，未经中国银行业管理委员会批准，任何单位和个人不得经营信托业务，任何经营单位也不得在其名称中使用“信托公司”字样，也就是说，只有信托公司才具有经营营业信托的资格（特殊专属业务资格的除外）。信托公司在开展私人信托业务方面有先天的牌照优势。这也是目前私人银行尽管在业务开发中有客户、渠道等诸多优势，但仍须与信托公司合作开展业务的主要原因。

受益人是指依据信托文件享受信托利益的人。尽管从信托设立的角度来说，信托仅需要委托人与受托人之间协商确定，不需要受益人作出意思表示，但因信托的目的就是受益人的利益或特定目的，因此，没有受益人（除法律另有约定如公益信托）的信托是无效的。对于受益人的资格无特别约定，但受益人或受益人范围需明确、清晰，也可设未出生的人为受益人。同时，受益人自信托生效之日起享有信托受益权。

3个当事人之间可能出现角色重合的情况，如委托人同时也是受益人，受托人也是受益人之一，等等，但当事人在私人信托业务关系中因所处身份不同其法律地位不同，由此产生的权利义务关系和责任各不相同。不同的当事人除了法定的权利、义务（具体内容详见第一章第二节），更多地体现在信托文件约定的保留权利义务。

受托人须按照委托人的意愿管理、运用和处分资产，委托人意愿体现在信托条款之中，因此，可以通过设定相应的条款保留一定的权利如财产管理权、信托解除权、受益人或受益权变更权、受托人解聘权等（但前提条件须满足目的合法的前提），保留程度须根据信托目的合理安排，对信托的处分程度影响信托财产隔离效果，对于有财产隔离需求功能的委托人须在保留权力和隔离效果间予以平衡。

在私人信托业务规划和设置中，最重要的是受益人和受益权设定层面：其一是受益人也可设置分层受益级别，如养老信托中约定第一层级受益人即满足养老需求，如若第一层级受益人不能满足受益条件时，第二层级受益人开始享受受益权即实现子女传承需求；其二是明确约定受益人机制即受益额度、受益时间（如定期支付、满足一定年龄条件开始支付或是混合支付等）、受益实现条件（条件或事件成就时如子女成长专项信托可约定结婚时可领取、生孩子时可领取等）、受益限定和约束条件（如不可用于偿还债务、如不存在夫妻关系时另一半不再享有受益权等）。

在信托关系中，当事人的角色不同，形成不同的责任和依存关系。正是基于委托人与受托人之间的信任和托付关系，信托才得以成立；受托人基于职业责任和尽职精神，使得受益人的利益得以实现；委托人和受益人之间的利益给予和获取的传递和实现，使得信托实现了独特价值和实践应用。

（2）其他当事人：监察人、保护人、投资顾问。除了3个当事人构成信托关系的基本要素，正是因为私人信托的目的属性和灵活定制安排属性，在信托关系中还有其他当事人安排，如投资顾问、信托监察人、信托保护人、家族办公室等角色。上述当事人须视信托目的、委托人意愿、信托实施效果等多因素综合考虑而定。

基于财富传承的考虑，在私人信托中，委托期限往往跨越委托人的生命周期，甚至长达几代人，而委托人去世时，受益人不一定具备维护自身权益的能力，甚至不一定掌握财富传承的隐私信息。为了使私人信托更好地按照委托人的意愿执行，委托人可以指定信得过的人作为家族信托的监察人。监察人被委托人赋予各种权利，如更改或监管受益人等权利。监察人可以是律师、会计师、家族办公室、第三方机构等；根据信托财产的类别，私人信托可以聘请不同的投资顾问打理信托财产，使信托财产保值增值。投资顾问可以是私人银行、资产管理公司等。

其他当事人的责任、权利和义务关系、业务规则灵活、自由定制和安排，但均须在信托文件中予以明示。

4.信托行为

私人信托设立及运作过程中几种关键的信托行为包括财产转移行为及其所包含的信托登记行为、运营中的投资管理行为和信托利益分配行为。

信托设立阶段的财产权转让行为，因信托财产类别不同，其转让生效方式有所不同，动产物权（包括资金、金融资产、生产设备、产品等）除部分有特殊约定以直接交付为转移方式；不动产、公司股权、部分动产均须在各所管登记机关进行登记作为转移方式。

《信托法》第十条约定："设立信托，对于信托财产，有关法律、法规规定应当办理登记手续的，应当依法办理信托登记。未依照前款规定办理信托登记的，应当补办登记手续，不补办的，该信托不产生效力。"这就是信托登记制度。这里的信托登记是对相关财产设立信托时点需要办理登记手续。但因当前国内信托登记及配套相关制度不尽完善，无相关具体操作规则，导致实践中难以直接操作该类财产的设立行为。但并非国内私人信托无法进行操作或是操作的私人信托不产生效力，对于须登记的相关财产通过一定的结构设计变相处理完成相关财产的转移。成立后的信托财产在《信托法》框架下依法运作，并受其保护并产生效力。

信托运营期间，受托人依照相关法律法规或是信托文件的约定管理、运用、处分信托财产。基于信托灵活性的特征，管理运用财产的方式可有多种，如全权委托型、指令型或顾问型；管理人员安排也可由信托公司独立完成，比如：委托财务顾问（投资顾问），或是委托人（或受益人）参与管理等；或是不同时期采用不同方式，或是上述几种方式的结合体。信托文件关于信托财产管理方式的约定须考虑信托隔离的需求、管理能力及其长期性、制衡机制等要素，使得信托财产在运转中实现保值增值，最大限度地实现受益人的信托利益。

信托利益分配行为是整个信托的核心，也是所有信托行为的最终目的和结果体现。因受益人角色在信托设立过程中属于被动角色，对其的分配行为更多地为委托人与受托人之间的商定结果，且更多具有私密性要求。信托利益分配须约定分配范围、分配金额、分配条件、分配时间等要素。分配范围体现信托灵活的特征，关于设置安排在当事人一节中已详细阐述，这里不再赘述。

信托利益分配方式的约定可有多种，从分配周期上可约定定期分配（按月、季、年）、临时分配、重大事项分配（如升学、结婚、创业等）、事件成就分配方式（满足一定条件如多少岁结婚）等；从分配金额上可约定固定金额分配、比例分配（基数可按收益、本金、余额等）、按需支付（大病医疗单）等；还可采用直接支付价款（费用）方式或是实物（服务）分配等特殊方式，通过私人信托建立高净值人群整体生命周期的一站式服务平台。

（三）私人信托与集合信托的比较

从中国信托业协会最新数据可知，2017年末我国信托资产规模达26.25万亿元。据招商银行《2017私人财富报告》显示，自2013年以来，高净值人群在信托产品上的配置迅速增加，一度占其整体可投资资产的15%左右，信托产品已经成为高净值人群家庭的标配品种。这种常见的主流信托产品也称为集合资金信托，因其以获取较高的投资收益为主要目的，因此，我们将其称之为理财型信托。

集合资金信托计划是相对于单一资金信托而言的，私人信托主要因“私”定制，以“单一委托人”意愿为出发点，也就是我们常言的单一信托模式。理财型资金信托和私人信托虽然都名为“信托”，同受《信托法》规范，但它们却有着不同的特征和功能价值。我们围绕着信托构成要素、性质和功能价值、构造设计等维度进行比较。

1.性质和功能价值不同

“受人之托，代人理财”，信托公司作为专业经营资产管理的金融机构，尤其是近几年，依靠高超的资产管理能力，持续保持收益的刚性兑付，广泛获得投资者的高度追捧和青睐。理财型资金信托是信托公司集合客户资金，通过统一集合、主动和专业管理、广泛的投资品种和多元化投资渠道优势，满足委托人（也即受益人）获取投资收益。委托人不主动参与信托财产的管理过程，更注重短线机会，博取高额收益。从性质来说，理财型资金信托可归类为理财产品的一种，满足客户对财富的增值需求。

从《2017私人财富报告》可以看出：首先，高净值人群财富目标从“创造更多的财富”演变到以“财富保障”和“财富传承”为首要考量因素；其次，资产配置更理性，配置意识增强；再次，高净值人群心态更成熟，考量更长远，财富传承成为热点。私人信托正是借助信托财产独立性、安全隔离等制度优势，进行法律架构的搭建和安排，以满足家族财富保全和传承需求，在实践的过程中还可通过定制化的设计满足诸如家族慈善、子女成长等多种个性化需求。私人信托更加注重财产的长期安全、稳定、保值和增值，着眼于受益人的利益，更多体现委托人个人意志和自由意愿的安排。可以说私人信托是一种法律架构设计，或者说是一种事务管理和资产管理相结合且统一的多元化服务。

2.构成要素不同

信托的基本要素包含信托目的、当事人、信托财产、信托期限。理财型资金信托和私人信托在信托要素方面存在很大的不同。

（1）目的不同。理财型资金信托的目的单一，是财富增值，而私人信托的目的趋于多元化，包括家族财富保护、财富传承、家族治理、税收筹划和社会慈善等多重目的，具有多样性。营业信托发起设立信托多是出于融资及投资的需求，其主要目的是获得利润。

（2）当事人数量和身份特征不同。原中国银监会《信托公司集合资金信托计划管理办法》（2007年3月1日起施行）中规定：“在中华人民共和国境内设立集合资金信托计划（以下简称信托计划），由信托公司担任受托人，按照委托人意愿，为受益人的利益，将两个以上（含两个）委托人交付的资金进行集中管理、运用或处分的资金信托业务活动，适用本办法。”“参与信托计划的委托人为唯一受益人”，因此，委托人（或是受益人）必须是明确的。理财型资金信托委托人需两个及以上，且委托人须为受益人，即自益信托。另外，理财型资金信托的委托人必须为合格投资者，因为该类资金信托与保本型银行理财产品或者银行存款不同，它投资范围的多样性以及没有对本金和收益的保证，使得投资者必须具备对投资风险的识别、判断和承担的能力。

私人信托更多地体现出私人定制的特征，即委托人为单一的，因其主要目的是实现家族财富的管理和传承的意愿，受益人更多的为整个家族，包括委托人在内的整个家族成员及其后代，即私人信托一般属他益信托。受益人一般为多人且可能是几代人的代际安排。在受益人设置安排时可以明确到具体的人，也可仅设置身份特征或是身份范围。同时，对私人信托领域没有“合格投资者”这一标准的约定，尽管目前市场上有信托公司推出标准化私人信托产品，但也未设置统一标准。

（3）信托财产的内容不同。理财型资金信托即集合资金信托，在该类信托中，委托人交付的信托财产是单一的，仅为资金（现金）形式，其获得的收益也是通过资金的方式予以分配。从交易形式上不难看出，这种信托投资者的目的就是财产的增值。

私人信托的目的正如前文所述，主要在于实现保全和传承安排，需要传承的信托财产不仅是现金资产、金融资产，更多包括家族企业股权、不动产、古董艺术品等动产及其他财产在内的多类型资产组合。因此，对于设立私人信托的信托财产形式未作限制性规定，财产内容是多种多样的，既可以是传统的现金方式，也可以是金融资产、不动产、股权、保单、古董艺术品等法律许可的财产。

（4）信托期限不同。理财型资金信托因投资理财属性特征，一般期限比较短，短则几个月，长则一两年，也有部分信托公司推出的货币基金类产品更短，如中融信托的信托因投向PE市场，封闭期更长一些，为三至五年，目前市场中的信托理财产品均未超过五年。

私人信托因其属性特征包含传承需求，一般短则两代，特别是家族企业更是寄予百年传承梦想，而且在发达国家现实案例比比皆是，如洛克菲勒家族、列支敦士登家族（25代传承，900年历史）。即使是具有专项特征如养老信托、子女成长信托等也少则5年，多则贯穿目的（如退休养老几十年）实现整体过程。

3.信托条款设计与管理实施不同

集合信托产品是信托公司凭借其专业的投资管理和风险控制能力创设的产品，需要信托公司通过专业操作确保资金的收益能力，同时降低投资风险，向投资者提供满足收益需求和监管要求的投资产品。在产品设计、项目尽职调查、交易结构设计、信托存续过程中，运营管理等均由信托公司独立完成，投资者不直接参与，信托产品本身的收益率、风险和其他特征取决于信托公司操盘水平和风险控制能力。因此，理财型资金信托一般都是标准化的，委托人（即信托计划受益人）处于完全被动状态，不能根据自己的需要和偏好调整信托文件，只能选择接受全部条款或放弃。信托到期后，信托利益分配方式一般均在合同中明确列示，多为现金分配方式且为一次性直接分配本息，也有部分信托为存续期间约定分配付息，到期偿还本金，但存续过程中委托人不可要求提前分配或终止，只能到期后自然兑付。

私人信托在成立前要调研客户信息，充分调研客户需求，尤其前期在合同条款制定方面，更是反复沟通，充分提示委托人须考虑的各项要素，充分了解委托人意愿，全面考虑未来执行中可能存在的风险及解决机制等，双方共同磋商并确认合同条款。在私人信托存续期间，更注重与委托人的全方位沟通，及时根据委托人实时情况和风险承受能力进行灵活调整。根据委托人意愿定制资产配置方式、配置策略。因此，私人信托没有预期收益率的设定。信托财产投资管理模式更为灵活，委托人根据信托目的和自身意愿，选择全权委托型、咨询顾问型、指令型（自主投资型）或是混合模式，也可请专业的投资顾问参与共同管理信托财产。

私人信托利益分配伴随着整体信托存续期间，分配方式灵活多样，可定期定额分配或附加条件分配，还可临时分配等，分配的财产既可为现金直接分配，也可通过实物（服务）方式分配，或是代为支付价款或费用方式等。在信托存续过程中，如合同中未有明确约定，委托人（或有权受益人）可与受托人共同协商修改分配方式或提前终止信托合同等，均体现个性化特征。

第二节　私人信托的法理基础

在众多财富管理工具中，私人信托作为家族财富管理“皇冠上的明珠”，在全球范围内成为高净值人群财富保障和传承的首选，具有独特的制度优势和法理支撑。以下从法理角度予以剖析。

首先，《信托法》为私人信托的设立提供了基本的制度架构支持。

其次，《合同法》为私人信托合同的订立提供了特别法支持。在我国，按照《合同法》协商一致的原则，只要不违反法律的禁止性规定，私人信托要比英美法系国家有着更大的自由度和操作空间。

再次，《物权法》等法律为私人信托财产规定了基本的转移生效方式。

最后，《继承法》《婚姻法》《公司法》等法律为信托财产界定和源头认定提供了支持依据。

信托财产的“独立性”，信托存在的“连续性”，信托管理的专业性、广泛性和安全性，信托目的的“自由性”，信托的高度灵活性等独特的法律设计安排，使得信托在实现客户全周期、全方位的综合财务管理服务方面最有先天的制度优势和法理基础。

一、独特的财富管理制度

信托的核心精神就是“得人之信、受人之托、代人理财、履人之嘱”。《信托法》从最高的法律层面为私人信托提供了基本的制度架构支持：第一，确立了“信托财产权”这一特殊的财产权利形式。第二，信托特殊三方当事人架构非常适合家族财富的管理与传承。信托制度通过分设不同种类的受益人解决了不同受益人的利益保障问题，通过委托受托人管理或者建立家族治理制度，解决了家族财产长期管理的方式和方法问题，通过财产权名义上归受托人所有和管理有效避免了家族成员的分家析产和挥霍问题。第三，信托财产独立性为家族信托财产构筑了一道安全的防火墙，保障了信托项下财产的安全与传承。第四，为私人信托的设立提供了基本的操作规程和生效要件。

（一）财产转移属性

《信托法》第二条规定：“委托人应当将其财产权委托给受托人，由受托人以自己的名义，为受益人的利益，进行管理和处分。”

《信托法》第十条规定：“设立信托，对于信托财产，有关法律、行政法规规定应当办理登记手续的，应当依法办理信托登记。未依照前款规定办理信托登记的，应当补办登记手续，不补办的，该信托不产生效力。”

对“委托给”的正确理解应当是“委托”+“给”两层含义，即“委托”是设立信托的承诺表示，“给”是将信托财产所有权转移给受托人的行为。因此，信托生效与否不仅包含当事人双方的意思表示，还必须完成财产所有权的转移方可生效，产生的法律后果即信托财产名义所有人为受托人。实务操作也是建立在财产进行转移的基础上。基于财产的转移，财产的属性由委托人财产变更为一种新型的财产类型即信托财产，这种财产类型具有相对独立的特性，也相当于将其放进真空保险箱（这种特性后续将详讲），同时使其形成两种新的财产权利，即受托人所有权和受益人受益权。由此使得财产权的再次转移，即将信托财产的利益（即信托利益）赋予受益人即委托人之外的第三人（委托人也可包含其中）。举例来说：李先生希望将其部分财产留给自己的孩子，但考虑到孩子尚未成年，不愿直接将财产转移到孩子名下，这时，李先生可以将其财产交付信托，以其子女为受益人，通过受托人的设计，使得子女能够按照李先生的意愿在合适的时点获得财产，享受信托利益。因此，信托首先是一种财产转移的工具，正是基于这种新的财产形式和新型财产权利形成了信托财产在3个当事人之间的财产关系的重构，完成了财产在委托人与受托人之间、受托人与受益人之间的两次转移，实现了委托人的意愿，发挥了信托转移功能。

（二）财产管理的金融属性

作为专业资产管理金融机构且在银保监会严格监管下的信托公司，其合法营业范围不仅可以提供风险隔离、财富传承的事务管理服务，实现信托法律制度优势的深度运用，更为专业的是提供信托财产保值增值的资产管理服务，实现资产跨界组合管理。私人信托的业务核心就是以高净值客户需求为中心，既要提供财富保全传承的民事信托专业架构设计，又须深度嵌入长期资产配置及保值增值的功能安排。

借助信托工具实施财富管理的金融属性主要包括资产管理和风险经营的资格属性、能力属性、效率属性。

当前国内金融机构均是执证营业，且分业经营。信托公司是唯一能跨越货币市场、资本市场、金融衍生市场、实业市场、实物市场的多层次、综合型的金融机构，可以提供投资、融资、结构化、证券化、兼并重组、投资基金等跨市场的多功能、多层次的资产管理服务，为信托财产管理提供综合金融解决方案。同时在资金运用方式上也更为灵活，可以采取债权、股权投资（直接投资、收购兼并、证券化）、租赁、实物（服务）投资、同业拆借、同业存放等多种方式，是所有金融机构中资金运用手段最丰富的机构。举例来说，《全国银行间债券市场债券交易管理办法》将银行间债券市场参与者限定为某些特定机构，即使委托人虽然有债券市场投资经验，却因为不具备参与资格无法以个人名义参与，但因其财产转化为信托财产，以信托公司名义借用信托机构的资格即可参与债券市场。再比如，银行或证券公司不能直接投资于不动产实物市场，但信托财产投资配置可直接完成。

信托公司经过十几年的蓬勃发展，其以营业性信托为主的资产管理实践、业绩和能力有目共睹。在遵从信托目的和委托人意愿的前提下，按照合同规定的机制流程开展投资管理，依据委托人客户的风险收益偏好配置产品，在运营过程中通过风险预测、评估、预防和处理机制实现信托财产的保值增值。

与其他财富管理工具相比，私人信托模式通过资产管理专业平台，借助通道优势，实现信托财产在运营管理环节的数量和能力的转换，更好地满足财富管理增值需求，实现信托利益价值最大化。数量的转换主要体现在集合多数的资金来形成规模优势进行投资的过程，这种转换使得资金通过集合效应分享高额收益。能力的转换主要体现为资产管理由专业人员借助牌照、信息优势、专业技术优势寻求资产配置，控制风险和持续的投融资管理服务，提升财富管理的运营效果。

（三）财产管理的长期性

《信托法》第五十二条规定：“信托不因委托人或者受托人的死亡、丧失民事行为能力、依法解散、被依法撤销或者被宣告破产而终止，也不因受托人的辞任而终止。”

《信托法》第四章中第二十三条和第四十九条规定：“受托人违反信托目的处分信托财产或者管理运用、处分信托财产有重大过失的，委托人、受益人有权依照信托文件的规定解任受托人，或者申请人民法院解任受托人。”

财富管理的重要内容就是财富的保全与传承，尤其是家族企业更是怀抱百年传承梦想。所谓财产管理的长期性，指不因某些事由（无当事人或当事人本身出现死亡、破产等）的出现而影响其长期存续，从时间纬度、人员纬度上保证财富管理意愿的实现。通过他人来处理财产事务的安排有几种方式：委托代理、行纪、有限合伙等，但都因委托人或受托人的生命长度、出现意外时的处理、财产与委托人（或受托人）财产混同不可分割及相关的法律约定等，存在某些缺点或是不尽完善之处。

《信托法》设定三条规则保证了信托财产不因委托人的死亡、解散、破产和受托人的死亡、解散、破产、辞任、被解任或者其他情形终止而终止，信托财产是存续的，保证信托财产管理的长期性、连续性和稳定性，因而更适合于长期规划的财产转移与财产管理。同时，为了防止信托管理机构意外风险的发生，可在合同中直接约定信托公司的选任和接替机制，使得信托得以永续安排，比如，客户想在家族内部设立学习奖励基金惠及子孙后代且一直传递下去，可以设立一个子女教育信托，受益人就是子孙后代，信托财产的收益（具体分配方式由委托人自行定制）用于子孙后代的教育奖励，因此信托这一工具能够帮助我们真正实现对自有合法财产的长期规划和管理安排，无论现在还是将来，生前还是身后，直至子孙后代。

（四）财产管理的有限责任属性

《信托法》第三十四条规定：“受托人以信托财产为限向受益人承担

支付信托利益的义务。”

《信托法》第三十七条规定：“受托人因处理信托事务所支出的费用、对第三人所负债务，以信托财产承担。”

美国著名法学家、原哥伦比亚大学校长巴特勒（Butler）说：“有限责任是现代社会最伟大的独一无二的发现。有效地实现资本的联合与集中，成为现代市场经济社会赖以存在的基础和迅猛发展的原动力的秘诀之所在。”有限责任是信托的另一重要法律特质和财产管理特征，以信托财产独立性特性作为核心基础，构造三权（出资权、管理权、受益权）分离、制衡且统一的财产管理模式。

信托财产的有限责任指在对外承担责任时，以信托财产为限，无须连带到信托当事人的其他财产。从委托人层面来看，有限责任体现在委托人责任仅以设立的信托财产为限，完成信托财产的转移交付，对于执行信托事务或因信托关系产生的债务均仅限在信托财产内清偿，无须连带到委托人其他财产；从受托人层面来看，尽管在对外关系中，信托财产名义所有人为受托人，在信托关系中，受托人负有向受益人分配利益的义务，但执行上述信托事务产生的各种支付义务均仅以信托财产为限，无须连带到委托人固有资产（除因委托人失职原因或违反信托原因造成信托财产损失的除外），更无须波及委托人所管理的其他信托项目财产；从受益人层面来看，在信托关系中，受益人享有信托利益请求和受益权，但该权利是不对称的，也就是说，即使因信托关系产生支付义务，信托财产不能足额偿付，受益人最大程度仅为不能享受利益分配，但无须追偿受益人其他财产。

二、信托财产隔离风险的独立性

信托财产隔离风险的独立性是指信托一旦有效设立，财产被称作信托财产的一刻，即从委托人、受托人和受益人的其他财产中分离出来，成为一项独立运作的财产，仅服从于信托目的。信托财产从委托人手中分离出来转移受托人不是目的，而只是为了使该财产从委托人其他财产中分离出来；受托人取得信托财产也不是目的，而只是为了更好地行使管理权；受益人享有受益权也不是以直接取得信托财产为目的，而是按照信托文件规定的条件和目的，通过受托人取得信托利益，因此，信托财产也并不直接归属于受益人。可以看出，信托存续期间，信托财产实质上不属于任何信托当事人，也不属于任何第三人，仅为目的而存在，这才是信托财产独立性的真正体现。信托财产的独立性是信托制度最本质的优势所在。有的学者形象地称之为“闭锁效应”，即信托财产自行封闭与外界隔绝，委托人、受托人及受益人三者任何一方的相关第三人均不得对信托财产主张权利。信托财产依法不被强制执行和破产清算，不得抵销、混同或继承。

完整的信托财产独立隔离风险功能应该包括3个方面的风险隔离：信托财产与委托人的风险隔离、与受托人的风险隔离、与受益人的风险隔离，这样才构成真正完整意义上的风险隔离。信托财产的独立性使得信托制度比其他财产制度在防御风险、确保安全方面有着天然的优越性。

（一）与委托人之间的独立隔离的体现

《信托法》第十五条规定：“信托财产与委托人未设立信托的其他财产相区别。设立信托后，委托人死亡或者依法解散、被依法撤销、被宣告破产时，委托人是唯一受益人的，信托终止，信托财产作为其遗产或者清算财产；委托人不是唯一受益人的，信托存续，信托财产不作为其遗产或者清算财产；但作为共同受益人的委托人死亡或者依法解散、被依法撤销、被宣告破产时，其信托受益权作为其遗产或者清算财产。”

本条既是对信托财产与委托人财产关系的规定。信托一旦有效设立，信托财产相区别于委托人的其他财产，即委托人对信托财产不再享有所有权，信托财产在法律上不再属于委托人的固有财产；享有的权利仅包括以保护信托利益为目的的请求权和对信托的监督权，均是相对受托人而言的，包括恢复原状请求权及损失赔偿请求权等，对信托财产的支配权是间接的、相对的。

本条也是对相区别后的信托财产法律后果的规定。信托财产不属于委托人的偿债资产，也不属于委托人的遗产或是清算财产。也就是说，信托存续期间，委托人的债权人不能就信托财产主张清偿，不得申请法院对信托财产强制执行；如果委托人死亡或依法解散、依法撤销或被宣告破产时，委托人的继承人不得就信托财产本身主张继承。不过，存在两种例外情形，即设立信托时损害了债权人的利益或债权人对信托财产享有优先受偿权，债权人均可以申请法院撤销该信托。

本条还对信托财产法律后果的限制属性作出特别设定。信托依利益归属不同可以分为自益信托和他益信托。信托财产不属于委托人的遗产或者清算财产的规定仅适用于“他益信托”。他益信托包含两种情形，即纯他益信托和共同受益信托。共同受益信托，即委托人同时也是受益人之一，其法律后果是委托人的继承人或债权人不得就信托财产本身主张继承或者清偿，只能针对委托人的信托受益权主张继承或者清偿。“自益信托”并不适用独立性原则。对于自益信托，信托应当予以终止，则委托人的继承人或债权人可以对信托财产主张继承或者清偿。因此，在信托架构设计的过程中，想要实现风险隔离最佳保障效果，受益人设置安排方面一定要避免自益安排。

（二）与受托人之间独立隔离的体现

《信托法》第十六条规定：“信托财产与属于受托人所有的财产（以下简称“固有财产”）相区别，不得归入受托人的固有财产或者成为固有财产的一部分。受托人死亡或者依法解散、被依法撤销、被宣告破产而终止，信托财产不属于其遗产或者清算财产。”

《信托法》第十八条规定：“受托人管理运用、处分信托财产产生的债权，不得与其固有财产产生的债务相抵销；受托人管理运用、处分不同委托人的信托财产所产生的债务，也不得相互抵销。”

《信托法》第二十七条规定：“受托人不得将信托财产转为其固有财产。受托人将信托财产转为其固有财产的，必须恢复该信托财产的原状；造成信托财产损失的，应当赔偿责任。”

上述法条对信托财产与受托人固有财产关系和法律后果予以约定。信托财产与受托人固有财产均归于受托人名下，但两类财产的性质、目的与内容完全不同，对于信托财产，受托人享有的是不完整的所有权，其内容仅限于管理、运用和处分，没有收益的权利，其行使也受信托文件的约束与调整。其目的是受益人获得利益。信托财产虽处于受托人的实际支配、控制之下，但信托财产是为信托目的而存在的，是实现信托目的的物质基础和保障。为保护信托财产，保障信托目的的完成，法律明确赋予信托财产独立于受托人财产的法律地位。信托财产不属于受托人的偿债资产，也不属于受托人的遗产或是清算财产。也就是说，信托存续期间，受托人的债权人仅能对受托人的固有财产主张清偿和申请强制执行，不能就信托财产主张清偿，不得申请法院对信托财产强制执行，受托人的继承人不得就信托财产本身主张继承；如果受托人死亡或依法解散、依法撤销或被宣告破产时，信托继续存在，依据信托文件规定选任新受托人继续管理。

上述法条对信托财产与受托人管理的其他信托财产关系和法律后果也予以明确，受托人对不同信托财产须分别管理、分别操作，且在管理、处分过程中，不得将不同委托人的信托财产、所产生的债权债务相互抵销。同时，不同委托人的信托财产、信托财产与固有财产所产生的损益也相互独立，不得混同。法规做出明确约定均是为了保证信托财产的绝对独立性，保证受益人的信托利益。

（三）与受益人之间独立隔离的体现

《信托法》第四十七条规定：“受益人不能清偿到期债务的，其信托受益权可以用于清偿债务，但法律、行政法规以及信托文件有限制性规定的除外。”

《信托法》第四十八条规定：“受益人的信托受益权可以依法转让和继承，但信托文件有限制性规定的除外。”

上述法条对受益人与信托财产的关系、信托财产关系的法律后果进行了明确规定。信托财产不属于受益人的固有财产，同受益人的其他财产是独立的。受益人的债权人不能直接针对信托财产行使清偿权，也不能请求法院强制执行信托财产。属于受益人的固有财产是信托受益权，而不是信托财产本身，受益人的债权人可以要求受益人以信托受益权偿还债务，但不能直接要求受托人将信托财产用于偿还受益人的债务。也就是说，在受托人分配信托利益后，这些利益就变成了受益人的固有财产，不属于信托财产范围，这时受益人的债权人对受益人已经取得的信托利益享有请求权和追及权。

上述法条对信托财产关系的法律后果进一步做出规定，信托存续期间，当受益人死亡或者因依法解散、依法撤销或者被宣告破产等事由而终止时，信托财产不属于受益人的遗产或者清算财产，信托继续存续，受益人的继承人将继承信托受益权而非信托财产本身；受益人的受益权作为其债权人的清算财产，而非信托财产本身作为受益人的清算财产。

除上述规定外，法律还特别规定了除外法则，即信托文件中有限制性约定的按其约定处理，即对信托文件中自治部分从法律上给予最大限度的保护和支持。如可约定信托受益权不可用于清偿债务等限制性约定最大限度地实现委托人信托目的和受益人利益。

三、灵活定制

《信托法》在规定了基本操作规范和流程外，更多的表达以信托文件中的约定为准，细数整部《信托法》原文，共有7处约定“但信托文件另有规定的，从其规定”。可见，信托更多体现“自治”“自由”，具有极强的灵活性。正是因其具有核心功能——灵活性，才使其应用场景更为广泛，也使其成为解决财务管理难题的最有效工具。

（一）信托目的高度自由

《信托法》除了规定两条底线原则外，保障信托目的的设置高度自由，完全坚持委托人自定原则。信托目的既可以是公益，如为了扶贫、环保、增进健康、促进教育、发展科学事业等，也可以是私益，如养老金信托、子女教育信托、抚养费信托、隔代传承信托、婚前财产信托、防挥霍信托、遗产规划信托等。私益信托既可以是自益信托，也可以是他益信托。信托目的既可以是单项目的也可以是多重目的，如养老信托既可让受益人享受有尊严的养老生活待遇，也可利用剩余信托财产实现慈善用途或是留给子孙实现代际传承。只要是委托人合法所有的财产，在不违反法律规定的情况下，均可以按照委托人的意愿私定信托目的，满足其设置需求。信托财产存在的价值就是为实现信托目的而服务。

（二）信托财产多样化

除国家禁止流通的以外，只要是合法所有的财产或财产权利均可以设立信托，包括各种现金资产、有价证券、动产、不动产，股权、受益权、保单、艺术品等各种财产及财产性权利。高净值人群资产配置追求多样化，尤其是配置类别的国际化，与其他财富管理工具相比，信托财产的多样化使其具有更广泛的适用性，可以实现传承统一安排、一体化管理，信托工具的用途更广泛，优势更为明显。

（三）信托当事人设置的多元化

信托法定当事人为委托人、受托人、受益人，除法定当事人外，为了更好地实现信托目的、监督信托财产运营、代为履行委托人意志、提供更为专业的管理服务，还可设置保护人、监察人、财务顾问、投资顾问、税务顾问等角色。是否设置及不同当事人的权利、义务、职责均根据委托人意愿、信托目的、信托期限等多重要素综合确定，多元化和自由、周全的设置安排可充分保证委托人和受益人的利益。

（四）信托功能的多样化

信托凭借制度优势具有财富保全、财富传承、资产管理、资产配置等功能，既有金融属性功能，同时还具有很强的事务管理功能，受托人提供专业理财服务，实现委托人自身无力实现的财富管理目标。同时，信托构建了委托人、受托人、受益人、投资项目之间的多边信用关系，可以将融资、投资进行组合运用，为信托当事人提供融资、投资、重组、股权托管、信用签证、信用中介等多种金融服务。

（五）信托财产运营多样化

信托财产能跨越货币市场、资本市场、金融衍生市场、实业市场、实物市场实现跨市场配置，同时又可将债权、股权投资（直接投资、收购兼并、证券化）、出售、租赁、实物（服务）投资、同业拆借、同业存放等单独运用或组合运用进行投资管理。换言之，政府、企业和个人都可以是信托的运用者。信托公司是多层次、综合型的金融机构，可以提供投资、融资、结构化、证券化、兼并重组、投资基金等跨市场、多功能、多层次的资产管理服务，为信托财产管理提供综合金融解决方案。

（六）信托利益分配的高度弹性化

信托利益分配的约定高度灵活，既可直接约定分配方式，如定期分配，定额分配，附条件分配（防挥霍、生育基金、创业基金），临时分配（大额开支，可设上限、次数、年龄），还可设置分配约束条件或约束机制等，可根据分配对象或分配内容进行分层设置，以此来保障继承人的理性选择，避免继承人好逸恶劳。同时，除了现金分配外，还可采用直接支付价款（费用）方式或是实物（服务）分配等方式。

第三节　私人信托的核心功能和价值

从海外实践来看，私人信托是对家族财富进行长期规划和风险隔离的重要金融工具，其主要用于解决财产代际传承，尤其是为拥有家族企业的富裕人士实现有效、平稳的家族股权和其他财产的转移和管理。很多高净值人群也借私人信托解决诸多潜在的财产损失风险问题，如经营风险、子女过度消费和婚姻变动风险等。同时，私人信托也可对拥有的公司股权及房产进行保护，不仅可以规避债务（为避债而成立的目的信托除外）、解决限购、防范婚变继承纠纷及满足交班需要，更重要的是消除对未来可能开征的遗产税的担忧。同时，私人信托还具有私密、便捷、高效的特征，免去了高净值人群对于“露富”、分配不当、遗产公证等繁杂操作带来的烦恼。可以说，私人信托当之无愧地被称之为财富管理的首要利器。

一、财富保全功能

财富保全功能是基于信托财产的独立性机制而实现的，信托财产一经转移给受托人，进入信托关系就自然产生了与委托人财产、受托人财产及受益人财产的双向隔离机制，为这部分财产形成了“天然安全屏障”。财富的保全是相对于财富的风险而言的，即财富不受外来风险影响，能持续、安全地令家族成员受益。财富保全从广义来讲包含两个层面的内容：其一，财富“姓什么”，即是不是能为其所用，是否是安全的，即法律上的意义；其二，财富价值是否缩水。财富保全功能是相对于对抗风险而言的，高净值人群财富主要需要应对三大类风险：

（一）婚姻风险

因自身或后代婚姻变动而造成的财产分割风险；因结婚而形成的婚后财产混同风险。

（二）债务风险

因公私不分、公司经营债务连带家庭而造成的风险；因公司（如融资需求）而产生的个人无限连带担保，连带家庭而引起的财富被追索、被强制执行的风险。

（三）意外风险

因疾病、环境变化、意外事件等原因而产生的财富缩水、被没收、被追索的风险。

上述风险对财富的侵蚀无处不在，比如，土豆网创始人王微与前妻的离婚诉讼案，发生在土豆网在美国申请上市的节骨眼上。虽然最终双方以700万美元“和解”，但是土豆网元气大伤，错过了上市最佳的“时间窗口”后一路走衰，最终与老对手优酷合并、退市，王微也不得不黯然离场。同样，悲剧也发生在赶集网身上，也造成了其上市计划的搁浅。但通过私人信托预先规划而避免对股权控制权产生影响的案例也不胜枚举，如玖龙纸业董事长张茵与丈夫离婚，将两人的私人信托基金呈现在人们的视野之中。

通过私人信托的设置和安排，可有效防范、避免上述风险的发生对信托财产的波及和影响。财富保全从信托财产形成及运作的过程机制来看，委托人首先将信托财产交付于信托公司，也就是说，信托财产与委托人的其他财产区分出来，所有权从委托人名下过渡到信托公司名下，信托财产安全隔离功能发挥功效。因财产发生了转移，形成一种新的体系，独立于委托人、受托人、受益人而单独运作；既然独立存在，也就不会受三类主体风险的侵害，财产拥有“防火墙”，当发生上述风险时，任何人均不能对信托财产强制执行、追偿、没收、分割等，从而形成了财产阻断。受益人以外的其他人均无法通过其他方式获取财产权益，形成了对受益人的隔离效应和保全效果。

二、财富传承功能

在众多财富传承的工具中，私人信托被誉为家族财富管理“皇冠上的明珠”。财富传承功能就是财富的传递，这里包含两层含义：第一，传递的层级，即可实现跨代传承、代际传承（世世代代，实现百年传承）；第二，传承的标准，即实现有序传承、定向传承。

财富传承中遇到的主要障碍和风险在于以下几个方面：

（一）传承不力风险

后代继承遗产后不思进取、挥霍无度，甚至带来巨额诈骗等；二代（或后代）婚姻风险；对特殊家族成员没有特别安排。

（二）继承风险

《继承法》的继承公证流程、代位继承、转继承等规定，遗嘱认证等均直接造成继承人的不确定性；或因分配标准冲突造成继承的不公、后代争产等风险。

对家族财富冲击最为明显的因素，一个是婚姻，另一个是继承。民生银行与胡润百富2015年发布的《2014——2015中国超高净值人群需求调研报告》显示，个人总资产超过5亿元的中国超高净值人群，大部分已经面临二代传承问题。例如，我们看到有些离异家庭，资产是被前妻掌控的。或者二代去世后父母才去世时，资产就可能给到有离婚/丧偶再婚倾向的儿媳妇掌控。

（三）税务风险

遗产税的开征引发的财富缩水风险。

（四）股权分散风险

家族成员财产分拆、接班人操持不力、家族内部纷争分割财产等引发的家族股权被稀释分割。

高净值人群在财富传承过程中，可借助私人信托的核心优势即信托财产的安全独立特征，高度灵活地规划设置和提前安排，尤其是灵活性的受益架构安排、特别限制和约束性安排等可有效防范、避免上述风险的发生对信托财产的波及和影响。因此，有人戏称私人信托就犹如从坟墓中伸出的一只手，忠实地执行着委托人的意愿。

家族企业百年传承是每一个“创一代”的梦想，私人信托可助力实现。私人信托通过将家族企业股权作为信托财产锁定在信托结构中，将家族成员与企业所有权相剥离，从而保证了家族对家族企业的控制权、决策权的完整性，又避免不愿或不能胜任管理家族企业工作的成员的不当作为。同时，通过家族宪章、受益分配机制、受益权转让机制等保障每一个家族成员的利益，实现家族企业的百年传承。

三、私密运作功能

私人信托就是一种法律架构安排，对信托财产和信托当事人关系的架构重建，使得家族财产设立信托后，在管理、运用和分配过程中，均具有很强的保密功能，具体体现在以下几个方面：

（一）设置层面的私密安排

私人信托更强调定制，保证财富能够按照拥有者的意愿进行分配，因此，每一个私人信托版本很难有统一的“画像”，每一份合同可谓“千人千面”，正是由于这种“私人定制”特性，在设立信托时，可以作出信托财产的长远规划和安排，避免了财产外露引发的风险。因此，要更加强调“保密功能和保密条款的设置”，这种保密不仅体现在对外关系上，对内关系尤甚。在委托人去世前，家族财产已完成转移，避免了遗产认证（家族内部透明化）的过程。很多委托人都具有非常复杂的家庭、个人情况和一些较为私密的诉求，而这些均可以在合法合规的框架内通过专业结构设计安排予以满足，包括在当事人内部即受益人之间作保密安排，达到信息严格保密要求。上述措施使得信托的私密性远高于其他财富规划工具，也有利于家庭的和谐和稳定、团结。

（二）执行层面的私密性

因信托设立后，信托财产的管理和运用都以信托公司的名义进行，也就是说，信托财产对外投资、各种事务性文件的签署均以信托公司的名义进行。尤其是私人信托的期限较长，财产从初始投入到利益分配，财富的增值效应均体现在信托公司名下。除特殊情况外，受托人无权向外界披露信托财产的运营情况，具有很强的私密性。

四、税务筹划功能

税务筹划是指纳税义务人通过各种制度和结构安排对涉及应纳税业务、收入等事项进行规划调整，从而达到减少税负成本或延迟缴纳税负目的的行为。私人信托能够达到节税的效果，既是基于信托的独立机制造就的，也是信托的“权利重构”造就的，同时还是基于信托的广泛投资属性和资产配置而预先规划实现的。

（一）信托的代际传承可以有效地避免遗产税

征收遗产税在国际上已成通行做法，发达国家中超百个国家已开征这个税种。在我国，尽管一直未出台相关税收政策，最主要的原因是国内征收基础环境不完善，如税务部门无法获悉纳税人的金融资产、房产、动产或收藏品等各项财产信息；但近几年以来，每年“遗产税”之说都会在市场刮起一阵旋风，甚至流传出的所谓的《遗产税暂行条例（草案）》连税目表、减免标准等细节问题都罗列得很清晰。

无风不起浪，近两年税收方面频频出台新措施，如CRS的实施、不动产统一登记制度、纳税识别码的实施、税收征管法的修订等，税务部门从技术层面掌握更多纳税人的财产信息均昭示《遗产税》的出台渐行渐近。待其出台后再行规划会有些为时已晚，因为国际通行的做法是，遗产一般包括死亡时遗留的全部财产和死亡前5年内发生的赠与财产。

遗产税的征税对象是自然人委托人将财产设定为信托被冠称为信托财产后，因其名义所有人为信托公司，而非在委托人名下，因此，不构成遗产一说，更不需要缴纳遗产税了。

（二）信托项下财产长期滚动运营管理，延迟纳税，利用税收时间价值获取超额收益

私人信托区别于理财型信托最大的特点，就是期限长，尤其是代际传承信托，信托期限为永续。信托项下财产由信托公司专业人员长期运作、滚动投资，在信托财产实现收益即期并未产生纳税义务，因信托利益未分配至个人名下，无须缴纳所得税款，因此，信托收益累积滚动投资。当向受益人分配时才发生纳税义务缴纳税款（当前因个人所得税税目未对信托收益科目予以明确列示，因此，当前信托收益分配时信托公司无代扣代缴义务，对于受益人个人也未主动申报，因税目政策不清晰，直至今日，尚未发生因信托收益未缴纳税款而形成偷税补税案例）。因此，受益人尤其是长期（永续）信托分期分配，信托财产规模庞大，受益周期长，延迟了纳税义务时点，延期缴纳税款，税负资金被无偿使用，通过累积投资使得受益人获取超额收益。

（三）通过资产配置，考虑国别税收差别、投资行业税收差别、投资品种税收差别等要素，寻求最优配置，获取最大化的税后收益

信托有别于其他财产管理方式最大的特点在于灵活性和广泛性。投资品种丰富，投资领域更是广泛，既可在全球范围内进行资产配置，既可分散投资风险，又可享受国家带来的额外税收收益。同理，在国内各地区区域政策差异下也可寻求地区差别优惠。比如，国家为了支持西部开发，给予新疆、西藏地区许多政策上的优惠，如所得税优惠税率，符合政策的企业给予“五免五减”等，对于信托投资产品设置地、公司注册地可优先选择税优地。

信托财产管理在选择投资品种时，通过比较税后收益实现最优配置。因信托财产对外投资名义投资人为金融机构信托公司，因此，利用金融机构身份选择投资品种即可实现节税目的。如《财政部　国家税务总局关于全面推开营业税改征增值税试点的通知》（财税〔2016〕36号）中规定，金融机构之间相互拆借，形成的资金利息收入是免增值税的。

利用信托牌照广泛的投资领域、丰富的投资品种、灵活的投资方式、专业的投资管理团队各项优势对信托财产税收进行筹划，可获取税后收益最大价值。

五、一站式服务功能

一站式服务是指利用信托的天然制度禀赋，以高净值客户财富管理需求为核心，将资产管理与事务管理有机融合，通过信托平台提供包含财富保障与传承、资产配置、服务需求的满足等综合服务，成为高净值客户的财富管家。具体来讲，是指通过信托平台实现财富管理整体服务功能和内容、整体规划和实现路径、整体业务流程、整体业务操作过程的一体化服务平台。

（一）资产管理与事务管理的一站式平台

资产管理是国内信托机构作为金融机构的重要职能，包含从投资策略、资产配置到投资实施、投后管理等诸多方面，对于资产管理大家都比较熟悉，不再赘述，只对事务管理方面做简要介绍：

1.信托设立及存续事务性管理方面

事务管理涵盖整体信托设立、存续、到期清算整体流程。（1）信托设计层面的事务管理：设置目的、受益人需求评估、受益人安排、受益权益的增减、信托事务规划、财务测算分析。（2）信托存续过程中的事务管理：投资事务性管理（含股权管理）、受益权管理、分配管理（比如，合同中约定受益人包括“子女及子女的配偶”。如果子女离婚，原本在受益人名单中的配偶，因丧失了配偶的身份而丧失了受益权。须对相关执行环境动态予以监控并实施管理，所以对委托人家庭而言，子女婚姻的问题并不会导致家庭财产的流失）、支付管理、投资执行管理等。（3）信托到期清算中的事务管理，如剩余财产的分配、相关约定的监督和履行、财产交付等，比如，将剩余信托财产用作公益用途，则信托公司则按照委托人约定的条件、方式寻找公益对象并实施。

2.服务职能层面的事务管理

私人信托不但能实现资产管理，更能突出信托本源，利用信托财产的独立和安全隔离特征实现财富的保全和代际传承功能；同时，依靠专业人员提供税务管理、法律服务、财务分析等专业服务工作。比如，跨生命周期管理（验真系统如证明人还在世）、复杂家庭关系管理、应急处理预案管理（受益权层级交替时，相关当事人失踪或不作为时）、资金流动性管理，等等。

（二）从委托人生命周期角度搭建的一站式服务平台

人的一生都是在不断地创造财富、保全财富和传承财富。信托具有长期存续、稳定、多元的功能优势，设置灵活（可根据需求自由设置），人们不但生前可借助其实现财富和事务管理功能，还可借助信托工具平台对身后之事作出跨一代或几代的安排，实现家族财富的传递，更是家族精神、家族文化的凝聚和传承，实现一生甚至几代人的财富安全、自由。因此，信托也被形象地比喻为“伸出坟墓的一只手”。

（三）从委托人的不同需求角度搭建的一站式服务平台

私人财富管理与家族事务性管理是私人信托的两大职能。与家族财富管理相比，提供财富转移、遗产规划、税务策划、子女教育、家族治理、慈善事业等多方面的家族事务性管理则显得更为重要。因信托工具自身制度优势（如支付管理功能，可直接利用信托财产支付）和资源整合优势，信托公司通过筛选、评价，建立与外部机构合作的平台，通过整合和律师事务所、税务师事务所、移民公司、高端医疗机构、高端养老机构、高端教育机构等建立战略合作平台，实现一体化服务，满足家族子女教育、医疗养老、高端休闲娱乐等多元化的高端保障和生活需求。

第四节　私人信托的类型

一、基本分类

《信托法》并未就信托分类予以列示，但在长期的业务实践中，从业者根据理论研究、统计分析、业务推广等需求对业务从不同角度予以分类。从信托实务操作的角度对私人信托可做如下大体的分类：

按照资产存在的形态特征进行分类，可以划分为资金（及金融性资产）信托、不动产信托、股权信托、艺术品信托、保险金信托等。不同财产形式在当前环境下操作的方式、内容和步骤都不尽相同。

按信托设置目的不同进行分类，可以划分为理财型、保障型、传承型、慈善型、养老型、子女教育型等出于不同目的而设立的各项单项或综合型信托。按照委托人的意愿、风险属性、隔离需求等，也可设置单一目的型或是综合功能型（即实现多重目的）信托。

按照信托受益对象是否与私人利益相关进行分类，可以分为私益型信托和公益型信托。私益型信托指委托人为实现私人利益而设置的信托，私益信托要求要预先设置具体的受益人或受益人范围。公益信托指为了实现公共利益而设立的信托，与私益信托相反，公益信托受益人不能是确定的，而是社会公众或是社会公众的一部分。公益信托必为实现公益目的且必须促进公共利益。

在世界范围内都广泛存在应用信托这一工具开展财富管理活动，但不同的国家对信托规范的法律也各不相同。根据信托所处设置地不同进行分类，可以划分为在岸信托和离岸信托。在岸和离岸是个相对的概念，“岸”专指中国大陆地区，又称为境内信托或是国内信托。离岸信托是指在中国大陆地区外的其他国家（地区）或是自治岛屿设立的信托，又称为境外信托、外国信托。离岸信托的设立地点是作私人信托时首先要考虑的要素，在不同的设置地对信托的监督、保护和规范各不相同。

二、资金（及金融性资产）信托

（一）基本概念

资金（及金融性资产）信托指将合法拥有的货币资金（或是集合信托计划、资产管理计划、国债等金融性资产）委托给受托机构，为了受益人的利益，按照委托人的意愿，管理、运用并处分信托财产，从而实现委托人财富保全、传承、教育、养老或特定目的的他益信托。

目前，因信托登记制度的不完善、法规配套及发展阶段的限制，境内私人信托所涉资产主要以现金或是金融性资产为主。现金资产流动性好，操作简便，运用灵活、易交付，无须进行特殊登记；同时，现金资产可以直接投资理财产生增值，为服务者带来较高的回报，尤其是在业务发展初期，客户体验好、认可度高。在实现受益人的利益的同时，受托机构也可获取可观的业务报酬。

资金信托业务事项包含两部分，即资金管理和事务管理。资金管理指信托公司发挥其专业技能和渠道优势，制定投资策略，设定投资目标，通过对不同资产的综合配置管理和结构化安排组合投资，从而获取稳健收益，实现信托资产的保值增值；事务管理指信托公司提供教育规划、养老规划、受益人管理、分配管理和实施、投资配置实施过程中的事务管理等多方面内容。

（二）业务实例演示：平安财富·鸿承世家系列单一万全资金信托

1. 基本概况

这是平安信托在国内发行的第一只家族信托，客户是一位年过40岁的深圳企业家，希望借助专业机构帮忙打理资产，提供资产配置、投资和风险控制等方面的专业服务，同时把财产收益在子女之间进行分配，或者当其某个孩子出事了，处理财产传承等。总之，通过设置防火墙，降低未来不测对资产价值的影响，同时解除其后顾之忧。

2. 财富管理需求

（1）财富的保值增值。

（2）资产配置需求。

（3）财富传承需求。

3. 设计要点

（1）信托财产：现金资产5000万元。

（2）信托期限：50年。

（3）受益人：指定继承人，委托人可变更受益人或限制受益权利。

（4）投资管理方式：委托人和受托人共同管理，主要投向为物业、基建、证券和集合资金信托计划。

（5）投资配置策略："四合一""三七开"和"二八开"。"四合一"指的是产品库中主要是物业基建等硬资产、资本市场产品、海外投资、债权资产四类资产，一般四类资产各占1/4，具体根据客户实际情况有所调整；"三七开"是指为更好地做到资产的分散化配置，70%配置平安信托公司产品，30%配置平安信托以外（境内和境外）产品的新结构；"二八开"是指20%的家族信托采取全权委托方式，80%采取部分委托方式。

（6）信托利益分配：定期定量分配、临时分配、附带条件分配等不同的形式。

4. 交易结构图

该信托的交易结构图见图3-2。

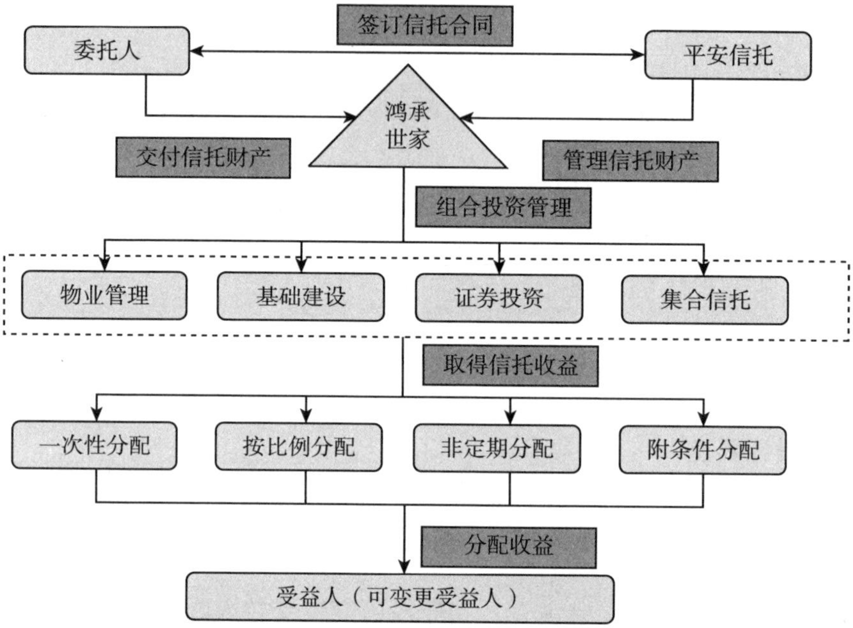

图3–2　平安财富·鸿承世家系列单一万全资金信托交易结构图

资料来源：ChPBCLUB中国私人银行家俱乐部。

三、不动产信托

（一）基本概念

不动产信托指委托人将其合法拥有的房产（如住宅、商业地产、祖宅等）或其相关权利委托给受托机构进行管理，通过信托的形式来实现不动产类的家族财富增值并传承至家族后代，实现受益人的利益。

不动产信托最大的特点就是围绕着不动产进行经营、管理或处分，对信托受益的分配作出缜密而详细的规划。利益分配体现形式主要包括使用权归受益人享有、达到一定条件不动产变现处置分配、租金收入等。

设立不动产信托需要进行不动产的物权转移登记，包含两层含义：其一是法律法规关于不动产权利转移的基本要求，我国对不动产采用

“登记生效主义”，即进行登记了才产生效力；其二，不动产须登记到信托名下即“信托登记”才可称为信托财产，才可达到区别于其他财产的效力。但因目前国内信托登记制度不完善，无法直接在权属部门实现信托登记，因此，需要借助设计安排实现登记效力。

（二）操作模式

1.直接购置模式

（1）委托人先设立一款单一资金信托。

（2）信托资金直接购买不动产，不动产名义持有人为“信托公司”。

2.通过设置SPV方式

（1）委托人先设立一款单一资金信托。

（2）成立一家SPV公司（即英文Special Purpose Vehicle的缩写，一般翻译成“特殊目的公司”，广泛运用于证券行业的资产证券化业务中），主要有两种模式：一是委托人自行成立一家SPV公司（将不动产作为出资设立公司）；二是信托资金投资设立SPV公司。

（3）信托资金去购买公司股权（委托人成立SPV），或信托投资设立的SPV公司去购买不动产。

3.交易过程中的税负考量

对于委托方来说，交易环节涉及的税种包括增值税金及附加、个人所得税、土地增值税、印花税；对于信托公司（或SPV公司）来说，交易环节涉及的税种包括契税、印花税；持有环节涉及的税种包括房产税。

4.架构设计安排的考量要素

信托架构设计安排时须将房产类型（住宅或是商业）、分配方式（租金收益或是处置收益）、信托期限（长期或固定期限）、税负成本（不同的交易方式的税收成本不同，筹划的空间也不一样）、管理方式和内容

（是否再融资，是否分割处理，是否委托专业管理、公司管理体制）同信托目的有机结合起来，全面规划安排。

（三）业务实例演示："传内不传外"北京银行首单房产传承私人信托

1.基本情况

步入花甲之年的北京居民宋芳（化名）早年与丈夫在北京房价"起飞"前购置了十几套房产，既有住宅也有商铺，目前总估值已过亿元。老伴已过世，这些房产全部由宋芳自己打理，每月租金收入已远大于自己和子女的总开销，生活无忧。尽管如此，宋芳最近却有点烦恼，一方面想把房产留给儿女，但又担心万一以后儿女的婚姻出现问题，他们的财产和生活会不会因此受波及和影响?

2.财富管理需求

（1）隔离后辈婚姻风险对财产的分割影响。

（2）财产的保护和传承。

3.私人信托设计要点

（1）信托性质：单一资金信托。

（2）信托目的：财产的保护和定向传承。

（3）信托财产：核心地段的十几套房产。

（4）信托当事人：

委托人：宋芳；

受益人：直系血亲后代非配偶继承人；

受托人：北京信托；

财务顾问：北京银行。

（5）信托利益分配：产生的租金收益定向分配。

4.交易结构图

该信托交易结构见图3-3。

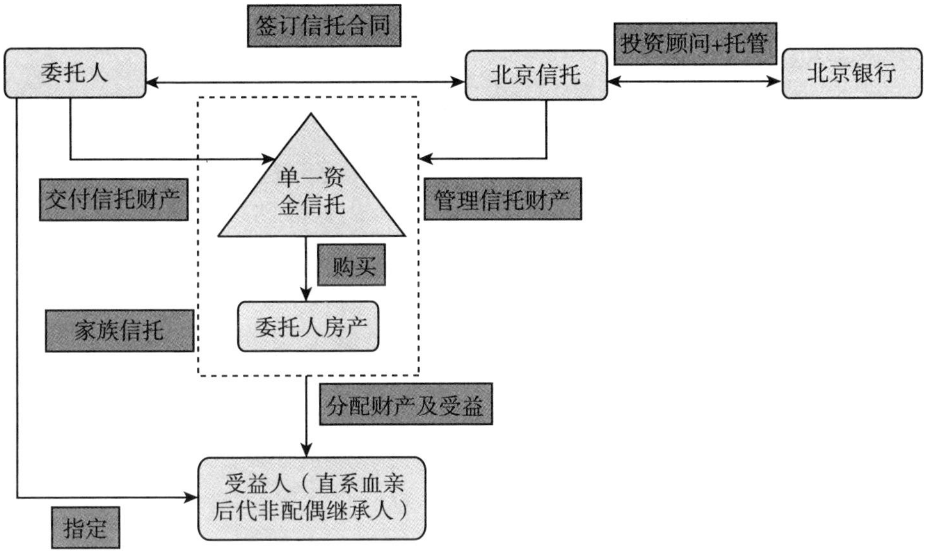

图3–3 “传内不传外”北京银行首单房产传承私人信托交易结构图

资料来源：ChPBCLUB中国私人银行家俱乐部。

5. 操作流程：

（1）设立单一资金信托，由自有资金或合法获得的过桥资金设立信托。

（2）受托人利用资金信托投资委托人名下房产，信托公司用信托财产购买委托人名下的房产，交易环节会涉及交易税费（买卖双方的税负）。

（3）信托存续期间，按公司持有方式缴纳房产税。

6. 结论分析

通过上述信托安排实现了财产的隔离保护，以防未来子女出现婚姻风险，有效地满足了财产保护与传承需求，尽管因目前信托登记制度缺位绕道交易产生一些交易税费，这些税费可通过合理筹划有限降低，但仍无法避免。但与后辈婚姻风险相比，与后辈因婚姻关系造成分割财产相比，这些支出还是非常值得的。

四、私人股权（股份）信托

（一）基本概念

股权（股份）资产是当下面临传承问题的高净值人群的主要财富形态。这里所称的私人股权（股份）信托并非一个严格意义上的法律概念，而是从实务中衍生出的一种业务分类。股权（股份）信托指委托人出于财富保全或传承等目的，以其合法拥有的股权（股份）作为信托财产委托给受托机构，由受托人按照委托人的意愿以自己的名义进行管理或处分的行为。通过信托可实现对家族企业永久的控制权，有效保障股权不因婚姻或代际传承而分散，建立有弹性的企业管控机制，灵活地分配利益，实现受益人（通常是家族成员）的利益。

私人股权（股份）信托区别于其他类型的信托最大的特点就是可以实现以股权方式将公司财产设立信托的目的（直接以入股方式成立信托）。同时，通过在公司层面管理架构的设计安排实现对公司的控制。

正是基于股权信托的特点，股权信托除具有财富保护和传承、税务筹划等私人信托具有的一般功能外，还具有更强的现实意义和实用性功能，即可传承和管理家族企业。对于无力、无意继承家业的二代，或缺少人力资本的家族企业，可通过股权信托实现家族企业的百年传承和永久控制。因股权信托所具有的名义所有权、管理经营权、收益权权责分离机制，寻找合意的职业经理人管理企业，实现家族财富增值并传承至家族后代，保障受益人的利益。同时，通过信托合同关于离析股权的限制性安排，保证家族对企业的持续控制，实现家族企业的百年传承。

（二）操作模式

一是委托人先设立一款单一资金信托。

二是成立一家SPV公司。

三是直接用信托资金或用SPV公司收购委托人持有的家庭企业的股权，交易环节会涉及交易税费（个人所得税、印花税）、沟通成本（不同的组织形式所受的监管政策也不尽相同，如上市公司涉及上市公司管理、公告披露问题）。

上述交易过程中关于税收的筹划考虑：可以利用合理理由和方式（如利用大宗交易系统）进行低价转让，善用个人所得税中的“核定征收”，利用税收优惠地政策选择公司注册地，利用税收政策分期缴税。

功能意义：股权信托通过设置SPV方式，委托人的主要信托资产特别是非资金信托资产并不直接由受托的信托公司持有，而是通过SPV间接持有，旨在满足信托资产的财产权与管理经营权相分离、信托利益与信托财产负债相隔离、受托人作为信托财产名义所有权人与信托资产经营风险相隔离、财产控制人风险与资产受益权享用相分离等需求。同时，这种模式安排也可以解决家族客户和信托公司等相关信托主体关心的风险防范和管理控制问题，达到股权信托相关当事人共赢的结果。

操作难点：是否可以设立有效的家族股权信托，取决于设立的目的、设立的迫切程度、目的与成本之间的比较（成本主要包括税收成本、沟通成本）、管理架构和内部治理等因素。设计管理架构和内部治理须综合考虑家族的人力资本、分红机制、分配机制、受益权退出或转让机制等关键要素。比如，家族有充足的人力资本可建立家族治理机制，设立家族理事会或家族委员会等，以实质管理家族企业；如若家族缺少人力资本，则由受托人或保护人协助建立职业经理人团队来管理家族企业。

（三）业务实例演示

采用家族信托架构的公司成功实现挂牌新三板、A股上市的案例：

1. 基本情况

徐州同鑫光电科技股份有限公司（“同鑫光电”，股票代码：835088）在全国中小企业股份转让系统（新三板）挂牌并公开转让。协鑫集成科技股份有限公司（“协鑫集成”，股票代码：002506）在A股上市。

2. 基本需求

（1）满足监管要求。集合信托计划持股可能导致代持关系、关联方隐藏持股等问题难以清理，并可能进而引发规避限售、利益输送等一系列的不正当行为，同时可能导致股权结构不稳定、限售股转让监管困难等问题。而家族信托具有如下属性：一方面，家族信托的委托人是单一的，其持股在企业IPO过程中能够明确穿透真实的委托人，并能够确认其资金来源的合法性，进而更容易查清是否存在关联交易、利益输送等问题；另一方面，由于家族信托完全可以通过信托文件规定受益人无权自由处置其受益份额，进而在实操层面可以做到防止受益人在IPO审核过程中、股票限售期内转让其受益份额。

（2）保持家族对于家族企业的控制以及家族企业股权的稳定性。

（3）防止子孙后代因婚变而对家族企业股权进行分割，防止因不当处置而导致股权旁落等。

3. 私人信托设计要点

（1）信托性质：单一资金信托。

（2）信托目的：股权的稳定及企业上市运作。

（3）信托财产：拟上市公司股权。

（4）信托当事人：

委托人：朱共山。

受益人：朱共山家族。

4. 交易结构

该信托交易结构图见图3-4。

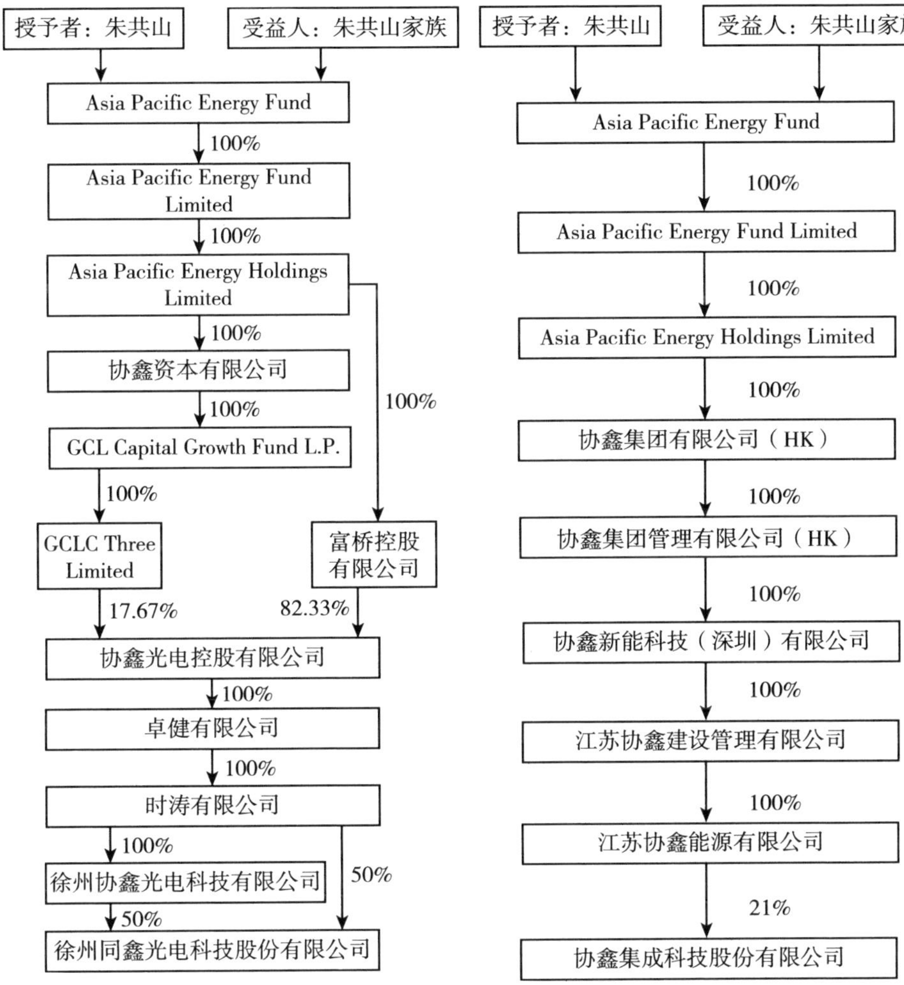

图3-4　同鑫光电家族信托架构图

五、保险金信托

（一）基本概念

顾名思义，保险金信托是结合保险和信托而创设出的一种新型金融产品或是一种新型的财富管理安排，是以保险金或人寿保险单作为信托财产，投保人在签订保险合同的同时，和信托机构签订信托合同，将其保险合同下的权益即保险理赔金或定期给付保险金设立信托。待保险理赔或定期给付保险金交付受托人后，由受托人依信托合同约定的方式管理、运用信托财产，按照合同约定方式向受益人分配信托利益。

保险金信托从种类上可分为被动信托、不代付保费信托、代付保费信托、累积保险信托。目前，国内的保险金信托的保单主要为两种：终身寿险和大额年金产品，两种保险均需过了犹豫期才能运作。

在具体产品构建以及合同法律关系方面，保险金信托主要有三种模式：第一种模式即保险公司和信托公司签订合同，信托公司同时作为投保人和身故保险金受益人，受托为被保险人投保并支付保险费和管理分配保险金；第二种模式是先订立保险合同，再由保单受益人作为委托人，以保险金为信托财产订立信托合同；第三种模式是先订立保险合同，再以保险金为信托财产订立信托合同，并将保单受益人变更为信托受托人，信托公司在身故保险金理赔后，受托负责保险金后续管理和分配。目前，我国市场以第二种和第三种模式为主。

（二）核心功能价值

保险金信托并非为我国所独创，是面向中高端人群的信保深度合作的私人信托产品。作为财富传承的两大利器，人寿保险和私人信托都是高净值人群的重要选择，而作为“保险+信托”的保险金信托，自诞生之日起就同时具备了保险和信托的双重优势，为高净值客户提供全面的资产配置及财富传承服务。

1. 实现了保险所具有的保证保障及财务杠杆功能

人寿保险最大的特征就是收益锁定和杠杆功能。每年缴纳较低的保费，当保险事件发生时保险金的数额通常是投保人缴纳保费的数倍，尤其是利用保单融资进一步放大杠杆，从而实现资金杠杆功能和保障作用。

2. 实现信托所具有的对保险金的安全隔离、专业管理和财富传承安排

利用信托独立、灵活、隔离等功能优势，通过合理的信托设计，解决了保险金代际传承、避免继承人之间的财产争夺、防止财产挥霍、保障受益人权益免受侵害等问题，相较于标准化的保险产品，保险金信托可满足客户在财富传承方面的“私人定制”。同时，信托资产由信托公司专门管理，可以横跨货币市场、资本市场和产业资本进行投资，因此相较于投资范围受限的险资，保险金信托的收益往往更高。此外，还可以通过设立信托监察人来对信托财产的运用和分配情况进行管理和监督。

3. 降低了私人信托门槛，使私人信托更接地气，同时也满足部分客户“试水”的心态

保险金信托可以利用保险杠杆作用，降低私人信托门槛。私人信托的委托人置入信托中的资产价值就是信托公司进行管理的规模。目前，国内私人信托的设立门槛起点均设在500万元以上，有些甚至高达三五千万元，而在保险金信托架构下，客户只须花两三百万元的保费，就可以拥有500万元以上的保额，从而设立保险金信托，并享受到私人信托在财富管理和传承方面的功能，降低了以“高大上”著称的私人信托的门槛。

（三）市场发展概况

2014年，信诚人寿联合中信信托推出的“托富未来保险金信托”首款保险金信托，以保险的资产保全功能为基础，为客户打造具有独立性、保密性以及个性化的解决方案，产品保额起售点为800万元。2015年年底，中信信托和信诚人寿进一步完善了生存保险金信托的服务和功能，接受保险产品给付的生存金直接进入信托，从而实现保险金信托业务的现金资产追加业务，扩充了保险金信托的应用价值。同年，中信信托为家族信托客户代交保费，丰富其家族信托资金运用范围。2017年，中信信托再次升级保险金信托业务，作为特定保单的投保人和受益人，实现了对一张或数张特定保单进行投保的模式。目前，中信信托保险金信托受托笔数已经接近500单，受托规模在40亿元以上。

当前，还有多家机构推出保险金信托。北京银行与北京信托也同中荷人寿合作，打造终身寿险“嵌套”家族信托的保险与信托“相濡以沫”服务模式。委托人将信托财产注入家族信托，同时为被保险人购买保险产品，并指定家族信托为保险受益人。受托人管理信托财产，家族信托财产之收益用于缴纳续期保费，当达到保险赔付条件时，保险金进入家族信托，由受托人按约定管理和分配信托财产及收益。平安信托与平安人寿联合推出的保险金信托，标准型准入门槛为100万元。平安人寿投保人与平安信托签订保险金信托合同，以保险合同的身故保险金请求权作为信托财产，并指定平安信托为保险合同唯一身故保险金受益人。平安信托2017年成立“鸿福”保险金系列产品线，全年成立960单，规模达20.5亿元。2017年2月，中德安联与宜信博诚和长安信托携手合作，在经代渠道推出“保险金信托”服务；2017年8月，友邦中国在保险金信托1.0模式基础上推出保险金信托2.0模式，信托公司同时作为投保人和身故保险金受益人，受托为被保险人投保并支付保险费和管理分配保险金；2017年9月，中意人寿宣布与昆仑信托联合推出“臻传——保险金信托计划”；2017年10月，交银康联人寿与交银国际信托联合推出了针对高净值人群的“保险金信托”服务。

保险金信托充分利用信托的风险隔离、专业管理、财富传承等功能，同时也可以利用保险的风险管理、保障等功能，进而实现“1+1>2”的效果。

（四）业务实例演示：信诚“托富未来”保险金信托

1.客户基本概况

42岁的刘先生，标准的“创一代”，有两个活泼、漂亮的女儿，分别为10岁、5岁。目前，企业发展顺利，但经营业务涉及环保问题，行业预期不乐观，前景难测。刘先生非常疼爱两个女儿，他希望无论企业经营如何，都能用自己的能力让两个女儿快乐地成长，一生富足幸福。

2.客户需求

（1）风险隔离：企业与家庭资产隔离。

（2）学业支持：为两个女儿读书期间提供资金支持，为女儿考取高中、大学、研究生等提供奖励。

（3）婚育祝福：为两个女儿结婚、生子提供祝福。

（4）创业鼓励：为两个女儿提供创业基金，鼓励其自主创业。

（5）大额消费支持：为两个女儿第一次购房、购车提供资金支持。

（6）保险产品：信诚人寿“传家·致祥”“传家·致诚”的年金保险和终身寿险。

（7）当事人设置：刘先生自己为投保人、被保险人，信托公司为受益人。

3.信托方案

（1）信托性质：单一资金信托。

（2）信托财产：年金保险金、终身寿险保险金。

（3）信托当事人：

1）委托人：刘先生；

2）受益人：两个女儿；

3）受托人：中信信托。

（4）信托利益分配：

1）分配内容：学业支持金、婚育祝福金、创业基金、购房、购车支持、大额支配等；

2）分配时间：年度分配、附条件分配（如第一次结婚时均可获得150万元祝福金，每生育一个孩子奖励80万元）；

3）特别约定：信托财产属于女儿个人财产，不属于其婚内共有财产。

（5）信托财产管理运用方式：存款型、安稳型、平衡型、个性化定制。

4.保险金信托操作流程

（1）客户与信托公司签署《保险金信托意愿书》。

（2）客户与信托公司签署委托协议，将信托公司作为保险金受益人。

（3）客户与保险公司签订保险合同。

（4）投保成功后，客户进行受益人变更。

（5）客户与信托公司签署信托合同，约定各项分配条款等重要内容，在发生理赔之前，保险信托以财产权信托形式（保单作为信托财产）托管在信托公司，发生理赔后，财产权信托转换为资金信托（保险金作为信托财产）。

5.交易结构图

该信托的交易结构图见图3-5。

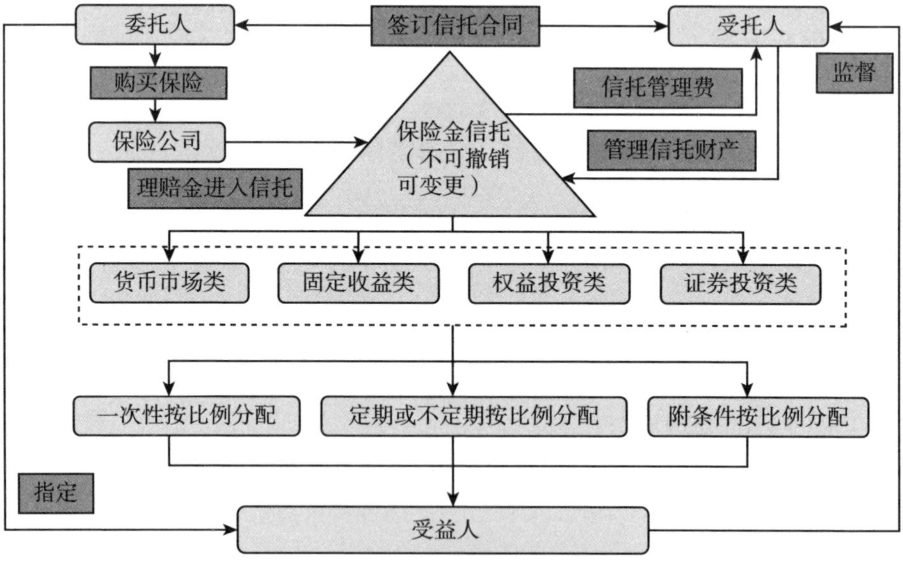

图3-5 信诚“托富未来”保险金信托

资料来源：ChPBCLUB中国私人银行家俱乐部。

6.结论分析

用个人资产购买保险或保险金信托，可将个人资产与企业资产有效隔离，避免财产混同；保险金信托委托人非恶意设立信托，信托设立后，企业发生风险导致委托人负债，鉴于信托财产的控制权与所有权分离，信托受益人可以根据信托合同获得信托利益。“保险+信托”的财富规划方案可以在一定程度上避免或降低企业风险对家庭的影响。而企业若发生风险，家庭成员从保险金信托中领取的利益可以维持一定的生活水平，实现投保人（委托人）照顾家人的愿望。

利用年金保险快速返还的特征，在保险合同生效之后将不断有资金进入信托，为刘先生的两个女儿提供学费支持；若刘先生发生了人身风险，终身寿险将发挥其高保障的功能，信托可以为女儿提供婚育、购房、购车、养老等支持，让女儿在人生的重要时刻都能感受到父亲的关爱。

第五节　私人信托应用场景

私人信托的功能与应用范围很广。有人说：私人信托太“高大上”，不接地气。这对私人信托存在一定的误解。因其灵活定制的特点，私人信托在普通百姓现实生活中有许多应用场景和现实功能。结合具体的业务目的和性质，我们对私人信托的功能予以具化分类和剖析，从下面4个维度具体阐述现实的应用场景、意义。

一、财产保全及传承

（一）具体功能和场景

财产保全，顾名思义，就是财务的安全保障，财产不因各种外力风险因素如婚变、意外、债务、传承不当等原因灭失、分散或失去控制。

财产传承就是财产在不同代际传递。

目前中国的高净值人群中，有超过70%的富豪年龄都在50岁以上，而拥有大部分财富的大多是20世纪五六十年代跟随中国的发展而起家的企业主、炒房炒股者、企业高管等“富一代”。在经历了几十年的财富积累期后，这些“富一代”要考虑的不仅是通过各种投资方式使财富持续增值，更为重要的是寻找一种有效的方式实现财富和事业的传承，解决传承中可能存在的各种棘手的问题和风险，对于家族企业来说这种需求尤为强烈。在未来5—10年，将有300多万家民营企业面临财富和企业传承问题。

对于财产进行保全与传承的现实应用意义如下：（1）财产保护，债务隔离；（2）未雨绸缪，生活保障；（3）婚前保护，婚后幸福；（4）有序传承，防止挥霍；（5）财产传承，预先安排；（6）事业起伏，化解风险；（7）精准传承，实现意愿；（8）隐形之手，世代控制；（9）家族企业，百年传承；（10）远离继承纠纷，和睦幸福；（11）避免复杂继承程序，一指轻松搞定。

以上是从现实中的各种实际案例总结而来的，举一两个例子说明如下：

1.保护婚前财产

婚姻的不幸还伴随着财产的分割，尤其是面对第二次婚姻时，更是多了更多的顾虑。

李女士今年35岁，事业小有成就，是一家金融机构的中层管理人员，有一个刚满4周岁的女儿，李女士两年前离婚，双方财产进行了分割。目前李女士又处了一个男友，且男友也有一个儿子。两人感情发展顺利，但对于结婚这件事，李女士有些惶恐和担心。万一不合适，担心财产再次被分割。如何保护好自己的财产？男友是否会对女儿好好照顾？怎么才能保证女儿未来生活无忧？以上问题让她很苦恼。

2.避免复杂的继承程序

超高净值人群的财产基本特征为：投资类别广泛，品种较多，且分布在不同区域。但当他出现意外时，家人在继承其财产时就会非常的不顺利。

李总今年55岁，原为公务员，改革开放后下海经商，很有商业眼光，抓住很多行业的发展机会，包括房地产等，有自己的公司。除公司外，还对各种金融产品均作了配置。李总家庭幸福，一儿一女，妻子相夫教子，当全职太太。全家对外事务均由李总全权负责。但不幸的是，李总遭遇车祸，当场死亡。全家悲痛万分的同时，更是遇到各种棘手问题：因投资品种广泛，家族到底有多少财产？有些清晰的财产，涉及不同的区域，其继承手续又该如何去办理？更为麻烦的是，是否会有人带着孩子来认父，分割财产？

家破人亡，家庭亲人之间因财富反目成仇……各种血淋淋的现实给人一种警醒。上述是发生在我们身边的典型事例。初看棘手，但如若通过私人信托工具提早作出规划安排，借助信托的安全隔离、信息私密、一站式管理、灵活设置安排等特征，上述苦恼都能迎刃而解。

（二）应用实例演示：财产保护债务隔离

1.客户基本信息

王总是一家民营企业的老板，身家数亿元，企业经营情况受经济周期的影响时好时坏。王总和赵女士育有一女，今年16岁，刚自费出国留学，学习声乐专业。王总很重视孩子的教育问题，决定在企业经营累计盈利较多的时候，为女儿存一笔资金作为教育和生活储备金。同时，也给自己和妻子的生活作好充足的生活保障。

2.客户诉求分析

（1）企业经营时好时坏，一旦企业出现破产危机，很可能对女儿的教育、生活产生影响，所以王总想提前规划，为女儿的教育和生活提供持续稳定的保障。

（2）为自己和妻子的生活作好充足保障。

（3）分配设置安排：优先满足女儿需求，待女儿组织自己家庭后，全家共享。

3. 方案设计：利用私人信托实现王总诉求

（1）委托人：王总。

（2）受益人：女儿，王总，赵女士。

（3）信托财产：现金，金融资产。

（4）信托期限：30年。

（5）信托架构：自益+他益信托。

（6）信托利益分配：女儿满25周岁前或已婚前（两个日期取较早者），女儿作为第一顺位受益人，领取方式为生活费部分每季度定期定额给付，学费每学期给付，其他培训费用在额度范围内可随时申请给付；奖励和重大事项支付须申请分配。女儿满25周岁前或已婚后，王总和妻子、女儿共为同一级次受益人，定额定期分配，重大事项申请分配。

（7）信托财产管理：全权委托，根据风险属性和信托目的，确定投资范围须为稳健型产品配置。

（8）优点：《信托法》确立了信托财产的特殊地位，既区别于委托人的原有财产，也不属于受托人的固有财产，信托存续期间，信托财产具有独立性。通过设立私人信托能够有效避免王总女儿的教育金、生活费用等受企业债务波及。同时，信托合同对当受托人出现破产等情形时，信托财产的保管、新受托人的选任、信托财产及信托事务的移交都做了专门的规定，所以只要信托还存续，信托财产的独立性就贯彻始终。

二、子女教育成长

（一）具体功能和场景

私人信托最重要的特征就是有效解决受益人的利益保障功能，保障功能不仅体现受托财产的稳定增值，更重要的是体现委托人意志对受益人的不同权益架构和受益方式的有序安排。《2017中国私人财富报告》的调研数据显示，子女教育一直是高净值人群最关注的财富目标。中国式长辈为了防范意外风险、债务风险、婚姻风险等可能对子女教育、成长带来的伤害，需要借助财富管理工具解决现实中的各种棘手问题。

其现实应用意义的几种典型场景如下：（1）子女抚养专款专用；（2）离婚家庭子女抚养；（3）隔代关爱幸福传递；（4）儿女嫁妆幸福保障；（5）正确引导定向激励；（6）目的婚姻大胆去爱；（7）特殊职业特别关怀。

上述的各种情形均是从现实中各种实际案例总结而来的，下面以离婚家庭子女抚养为例，做简要说明：

目前，中国离婚率居高不下，离婚对孩子造成一定的伤害，如若在抚养和经济利益上再出现差池，易给孩子造成二次伤害。但生活中往往会发生此类麻烦。

程先生与郝女士已经离婚，因结婚时间较短，财产的分割较简单，儿子由女方抚养，在抚养费的支付上，双方发生了分歧。程先生想按月支付抚养费，标准可以高一些。郝女士坚决反对，双方僵持不下。主要矛盾有如下几点。

一是郝女士坚持一次性支付抚养费，主要出于两方面的担心：首先，抚养费对程先生来说并不多，就其目前经济实力一次性支付无太大压力。若日后企业经营一旦出现问题，到那时每月再索要抚养费，程先生可能有心无力，从而影响孩子的教育规划；其次，郝女士担心索要生活费的尴尬场面每月都要上演，尤其程先生组建家庭后这方面的顾虑可能进一步升级。

二是如果一次性给付全部抚养费，程先生也有以下方面的担心：首先，担心郝女士资产管理不当造成亏损，从而影响孩子教育规划；其次，担心郝女士再婚后，抚养费被挪作他用，真正用到孩子教育方面的支出很少。

上述问题初看棘手，但如若通过私人信托工具可有效地解决父母双方担忧，借助私人信托财产安全隔离、专业机构投资打理、信托利益分配限制安排等功能，有效化解上述苦恼，让孩子幸福无忧地成长，避免给孩子更多的伤害。

（二）应用实例演示：女儿嫁妆的幸福保障

1.客户基本信息

邓先生与妻子育有一独生女，计划明年初结婚，邓先生夫妇打算为女儿准备一份嫁妆，为给现金、房子还是股票基金犯了愁，希望得到专业建议。

2.客户诉求分析

嫁妆规划的目的是为女儿的生活提供持续保障，使得女儿一直幸福无忧，避免以下情况发生：

（1）在年轻需要奋斗的时候突然拥有大笔财富，对女儿、女婿在消费观、事业心等方面有负面影响。

（2）女儿从小衣食无忧，对金钱财富没有概念，没有能力管理好财产。

（3）目前女婿正处在创业初期，资金紧张在所难免，嫁妆有可能被大量挪用，嫁妆也有可能被女婿因创业造成的债务所波及。

（4）现代社会离婚率越来越高，这部分嫁妆也有可能因婚姻变动产生纠纷。

3.方案设计：利用私人信托解决邓先生苦恼

（1）委托人：邓先生。

（2）受益人：邓先生的女儿。

（3）信托期限：80年。

（4）信托财产：资金。

（5）信托架构：单一他益信托。

（6）信托财产管理：邓先生的女儿与受托人共同管理；基于风险偏好和信托目的，投资配置策略为“三七”原则，即70%投资稳健型品种，30%投资成长型品种。

（7）信托利益分配：定期定额分配、申请分配（重大医疗、旅游休闲）。

（8）信托分配限制：信托受益权不作为夫妻共同财产，不得用于偿还家庭债务；当婚姻出现问题时，女婿不能获取任何信托利益。

（9）剩余信托财产分配：如若出现剩余信托财产时，委托人在世，则归委托人或其妻子所有；如若委托人离世，则归女儿的子女所有；如若均不存在，则捐赠给公益机构。

（10）优点：《信托法》确立了信托财产的特殊地位，既区别于委托人的原有财产，也不属于受托人的固有财产，信托存续期间，信托财产具有独立性。信托独有的制度优势，使其天然地成为高净值人群以及中产阶级首选的财富管理工具，根本原因在于信托能够实现资产保全、风险隔离。信托财产的独立性能够很好地解决邓先生夫妇在嫁妆规划过程中担心的企业/家庭债务波及以及婚变产生的财产纠纷问题；通过灵活条款的设置保证女儿生活品质的同时控制过度消费；利用信托公司金融机构的专业投资优势，在保证财产安全的前提下，追求信托利益最大化。

三、安心养老

（一）具体功能和场景

在当下的中国，老龄化带来的养老困境在很长一段时间内都将是社会难题之一。借助私人信托的资产安全隔离、灵活定制、资产管理与事务管理融合等独特优势，可形成以“养老”为核心，整合金融、养老、医疗、地产等多个领域，提供一站式养老服务，开创养老产业新格局。

其现实应用意义的几种典型场景如下：（1）失能人士特殊关爱；（2）空巢老人养老保障；（3）资产隔离老有所依；（4）重组家族老有所养；（5）财产传承预先安排；（6）专业打理安居乐业。

上述的各种情形均是从现实中各种实际案例总结而来的，以下将以“资产隔离老有所依”为例，做简要说明。

人生的老年阶段是人类生命历程中最为复杂的阶段，养老保障问题涉及方方面面，不仅有物质方面的需求，吃穿住行医得到保障，还有社会性需求、情感需求等多种。

李女士今年55岁，离异后再婚，与现任丈夫白手起家，经营一家住宅电力设施施工企业，公司经营稳定，因受房地产行业影响较大，工程回款不是特别稳定，目前公司年营业额上亿元，净利润数千万元。李女士与现任丈夫都是二婚，在前一段婚姻中均有子女，李女士与亲生子女及继子女存在感情隔阂。随着年龄的增长，身体每况愈下，公司经营也日益艰难，担心两个人晚年生活难以获得子女照顾。尽管从物质上不依赖儿女赡养，但李女士从情感上也希望老有所依。

上述问题初看起来是一个社会难题，好像步入老龄的高净值人群都有此苦恼，但不是无解之谜。借助私人信托资产隔离、资产管理和事务管理一站式服务特征、受益人层级灵活设置安排、受益分配正向激励安排、信托财产直付等特征，有效解决上述主人公所面临的经济、情感等难题，安享幸福的晚年生活。

（二）应用实例演示：失能人士特殊关爱

1.客户基本信息

李先生夫妇唯一的儿子患有先天性脑瘫，目前22岁，虽然李先生夫妇已近花甲之年，身体偶尔出现状况，但更让二老放心不下的是：未来谁来照顾儿子？虽然有专门的护理机构，但是，谁来选择、推荐护理机构，谁来监督，谁来与护理机构对接？

2.客户诉求分析

李先生夫妇为儿子准备一笔资金，希望通过规划满足以下需求：

（1）资金专项用于儿子生活中的各项消费，不能挪作他用。

（2）收支核算严谨，资金及其收益须满足儿子生前所有支出需求，包括日常护理费、医疗费等。

（3）资金专业管理。

（4）其他事务性工作：选择护理机构、与机构对接、监督护理机构以及各项费用支付等。

3.方案设计：利用私人信托解决李先生夫妇难题

（1）委托人：李先生。

（2）受益人：李先生的儿子。

（3）期限：长期。

（4）保护人：李先生的侄子。

（5）信托架构：单一资金他益信托。

（6）信托财产资产管理：全权委托，根据风险属性和信托目的，确定投资范围须为稳健型产品配置。

（7）信托利益分配：定期分配、酌情分配；分配金额覆盖受益人生活中的一切费用，主要包括护理费、医疗费等常态项目，受托人定期分配并直接支付给护理机构。

（8）信托剩余财产：根据委托人意愿约定信托终止时，剩余财产归属委托人；若委托人不在且信托存续期间保护人按照合同约定尽职尽责为受益人生活提供支持时，信托剩余财产归属保护人；若保护人没有做到尽职义务，或有损害受益人利益行为时，剩余财产归属慈善基金，专项用于资助关爱脑瘫儿童项目。

（9）优点：受托人不仅实现资产管理还能够提供事务管理，通过严格筛选，目前已经与全国各地多家优质护理机构、养老机构达成战略合作意向，与护理机构一起共同为受益人提供优质生活保障。同时，通过设置保护人和保护人激励机制，有效监督受托人的尽职程度。通过个性化设置安排，可以有效地解决李先生夫妇的后顾之忧。

四、其他综合功能

（一）具体功能和场景

私人信托作为财务管理利器，不仅利用信托财产安全隔离、灵活定制等特征在家族财富保全和传承、子女教育成长、养老安排等方面具有极强的实施功效，也可以从中体会到，“私人信托”并非高高在上、高不可攀，而是在我们一生之中应用于生活的方方面面，私人信托使得我们的财富管理之路曲径通幽。除了上述应用场景，私人信托因其独特特征还有更多的功能和现实应用场景。

其现实应用意义的几种典型场景如下：（1）税务筹划未雨绸缪；（2）资产管理省心省力；（3）运用杠杆双重保障；（4）公司治理有效激励；（5）多重防护财富隐身；（6）贡献公益传播大爱；（7）财产繁杂，一个账户一站式服务。

上述的各种情形均是从现实中各种实际案例总结而来的，以下将以

“多重防护财富隐身”为例，做简要说明。

在当前信息网络化的时代，人们的信息很容易被获取或者遭到泄露，尤其是高净值人群的财富信息更是怕被外泄。

赵先生善于投资，经过多年积累，身家过亿元，但钱财也给他带来不小的麻烦，身边的很多亲戚朋友都来找他借钱，请求接济，甚至想跟他一起享受荣华富贵。每次向他开口借钱，赵先生又不好意思开口拒绝，但是心里百般不愿，因为许多钱都是有借无还。

上述情况出现的最大原因就是信息外露，如若赵先生的财产信息不被在银行证券等机构工作的亲戚朋友知悉，大家也不会那么理所应当地找他借钱了。借助私人信托私密运作特征即信托财产投资的所有事务性文件名义投资人均为受托人，而且受托人对委托人的客户信息、财产信息等负有信息保密的义务。同时，私人信托受益人他益安排，信托利益直接分配至受益人，不须中转赵先生账户。通过私人信托能有效解决赵先生财富所带来的困扰。

（二）应用实例演示：资产管理省心省力

1. 客户基本信息

郑先生受家庭环境影响，10年前开始接触投资，曾经投资过银行理财、公募基金、股票，在2007年、2009年、2014年三波行情下收益都超过140%，但在市场低迷的2008年、2010年、2015年损失非常惨重，这些年综合收益不甚理想，而且花费了他大量时间和精力。随着投资品种的不断涌现，郑先生感觉力不从心。

2. 客户诉求分析

郑先生想进行多元化投资，但面临以下困难：

（1）专业能力：随着金融市场的不断发展，投资品种越来越多种多样，郑先生想尝试不同的投资工具，由于能力有限，确实错失一些机会。

（2）时间精力有限：每类型投资品种都有太多选择，比如公募基金，开放式的就有3000多只，基金类型和投资风格非常丰富，优选很困难；投资之后的后期跟踪需有更强的专业性和时间精力，郑先生表示有心无力。

（3）账户管理：郑先生对自己每年的投资收益没有整体概念，主要是由于账户过于分散，目前证券账户、银行账户、各个渠道购买的基金账户都有资金，很难统计。

（4）手续烦琐：部分项目投资时须签署相关合同文件，而且到期后不能继续转投，投资工具众多，造成大量事务性工作。

3. 方案设计：利用私人信托解决郑先生困境

（1）委托人：郑先生。

（2）信托架构：单一自益资金信托。

（3）期限：长期。

（4）投资顾问：郑先生指定机构（可设）。

（5）信托财产管理：全权委托；对于个别品种，可设投资顾问，基于风险偏好和信托目的，投资配置策略为“五四一”原则，即50%投资稳健型品种，40%投资于成长型品种，10%投资于进取型品种。

（6）信托报酬：低固定+浮动分成报酬方式，投资顾问费用直接从信托财产中支付。

（7）优点：郑先生通过设立私人信托就能够解决其面临的投资困惑，全权委托模式、专业管理、省心省力，而且做到实时监控。通过对郑先生客观风险承受能力及主观风险承受意愿进行综合测评，最终确定私人信托投资策略，满足委托人个性化需求。且后续所有投资事项的事务管理均由委托人完成，名义投资人均为受托人。对于委托人来讲，信息私密性得到保证，资产清晰完整。

第六节　私人信托在我国的发展现状、困境与展望

一、历程与现状

（一）高净值人群市场分析

在经济L型运行的背景下，中国私人财富市场继续保持高速增长。据贝恩公司和招商银行联合发布的《2019中国私人财富报告》显示：2018年，中国个人持有的可投资资产总体规模达到190万亿元人民币，2016—2018年年均复合增长率达到7%。

2018年，可投资资产1000万元人民币以上的高净值人士数量达到197万人，人均持有可投资资产约3080万元人民币，共持有可投资资产61万亿元人民币；到2019年年底，高净值人群数量达到约220万人，持有的可投资资产规模达到约70万亿元。

另据《2019胡润财富报告》显示，大中华区拥有600万元资产的“富裕家庭”总财富达128万亿元，是大中华区全年GDP的1.3倍，其中，中国大陆占80%。这128万亿元中，拥有上亿元人民币资产的“超高净值家庭”的总财富为77万亿元，占比60%，拥有3000万美元资产的“国际超高净值家庭”总财富为72万亿元，占比56%。

在这128万亿元的总财富中，预计有17万亿元将在10年内传承给下一代，39万亿元将在20年内传承给下一代，60万亿元将在30年内传承给下一代。胡润表示：“企业家比较理想的是到70岁已经安排好了接班人。”

截至2018年12月31日，大中华区拥有600万元资产的“富裕家庭”数量已经达到494万户，比上年增加6万户，增长率为1.2%，其中拥有600万元可投资资产的“富裕家庭”数量达到178万户；拥有千万元资产

的“高净值家庭”数量达到198万户，比上年减少3万户，减少1.5%，其中拥有千万元可投资资产的“高净值家庭”数量达到106万户；拥有亿元资产的“超高净值家庭”数量达到12.7万户，比上年减少6000户，减少4.5%，其中拥有亿元可投资资产的“超高净值家庭”数量达到7.5万户；拥有3000万美元的“国际超高净值家庭”数量达到8.4万户，比上年减少4800户，减少5.4%，其中拥有3000万美元可投资资产的“国际超高净值家庭”数量达到5.3万户。

除港澳台地区之外，中国大陆拥有600万元资产的“富裕家庭”数量已经达到392万户，比上年增加5万户，增长率为1.3%，其中拥有600万元可投资资产的“富裕家庭”数量达到142万户；拥有千万元资产的“高净值家庭”数量达到158万户，比上年减少3万户，减少1.8%，其中拥有千万可投资资产的“高净值家庭”数量达到85万户；拥有亿元资产的“超高净值家庭”数量达到10.5万户，比上年减少5640户，减少5.1%，其中拥有亿元可投资资产的“超高净值家庭”数量达到6.2万户；拥有3000万美元的“国际超高净值家庭”数量达到6.9万户，比上年减少4425户，减少6%，其中拥有3000万美元可投资资产的“国际超高净值家庭”数量达到4.4万户。

以上财富数据表明中国蕴藏着巨大的财富市场，且正在急速增长。面对巨量的财富市场、多样化的财富管理需求，信托公司及各财富管理机构应紧抓市场契机，探索开发私人信托。

（二）财富管理市场需求分析

招商银行与贝恩公司合作推出的《2019中国私人财富报告》的调研数据显示：在中国经济和财富市场增速放缓与过去两年市场波动的背景下，2019年高净值人群对市场的不确定性认识加深，避险情绪加强。

一方面，“保证财富安全”和“财富传承”持续作为最重要的两个财富目标，占比较2017年上升。

另一方面，财富长期积累和创造的重要性上升，受访的高净值人群表示，在打破刚性兑付、多个单一资产类别出现亏损的市场教育下，他们深刻体会到各类资产的潜在风险，理解到投资须在风险和收益间不断做出权衡，依赖单一热门资产快速赚取高收益的时代已经过去，财富需要进行专业且长期的配置、积累，并进行动态调整才能保值增值（见图3-6）。

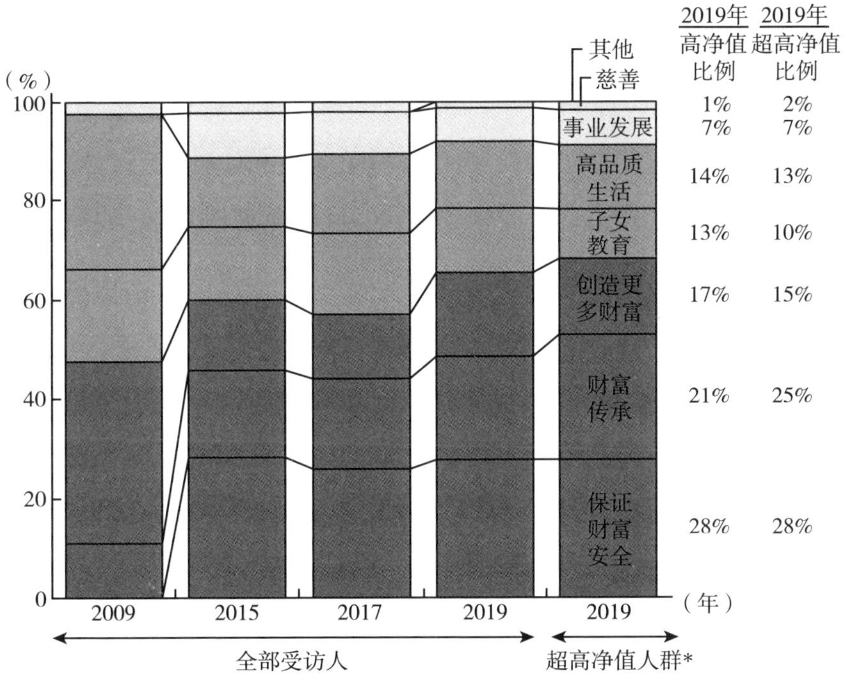

图3-6　各财富目标提及数占提及总数比（%）

资料来源：招商银行—贝恩公司高净值人群调研分析。

2009年，“创造更多的财富”几乎占到1/3的比重，之后的年份里关注度逐年降低。

2009年，“保证财富安全”这一财富管理目标没有纳入统计，说明那个时候大家对于这个方面的关注相对比较少，此后的2011年，这一财富管理目标开始纳入统计，并成为那个时候高净值人士除了“创造更多财富”以外的第二个重要目标。之后在2013年一跃成为高净值人士的首要财富关注目标，此后的2015年、2017年均是如此，一直到2019年，这一目标的占比虽有小幅度降低，但是仍然牢牢占据首要目标的席位。

从2009年到2019年10年间，“传承财富”这一目标的重要性越来越凸显出来，财富越是庞大，对财富传承就越重视。

由此可见，净值人群随着财富的不断积累，财富观念也在不断地变迁，且日益成熟，通过股市、楼市、海外市场等进行大笔投资，从而达到财富的快速积累。伴随着日益成熟的财富观念，富豪阶层需要借助私人信托以达到财富保值增值、财富传承以及家族企业持续经营等目的，因此，私人信托在财富管理领域逐渐兴起，以满足富豪阶层对财富管理的需求。

（三）业务操作模式分析

国内首单私人信托是平安信托在2013年推出的“鸿承世家”，由此拉开了私人信托在中国本土化发展的序幕。同年，招商银行与外贸信托、北京银行与北京信托分别合作推出家族信托业务，因此，2013年也被财经媒体称为“中国家族信托元年”。

面对巨大的市场潜在需求，包括信托公司、商业银行私人银行、保险公司、理财公司、律师事务所及家族办公室等各类机构纷纷试水财富管理这一领域。目前，主要业务运作模式包括：信托公司主导模式（牌照优势）、私人银行主导模式（口碑信誉、客户资源、资管能力）、私人银行和信托公司合作模式、保险公司（提供保单）和信托公司合作模式、第三方机构模式（咨询、专业能力、高净值客户资源）、独立家族办公室

（专注全方位、个性化需求、服务范围广泛）。不同模式的私人信托可不同程度地满足高净值人群财富保全与传承、资产配置、公益慈善、事务管理等多层次和多维度的需求。

1. 私人银行主导模式

商业银行的私人银行利用其客户资源优势、品牌优势、渠道资源优势、客户信任基础优势等多方面的先天优势，在开展私人信托业务的过程中，处于主动、主导地位。直接面对客户，根据客户需求，提供量身定制专属服务，不仅体现在资产配置层面、投融资一体化层面，还包括高净值人群的其他事务管理和服务层面。

目前，在国内私人信托业务市场中私人银行主导业务模式独占鳌头，比如，招商银行的私人银行借助外贸信托通道就是这种模式的典型案例。从2013年起，招商银行就开始拓展私人信托业务。在信托架构设置中，招商银行担任信托托管人和财务顾问的角色，起主导作用，组建专门投研和专业服务专家团队，负责客户需求开发、设计、运营管理等全面资产管理与产品服务工作。但因私人银行不具备担任受托人的法律地位，必须借助外贸信托通道方可开展私人信托业务，信托公司在业务运营中仅以通道的角色存在。

2. 信托公司模式

近几年，信托公司均通过设立财富中心建立自己的直销队伍；同时，因信托产品本身高门槛的限制，信托公司从始至终服务对象仅限于高净值客户；传统理财类信托产品因“刚性兑付”规则已成为高净值人群标配产品并被广泛认可。信托公司在客户资源、服务客户能力方面已形成一定积累，信托公司借助自己的优势，充分挖掘客户财富管理需求。同时，信托公司业务人员在业务模式设计、灵活地发挥信托机制、产品配置的多样性、独立直接服务客户等方面具有天然的优势。信托公司独立运作模式适配备财富中心，拥有强大的直销队伍且销售实力较强的信托公司，这也是信托公司未来发展的主流模式。平安信托、中信信托、外贸信托、中融信托、中航信托、新时代信托、万向信托等信托公司相继启动了私人信托财富管理业务。

3. 私人银行+信托模式

“私人银行+信托公司”的模式，是指私人银行与信托公司形成战略合作，在寻求潜在客户资源、客户需求分析、产品结构设计以及具体投资策略、事务管理服务上各取所长、共同管理。一方面，私人银行充分发挥其客户资源和渠道优势，寻找并开发客户的实质需求；另一方面，信托公司成熟的资本运作能力，有利于提升客户的信托资产配置内容，满足客户多元化的信托目标。

目前，该类模式是私人信托领域最主流的发展模式。对于缺乏高净值客户资源的信托公司，尤其是银行系信托公司，可以有效依托股东的资源优势，实现母子公司之间的良性协同。对于非银行系信托公司，可以寻求外部合作，共享客户资源的同时，在资产配置方面达成有效合作，谋求信托公司与私人银行的双赢局面。

北京银行私人银行与北京信托在私人信托业务领域开展的合作，就是这种模式的典范。两家机构共同组建项目团队，面向顶级私人银行客户提供私人信托服务。除了北京银行和北京信托之间的合作，还有兴业银行+兴业信托、交通银行+交银信托，招商银行+外贸信托（山东信托）、建设银行+建信信托等。

4. 信托+保险公司模式

除了银行私人银行外，“保险公司+信托公司”模式也是当前实务操作中最易被客户接受也是双方主体合作双赢的业务典范，即客户通过购买保险公司提供的终身寿险的大额保单，将支付保险金嵌入信托的结构，实现了信托服务与保险服务的有效融合，最终实现财富传承的目的。这种模式极大地降低了家族信托的设立门槛，在业内被称为类家族信托，也就是我们上文中所介绍的保险金信托。

中信信托与中信保诚人寿合作推出了一系列面向国内高端人群的创新型产品，包括信保深度结合的首款高端定制产品信诚“托富未来”终身寿险、兼具资产管理和事务管理功能的保险金信托。作为中信信托在家族信托基础上的延伸，保险金信托是高附加值的“事务管理+资产管理”的单一信托产品，重点是实现委托人在保险理赔后对受益人如何获取财产的管理意志的延续。这也是国内首个保险金信托案例。

5.第三方服务机构模式

随着私人信托业务的不断发展，律师事务所、第三方财富管理机构等也看到了这片新蓝海的广阔机遇，积极介入并成为私人信托领域的参与者。目前，第三方服务机构主要包括两方面，即第三方理财公司和专业服务机构如律师事务所、税务师事务所等。第三方服务机构借助自身的客户优势、特定专业服务（如税务服务、法律服务）优势，从客户需求出发，深度挖掘客户潜在的服务需求，为高净值财富人群客户提供量身定做的境内外家族信托架构设计、投资基金与慈善基金架构设计、税收筹划等专业的法律服务，帮助客户实现家族财富增值、风险隔离和永续传承。从目前的操作实践和实施效果来看，更多需要与信托公司合作，共同开拓业务，如诺亚和华宝信托的合作。

6.独立家族办公室模式

家族办公室（英文全称为“Family Office”），源于西方，并无统一定义，更多是从功能和职责角度予以阐述，指专为超级富豪的家族提供全方位财富管理和家族服务，以使其资产的长期发展符合家庭的预期和期望，并使其资产能够顺利地进行跨代传承和保值增值的机构。随着国内高净值人群的激增，近几年，国内涌现出2000多家各式各样的家族办公室。

目前国内的家族办公室因市场环境、人文文化、治理能力等原因使其功能并未得到全面开展，其与挂牌的金融机构相比，在客户资源、资产管理、事务管理方面都存在一定程度的短板，需要更长时间的培养、积累和沉淀。目前，更多地仍以为客户实现资产配置、赚取经纪收入为主要营利模式。

二、发展困境

尽管随着私人财富增长，高净值人群对财富保全与传承需求更加迫切，近年来国内私人信托业务蓬勃发展，但在发展过程中政策环境、市场环境、人员环境等都出现了各种障碍、瓶颈和困难。

（一）制度缺失

我国《信托法》对于信托的基本概念、法律性质、架构设计、财产隔离、身后传承等内容都有着完善的规定。在实际操作中，以《信托法》为基础，结合《合同法》《物权法》《婚姻法》《继承法》《公司法》甚至《刑法》等相关法律进行综合运用，共同构成业务操作的制度支撑。尽管如此，但仍存在部分制度缺失影响业务的发展的现象。

首先，国内的信托财产登记制度未见出台，长期缺位。2017年8月30日，银监会正式发布了《信托登记管理办法》，自2017年9月1日起实施。但它的基本功能仅是：信托产品、受益权及变动的登记，衍生功能是信托受益权的流转交易，并没有涉及信托财产登记事项，更没有信托产品登记对抗物权登记的功能。委托人的信托财产和其他财产无法得以有效区分，信托财产的保护和隔离功能也无法完全实现。同时，因信托财产登记制度涉及《民法典》《公司法》等多部法律之间的协调及多个行政部门之间的权责划分，而《信托登记管理办法》仅是银监会发布的规范性法律文件，效力层级上能否实现也值得打个问号。

其次，税收制度需要进一步完善。一方面，在国内尚未征收遗产税的背景下，私人信托的税务筹划功能未得以最大化体现；另一方面，现行税收制度尚未针对信托财产所有权与收益权分离的特点设计专门的税收制度，在涉及信托的所得税、增值税、房产税等方面存在重复征税的现象。

（二）人才缺失

家族信托从产品设计方案，到法律、税法规划，都需要高度专业化的人才进行相应的操作，无论是最初的私人信托架构设计，还是存续期间的运营管理，都对项目人员提出较高要求。信托公司开展私人信托，须遵循“专业化人才标准”，单独设立相关业务部门，业务团队须由经验丰富的国内投资专家、海外投资专家、律师、税务师、会计师、保险师等构成，只有这样的人才，才能专注于为高净值人群家族财富提供一站式综合服务。但目前各信托公司多元化人才配备不足，需要信托公司积聚力量培养匹配人才。

（三）短期逐利效应

处于起步阶段的私人信托虽然是信托公司的一项蓝海战略，但公司管理层和业务操作层都面临业绩考核的两难。如果按传统的“冲规模”思路进行严格考核，那么明显不利于促进该项业务的发展；如果不进行考核，公司就需要为此投入成本，成本的投入不仅仅包括各专业人员的高档配置、业务管理系统的开发、投资者教育的宣传等诸多方面。同时，私人信托业务的特点非传统业务的“短平快”，更有业务开发周期长的特征，需公司最高管理层高瞻远瞩，有长远的战略意识和规划眼光，寻求有效途径实现公司内部治理的平衡。家族信托业务在行业内还处于孵化期，赚钱效应尚未显现，对于还未布局而又想要布局该领域的信托公司来说，需要足够的勇气和长远的谋划。

（四）信任基础缺失

尽管国内的私人信托业务已经开始，但各种质疑声音不绝于耳，既对法律基础存在疑虑，也对法律执行环境存在不信任，同时，信托财产的私有权能否对抗公权，破产隔离能否真正实现，因国内操作判例稀缺，无法进行类比，外界存在一定程度的质疑。同时，“露富”“对别人不信任”等思想的束缚，使市场从潜在需求开发出实际需求存在很大的障碍。

三、发展展望

凭借其财产安全隔离、财富灵活传承、专业广泛的资产管理、信息私密性好等优势，中国私人信托经历近几年的探索、成长和理念的宣导，信托的功能和价值已逐渐被市场知悉并认可，客户的潜在需求已渐被开发，市场已初见规模，但仍处于初级培育阶段。《中国家族信托行业发展报告（2016）》中显示，中国境内目前已有21家信托机构和14家商业银行开展了家族信托业务，家族信托规模约为441.8亿元。预计未来私人信托将在国内有较快发展。

（一）政策环境愈加明晰，配套制度愈加完善

尽管国内的信托制度存在较大缺陷，但经过长期的实践、探索，业务的发展将推动国家相关部门依据信托制度的顶层架构，制定完善的配套的法规、制度、政策，出台相关操作细则：一是完善信托登记制度，在现有《民法典》的基础上，明确信托登记操作规则如登记部门、内容、程序、效力等，建立一套完整的信托登记体系。二是基于现行税收法规框架，在完善信托财产权益的基础上，遵照“实质课税”原则确定信托税收制度。对于股权、不动产等设立信托的非交易性质认定，采用非交

易性财产转移的税收政策。三是相关法律对信托部分的相关约定进一步明晰化，比如，《公司法》中对信托持有上市公司股权缺乏明确约定，《婚姻法》对夫妻间财产设立信托缺少相关规定等。随着相关法规的出台和细化，将带来私人信托业务真正意义上的发展。

（二）财富管理市场蓬勃发展，各家机构尽显风采

经历改革开放后40多年的财富快速积累期后，中国“第一代”富豪已进入了代际传承、家业交替的时期；同时，他们同样承受着“金融、产业、姻缘与血缘”三期叠加的风险，强烈需求利用私人信托工具加强顶层设计，提供一揽子解决方案。

随着资管新规落地，从信托公司2017年年报可以看出，国内大型信托公司都提出了转型要求，均提出私人信托业务作为“回归信托本源业务”的代名词。无论是从公司战略高度还是组织架构设计、品牌宣传、模式创新等各方面均有体现，有助于构建适合自身发展的差异化的私人信托业务模式。同时，还应做好专业人才的培养和储备，搭建私人信托的业务支持系统（财富管理信息系统定制性开发、中后台风控系统等）。从各家公司2017年年度报告中已初见端倪，如华能信托、上海信托、四川信托等均成立家族信托办公室。各家信托开始专注家族信托品牌建设，如外贸信托独立运作“五行汇泽”系列、上海信托的“信睿”系列等；在操作模式上，各家独具匠心，创新业务模式，如平安信托推出的鸿福、鸿睿、鸿晟、鸿图系列产品，新时代信托推出仁者毓德、义者悠悦、礼者悠享、智者毓材、信者毓保等不同功能定位的系列产品。

除信托公司外，各家服务于高净值人群的金融机构、第三方服务机构竞相角逐该市场。随着不同机构业务的定位和业务优势的明朗，机构之间更多呈现出一种竞合关系，各自发挥专长，共同培育市场，更好地满足高净值人群在各自领域的需求。

2014年4月，中国银监会发布的《关于信托公司风险监管的指导意见》中，在“明确转型方向”中提到“探索家族财富管理，为客户量身定制资产管理方案”明确了私人信托是家族财富进行长期规划和风险隔离的重要金融工具，是信托回归本源的重要业务之一。借助监管层不断释放的政策信号，私人信托在财富市场将持续升温。

第四章 离岸信托

Chapter 4

现代信托发源于中世纪的英国，随着英国资本主义的崛起，以及英国殖民地在全球范围内的扩张，作为一项财富管理的先进制度，信托被带到了世界的各个角落。

现如今，历史上与英国有着密切联系的国家和地区，基本都有完善的信托制度，而随着全球化的发展，越来越多的非英联邦国家，也都逐步承认或者引进了信托制度。

信托基于其独特的优势，已经成为越来越多高净值人士财富管理的必备工具，而随着资产布局的全球化、财富管理需求的多样化，并且各个国家和地区在信托法律法规方面的规定不尽相同，越来越多的高净值人士选择离岸信托架构，对自己的财富进行管理。

到底什么是离岸信托？它具备什么样的优势和特点？全球有哪些热门的离岸信托设立地？带着这些问题，这章将为大家带来相关介绍。

第一节　离岸信托概述

一、基本概念

所谓离岸信托，简单来说，就是“离岸”与“信托”的结合，“离岸”是指远离本国海岸线，意指境外，所以离岸信托也称境外信托或者海外信托，是指由本国居民作为委托人，日常管理在境外进行并受境外司法管辖地管辖，且大部分或者全部受托人均在境外的信托。比如，中国居民在美国、开曼群岛、新加坡等地设立的信托，或者美国居民在中国、开曼群岛、新加坡等地设立的信托，都称为境外信托。

相比境内信托，离岸信托具有一些自身的特点和优势，包括但不限于以下4个方面：

一是受不同的法律管辖和保护，避免单一法律制度下的风险，一定程度上避免法律诉讼、债权人追索和不法的强占，同时还能够避免政局变化对财富的影响等。

二是离岸地完备的信托法律制度，能够确保受托人依据委托人的意愿对信托财产进行管理和分配，避免政府干预、强制继承权、遗嘱检查，免除遗产承办手续及费用。

三是大部分离岸地尤其是离岸岛国和地区，为了吸引高净值人士在其境内设立信托，一般都会针对信托财产推行低税甚至是免税政策，并且几乎不征收遗产税，从而让高净值人士享受非常大的税收优惠，以及非常低廉的管理及传承成本。

四是离岸区域的司法制度相对更完善且高度独立，私密性高，能够最大限度地保护高净值人士财产及家庭的隐私。

据公开信息显示，国内有不少高净值人士就在不同的离岸地设立了离岸信托：在开曼群岛设立离岸信托的SOHO中国的潘石屹和张欣夫妇、华人首富李嘉诚、蒙牛集团的牛根生等；在泽西岛设立离岸信托的有玖龙纸业的张茵；在BVI设立离岸信托的有龙湖地产的吴亚军和蔡奎、香港鸿基地产的郭得胜、雅居乐的陈卓林、京东集团的刘强东等。

下文以李嘉诚的离岸信托为例，来简单分析离岸信托财富管理中的运用和价值。

由于李嘉诚拥有不菲的身家，所以在设立信托时，其受托人是李嘉诚自己成立的私人信托公司。由于李嘉诚拥有不同的产业，为了方便管理，其设立了至少4个信托，分别持有旗下公司的股份，并对每个信托基金指定了受益人。如图4-1所示。

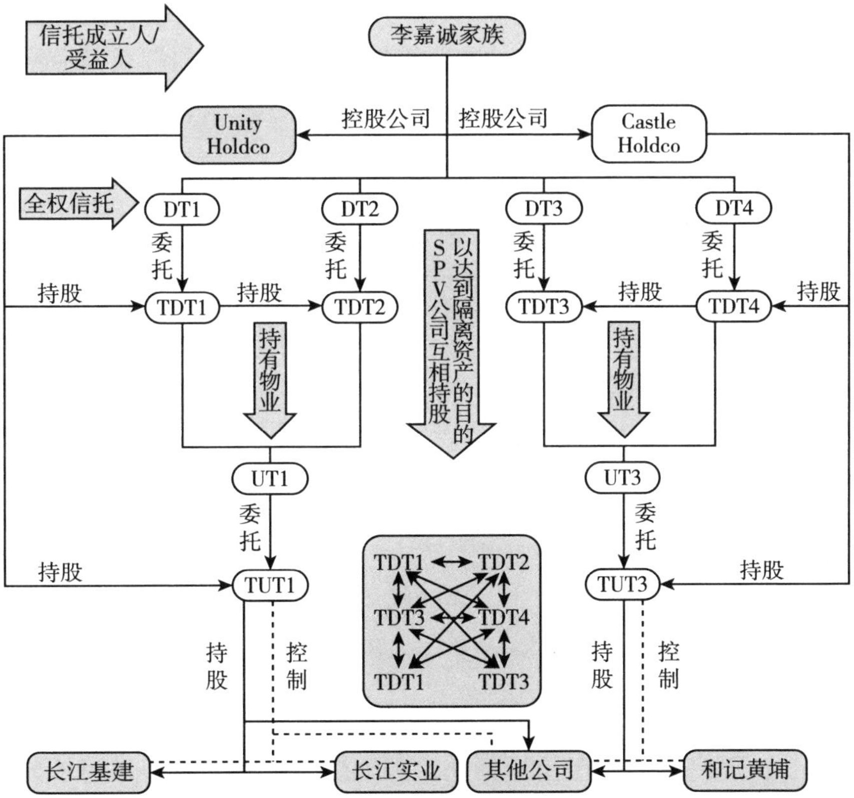

图4-1　李嘉诚家族的产业

第一层关系由4个信托及其对应的受托人组成。李嘉诚设立的4个全权信托分别为“DT1”（全称为“The Li Ka-Shing Unity Discretionary Trust”）、“DT2”、“DT3”和“DT4”，这是整个信托架构的基础，其对应的受托人分别为“TDT1”（全称为“Li Ka-Shing Unity Trustee Corporation Limited”）、“TDT2”、“TDT3”和“TDT4”，委托人均为李嘉诚本人，受益人则包括李嘉诚夫妇、李泽钜、李泽楷及被称为“李嘉诚第三个儿子”的李嘉诚基金会。

第二层关系由两个房产信托及其对应的受托人组成。分别为“UT1”（全称为“The Li Ka-Shing Unity Trust”）和“UT3”，其对应的受托人分别为“TUT1”（全称为“Li Ka-Shing Unity Trustee Company Limited”）和“TUT3”。其中，“UT1”中的若干物业由“TDT1”等持有，而“UT3”中的部分物业则由“TD3”等持有。而“TUT1”及其控制的其他公司共同持有长江实业和长江基建的诸多股份，“TUT3”及其控制的其他公司则共同持有和记黄埔的诸多股份。

第三层关系是由两个控股公司及其控制的受托人构成，分别为Unity Holdco和Castle Holdco。其中，Unity Holdco 100%地控制着TUT1、TDT1与TDT2，Castle Holdco则100%地控制着TUT3、TDT3与TDT4。而Unity Holdco和Castle Holdco的实际控制人为李嘉诚父子3人，各自持有1/3的股份。

上述信托结构完成后，让李嘉诚近3000亿港元的分家轻松完成，其好处在于：

第一，财富分配清晰明了，能够最大限度地避免子孙后代的继承纠纷，乃至兄弟因争产而反目；同时，家族成员即便不参与企业经营，但由于都是信托受益人，也能够获得企业经营的红利，保障自身的富裕生活。

第二，财富都集中在信托架构之下，能够最大限度地避免子孙后代可能出现的挥霍败家。

第三，不同形态的财产放入不同的信托之中，并且交由不同的受托人管理，能够最大限度地隔离各财产之间的相互影响。而即便未来子孙关系不睦，或者有人想要退出家族企业，也只需要转让顶层控股公司的股权，而无须拆分实体公司股权，从而避免家族企业经营的波动。

第四，设立私人信托公司让整个家族对信托的控制更有保障，同时也更能最大限度地保护家族及财产的隐私。

第五，最终的控股公司Unity Holdco和Castle Holdco实际控制人为李嘉诚父子3人，而家族其他成员包括娶进门的儿媳妇及后代子孙，均能够成为信托项下的受益人，如此则能够保障家族财富尤其是家族企业不会因为离婚、分家等出现分割，同时也能对家族所有成员做到充分的保障。

二、其他“离岸”概念

除了离岸信托，与“离岸”相关的概念还包括：

（一）离岸金融市场

离岸金融市场也称境外金融市场或者离岸金融中心，是指主要为非居民提供境外货币借贷服务的国际金融市场。其最显著的特点有三个：一是交易对象以非居民为主，二是主要经营外币借贷业务，三是基本不受所在国法规和税制的限制。世界主要的离岸金融市场包括英国伦敦、美国纽约、日本东京、瑞士、中国香港、新加坡、加勒比海地区等。

（二）离岸银行

离岸银行又称境外金融市场，是设在离岸金融中心的银行或其他金融组织。其业务只限于与其他境外银行单位或外国机构往来，而不允许在国内市场经营业务。采取与国内金融市场隔离的形态，使非居民在筹集资金和运用资金方面不受所在国税收和外汇管制及国内金融法规的影响，可进行自由交易。

（三）离岸账户

离岸账户，简单来说就是境内的自然人、法人等机构在境外开设的银行账户，或者境外的自然人、法人等机构在境内开设的银行账户。需要注意的是，在中国开设离岸账户，相关的银行需要取得离岸银行业务资格。比如，在香港成立公司后，在深圳、上海、北京、马来西亚、美国等地区具备相关资格的银行开设账户，这叫离岸账户。离岸账户的核心优势在于能够不受外汇的管制，灵活地运用资金，尤其是在外汇管制比较严格的情况下，离岸账户对于有跨境业务往来的自然人和机构来说，非常方便。

（四）离岸业务

离岸业务泛指银行离岸业务，是指银行吸收非居民的资金，服务于非居民的金融活动。在我国，离岸业务不经营人民币，对非居民法人不可以提现、结汇，现钞不能转现汇，但非居民自然人可以提现钞并可以结汇。

（五）离岸公司

离岸公司指在离岸司法区内依据其离岸公司法规范成立的有限责任公司或股份有限公司。当地政府对这类公司没有任何税收，只收取少量的年度管理费；同时，所有的国际大银行都承认这类公司，为其设立银行账号及财务运作提供方便。具有高度的保密性、减免税务负担、无外汇管制三大特点。

三、离岸信托的一般原则

尽管各个离岸地都为本地的信托发展提供尽可能便利的操作条件和

宽松的法税环境，但并不意味着离岸信托就可以恣意妄为，总的来说，离岸信托需要遵循以下一些基本的原则，这些原则未必是所有离岸地的共同点，但对于我们了解甚至是设立离岸信托具有较大的指导意义。

（一）禁止永续原则

禁止永续原则是英美信托法下的一个重要原则，是指信托的期限必须是确定的，不允许设立无期限或者期限特别长的信托。确定这一原则的目的主要是避免委托人对于信托财产过分的控制，从而导致资产缺乏流动性和进一步引起贫富不均。

在禁止永续原则下，对于私人信托的最长期限，各个国家和地区的规定虽有所不同，但一般情况下均为信托当事人（一般为委托人，也有部分为受益人）终身加上21年，在这个期限内，受益人享有信托的相关权利，超过规定的期限，则为无效。

随着现代信托的不断发展，为了扩大私人信托的运用范围和吸引力，不少离岸地都对信托期限进行了更为灵活的设置，比如百慕大群岛、美国的特拉华州和我国的香港地区就允许设立永久期限的私人信托，开曼群岛则规定私人信托的最长期限为150年，英国和英属维尔京群岛则为100年。

公益信托一般不受此原则的限制，即大部分国家和地区都允许公益信托可以永久存续。

（二）反恒久原则、反移转限制原则和反累计原则

这3个原则都是禁止永续原则的具体体现：反恒久原则是指受益人权利必须在信托生效后的某一时间内确立，不允许出现受益人实际上无法享有信托权利的情形；反移转限制原则是指信托文件限制受益人移转信托本金的最长期限，不得超过法律的规定，不允许出现受益人实际上无

法移转信托本金的情形；反累计原则是指信托财产不分配给受益人的最长期限，不得超过法律的规定。以上3个原则的最长期限不得超过上述禁止永续原则规定的最长期限。

目前，部分离岸金融中心为了扩大自身的影响力，部分或者全部放开了这3个原则的限制，如香港2013年颁布实施的新的信托法，就明确废除了反恒久原则和反累计原则。

（三）反强制继承原则

强制继承权常见于普通法，旨在限制立遗嘱人转移遗产的自由，其实质是通过对特定的法定继承人规定一定的应继承份额来限制遗嘱人的遗嘱自由。遗嘱人在设立遗嘱时，如果没有给特定的法定继承人保留必要的份额，则其相应部分的处分无效。比如，必须把遗产的某一部分预留给妻子、未成年子女或直系亲属的继承人，若这些继承人可得的比例无法满足，就会从立遗嘱人生前设立的信托中支取，常见的表现形式有特留份制度或者必继份制度。

而反强制继承原则规定，若委托人所在地的强制继承权原则与在离岸地设立的私人信托相冲突，只要信托文件规定接受当地的司法管辖，则该信托不受委托人所在地强制继承权的限制，保持私人信托的效力。

目前，大部分离岸金融中心如新加坡、中国香港、BVI、开曼群岛等都设有反强制继承原则。

四、基本结构

图4-2为境外私人信托的一般性结构，其中委托人必须为境内居民，部分或者全部受托人必须为境外居民，而受益人和保护人的身份一般来说都没有限制，既可以部分或者全部为境内居民，也可以为境外居民。而境外控股公司和保护人，是委托人可以设立的结构，但不是必须的选择。

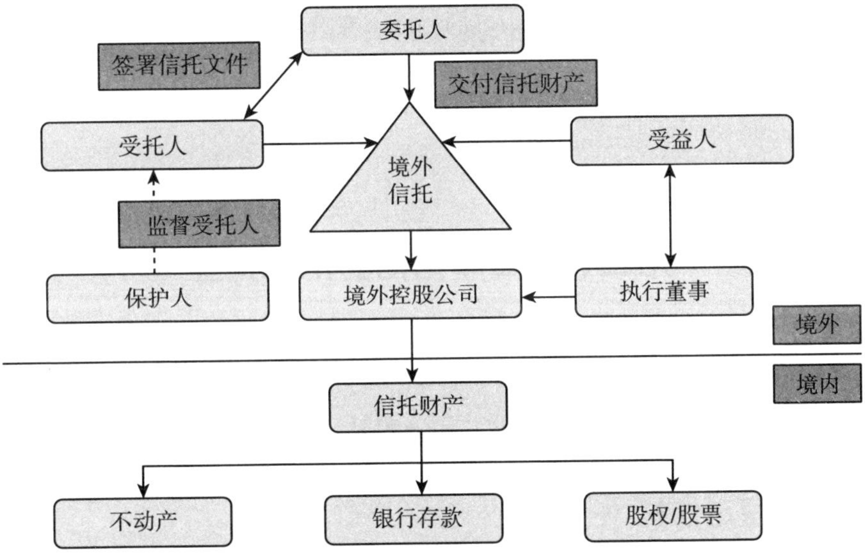

图 4–2　境外私人信托的一般性结构图

资料来源：ChPBCLUB 中国私人银行家俱乐部。

保护人又称为监察人，其存在的价值在于代替委托人行使部分或者全部权利，监督受托人的行为，并维护受益人的利益。保护人一般为委托人十分信任的人，其信任程度甚至要超过对于受托人的信任。但对于保护人权利的设置，则需要谨慎，避免保护人对于权利的滥用，造成信托结构的不稳定。此外，对于受托人是由委托人控制的私人信托公司，则其私人信托架构中，一般都不设保护人。

境外控股公司的设立，其核心价值在于将个人资产法人化，更便捷地管理和交易家族财产，尤其是对于不易做直接分割的财产。而且，若日后需要更换受托人，只需要变更控股公司的股权即可，避免烦琐的各类资产过户以及降低过户成本。当然，如果涉及的资产规模不是很多，资产形态单一，也可以不用设立境外控股公司，而由受托人直接持有信托财产即可。

在一般架构的基础上，依据每个家庭不同的需求，境外私人信托的结构也多有不同。有些境外私人信托会有多层受托人的设置，比如，李嘉诚家族的信托；有些境外私人信托会在境外控股公司下面再设一层BVI结构，将不同类型或者不同区域的家族财产放入不同的BVI公司里面，比如，碧桂园家族的信托结构。

第二节　离岸信托的常见类型

信托在境外的运用范围极为广泛，所能实现的目的也极为多样，因此，依据不同的目的，境外信托主要分为以下几种类型。

一、固定信托

所谓固定信托，并非当前我国常见的固定收益类信托，而是指信托文件明确载明受益人及其范围和每一个受益人的收益比例。在信托存续期间，不作任何变更，尤其是对于受益人受益权方面的变更，但是若全体受益人协商一致，基本上是可以终止信托的，而这个终止行为无须获得委托人或受托人的同意。此种信托常用于照顾年幼子女和年长父母的生活，比如，梅艳芳为梅妈设立的信托，即属于此种类型（见图4–3）。

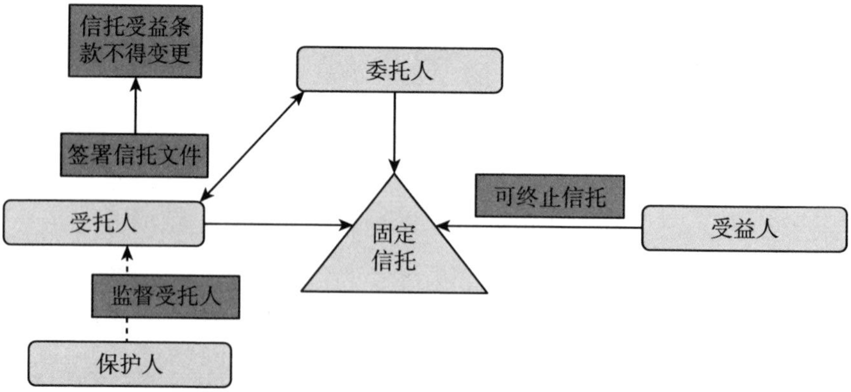

图4–3　固定信托的结构图

资料来源：ChPBCLUB中国私人银行家俱乐部。

固定信托的好处在于操作简单，执行容易，能够比较明确并且最大限度地实现信托目的。其缺点在于无法对变化的情况作出有效的应变。

二、自由裁量信托

自由裁量信托是指委托人在信托文件中并不规定每一位受益人可以享有信托利益的时间、范围、方式和金额或比例，而只确定一些基本的原则，并授权给受托人基于受益人利益最大化的考量，可以依据实际情况进行自由灵活的信托利益分配，甚至可以在此基础上决定由谁最终受益。

委托人确定上述一些原则的载体通常是意愿书，其一般会与信托设立时同时制定。然而，意愿书并非信托关系中正式的法律文件，因此理论上讲其对于受托人并无法律上的约束力，并且在某些特殊的情况下，为了实现信托目的，受托人可以不依据或者不完全依据意愿书所确定的原则进行信托事务的管理和信托财产的运作（见图4-4）。

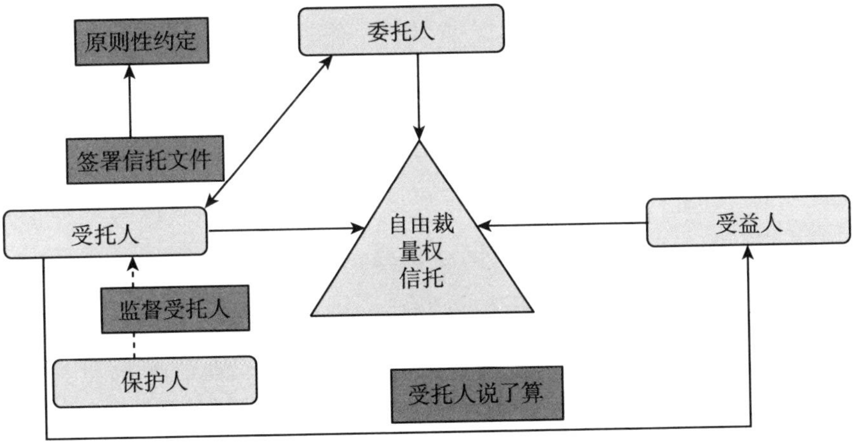

图4–4　自由裁量信托的结构图

资料来源：ChPBCLUB中国私人银行家俱乐部。

此种信托的优势在于一方面能够避免受益人的债权人对信托发起挑战，保持信托财产的安全独立，另一方面能够更好地对受益人税务进行筹划，在受益人收入高的年份，可以少分配或者不分配信托利益，而在收入低的年份多分配信托利益，从而使整体的税赋降低。

但其缺点在于受托人权利过大，一旦受托人不能忠实履行信托义务，则受益人将面临较大的风险。因此，通常情况下，此种类型的信托都会设置保护人机制，以从外部监督和约束受托人的行为，保护受益人的利益。由此可见，保护人在自由裁量信托中，具有非常重要的作用，因此对于保护人的选任及其职责义务的规定，需要非常的慎重，一般都需要提前约定在信托文件中，既要让保护人的行为有据可依，也要确保保护人履职的合法性。

三、保护信托

保护信托一定程度上可以理解为固定信托和自由裁量信托的结合，正常情况下，受益人按照信托文件的规定享受信托利益，但若受益人想要转让信托利益，或者被债权人追索时，则该受益人所享有的信托受益权立即终止，或者信托转变为自由裁量信托，由受托人依据当时具体的情况决定信托利益的分配事宜，既可以终止信托并将剩余信托财产归属于委托人或其他受益人，也可以变更该受益人的家属为新的受益人，即直接保全了家族财富，也间接保障了该受益人的生活（见图4-5）。

需要说明的是，上述信托利益的转换或者信托终止的事由，必须提前载明于信托文件之中，即在信托文件订立之时或者在尚未需要转换信托利益或者终止信托之前，就将相关的触发条件明确于信托文件之中，尤其是涉及规避受益人的债权人挑战之时，若受益人发生债务以后再进行信托利益的转换或者信托终止，则存在恶意规避债务的可能，是不被法律允许的行为。

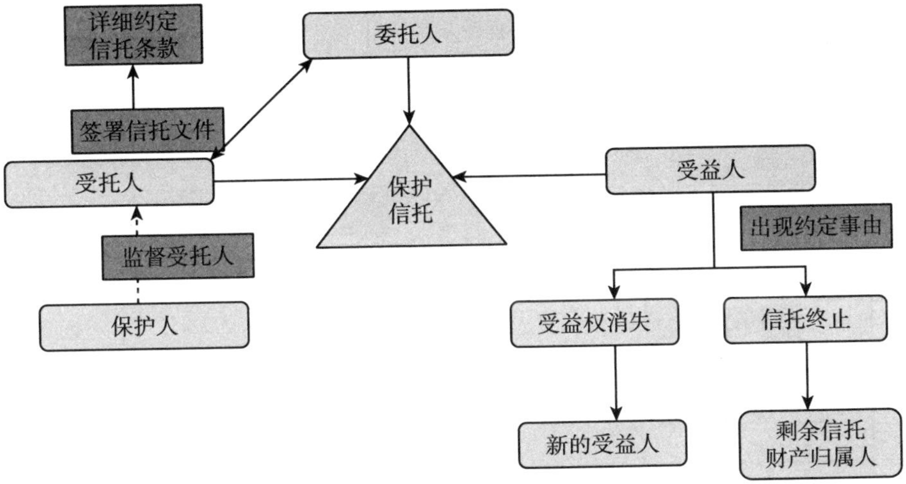

图4-5　保护信托的结构图

资料来源：ChPBCLUB中国私人银行家俱乐部。

四、禁止挥霍信托

禁止挥霍信托，俗称防败家子信托，与保护信托类似，禁止挥霍信托也是为了避免信托财产被受益人挥霍浪费而成立的信托。所不同的是，禁止挥霍信托的委托人可以在信托文件中约定禁止转让信托受益权，但对受益人的行为很难有实质性的约束，而保护信托则约定若受益人试图转让信托受益权或者被债权人追索时，将会彻底地失去信托受益权，这能够从正面防止受益人挥霍信托财产（见图4-6）。

禁止挥霍信托与自由裁量权的区别在于，前者能够避免受益人的债权人追索的理由是因为信托文件规定禁止受益人转让受益权，而后者是因为信托受益权的内容不确定。

禁止挥霍信托已经被美国的多数州所承认，但保护信托则主要用于英国及美国部分禁止挥霍信托的州。

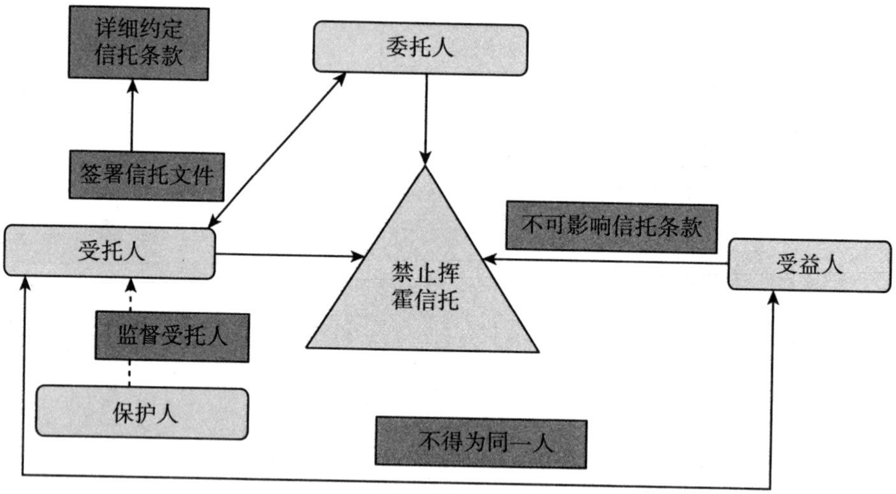

图4–6　禁止挥霍信托的结构图

资料来源：ChPBCLUB中国私人银行家俱乐部。

另外，需要特别注意的是，在美国，成立禁止挥霍信托时，委托人与受益人不得为同一人，否则此信托条款无效。

五、境外资产保护信托

上述几种类型的信托，都可以称为资产保护信托，都是从受益人的角度考虑，或者防止其挥霍财产，或者防止其债权人追偿等。但境外资产保护信托则有所不同，其核心目的在于避免委托人的资产被其潜在债权人追偿。

这种信托兴起于美国，由于在美国个人被诉讼的概率非常高，特别是医生、会计师、律师、企业高管等，极易因为一些工作失误而被其服务对象起诉，有可能需要进行民事赔偿，从而导致自身资产受损。为了避免这样的问题，尽量保护自己的合法财产，境外资产保护信托应运而生（见图4–7）。

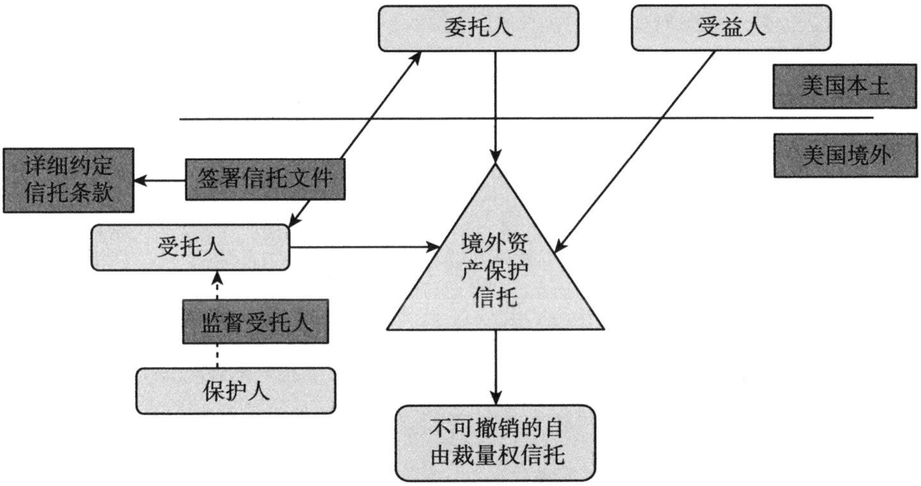

图 4–7　境外资产保护信托的结构图

资料来源：ChPBCLUB 中国私人银行家俱乐部。

而要实现这样的目的，境外资产保护信托最好满足以下几个条件：

第一，信托的设立地必须要选择在境外，并且最好是不承认外国司法判决的国家或地区；

第二，将资产转移到境外，并指定境外的信托公司担任信托受托人；

第三，信托为不可撤销的自由裁量权信托，委托人尽量不保留对于信托财产的控制。

具有上述特征的境外资产保护信托，其之所以能保护委托人财产的关键在于增加了委托人的潜在债权人追偿的成本。这些成本既包括往返于委托人所在地及信托所在地的差旅及时间成本，也包括对于信托所在地法律不熟悉和承担大量举证责任的诉讼成本等，因此，可以这么说，境外资产保护信托，为委托人构建了一道让其债权人难以翻越的鸿沟。

当然，还需要重点强调，前述所说的保护委托人资产免于偿债的核心在于此种债务是委托人设立信托时尚未发生的，而对于已经发生了债务或者纯粹就是恶意避债而设立的信托，抑或是涉及金额比较大，那么此种信托也未必能够保护委托人的财产。

六、遗嘱信托

所谓遗嘱信托，简单来说就是通过遗嘱形式设立的信托，也称为死后信托。委托人即被继承人生前订立遗嘱，明确约定死后设立信托，同时在遗嘱中明确约定遗产的管理、运用和分配的具体事宜。等到遗嘱生效时，即委托人身故后，再将约定的信托财产转移给受托人，由受托人依据遗嘱的具体规定，管理和处分信托财产（见图4-8）。

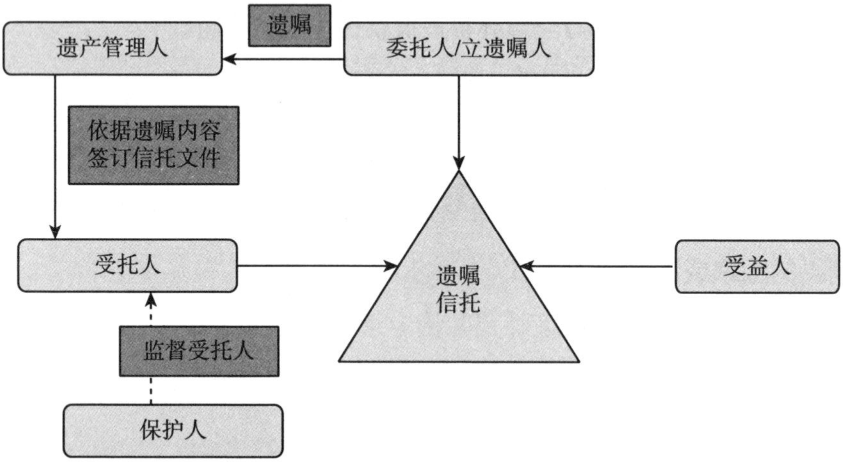

图4-8　遗嘱信托的结构图

资料来源：ChPBCLUB中国私人银行家俱乐部。

与其他信托不同，遗嘱信托最大的特点在于，遗嘱信托是在委托人身故后生效，因此，设立遗嘱信托，需要注意以下3个方面：

第一，由于遗嘱是立遗嘱人的单方法律行为，存在处置了无权处置的财产的可能，如夫妻共同财产等，因此，受托人在立遗嘱人身故后，首先需要对遗嘱中涉及的财产进行所有权确认。

第二，由于信托财产是在委托人身故后转移，信托文件才发生效力，因此遗嘱信托无法规避委托人生前的债务，并且无法避免相关的继承税费。所以，受托人需要以登报的方式，向委托人的债权人发出正式通知，并要求他们在规定的期限内出示债权凭证，委托人据此掌握和清偿债务，并支付相关税费。

第三，设立遗嘱信托，除了要符合信托法的基本要求外，还应当符合继承法的相关规定，尤其比较重要的是要保障遗嘱的效力，形式要合法，内容要清晰，避免委托人的继承人对遗嘱的真实性和有效性提出挑战。

七、推定信托

上述各种类型的信托都是基于委托人明确的信托文件或明示的意图而成立的，但推定信托则不然。所谓推定信托，顾名思义，就是依据特定的事由，推定信托的成立，通常来说，推定信托是基于法院判决而产生的，不是基于当事人的明示或隐含意图所产生（见图4–9）。

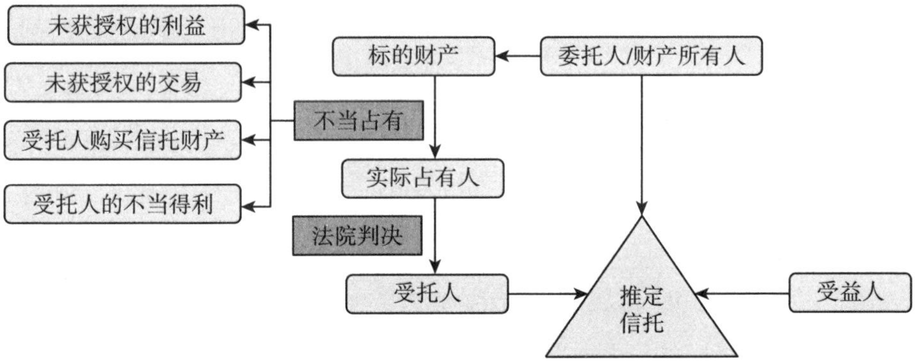

图4–9　推定信托的结构图

资料来源：ChPBCLUB中国私人银行家俱乐部。

举例来说，张三持有一栋楼房，但实际上该楼房不应当由张三持有或者至少不应该由张三享有楼房所带来的收益，而是应该由李四持有或者享有其收益，此时，张三就有可能被法院判决其是以受托人的身份为李四管理和处分这栋楼房，并将其中的收益交付给李四，这就是推定信托。

推定信托旨在禁止占有他人财产的当事人不公正地取得他人财产利益，占有人只能以推定信托受托人的身份管理财产，不得谋取财产上利益。根据现代信托法的解释，财产所有人的监护人、律师或其他代理人因滥用信任关系而取得任何财产利益，均违反上述原则，法院有权撤销其所得利益并判决成立推定信托。

推定信托具有强制性效力，受益人可不依赖于委托人意志而申请财产利益的强制执行。英国的法律主要将推定信托视为独立的信托类型，而美国各州的法律更偏重于将其视为纠正不公正财产关系的诉讼补救方法。

产生推定信托的情形有很多种，常见的主要包括以下几种：

一是受托人或者受信人取得未获授权的利益。比如，在信托关系中，受托人获取了超过信托文件规定的信托报酬；再比如，在代理买卖关系中，代理人以明显低于委托价买入了被代理人委托其出售的货物，都属于此种类型。受信人关系除了上述信托关系和代理关系两种类型之外，还包括公司董事或者管理层与公司股东之间的关系，合伙人之间的关系，律师、会计师、税务师、医生、理财顾问、经纪人等专业顾问与顾客之间的关系等。按照英国的判例分析，只要双方当事人之间的关系是基于一方信任另一方，就可以认定具有受信人关系。

二是未经授权的交易。比如，未经公司董事会或者股东会批准，公司高管以自己的名义与公司签订商品买卖合同，即便这笔买卖依然是以公司利益最大化为原则，并未损害公司股东及债权人的利益，依然有可能被法院判定为以公司高管为受托人的推定信托。

三是受托人购买信托财产。在英国，受托人购买信托财产，只要受益人请求，无论交易价格是否公允，法院都会毫不犹豫地撤销交易，并成立推定信托。法院之所以确定这个规则，其依据是受托人在这类型的交易中，既是买方，又是卖方，使得他的职责和利益发生了冲突，因此是不被允许的。

四是接受贿赂。此处的接受贿赂并不包括公职人员利用职务之便收取的不义之财，而是指在上述受信人关系中，利用受信人地位获得的非正当利益，致使其违背了受信人的责任。

八、归复信托

与推定信托类似，归复信托也是基于法院的判决而成立的一种信托形式。委托人进行了一项财产的转移，但由于一些原因并未完全放弃财产的权益，为了填平财产所有权的缺口，保障委托人的权益，法院有可能将此项财产转移判定为归复信托，即财产的权益重新归属于委托人或者其继承人，以财产转让对象为受托人，这就是归复信托（见图4-10）。

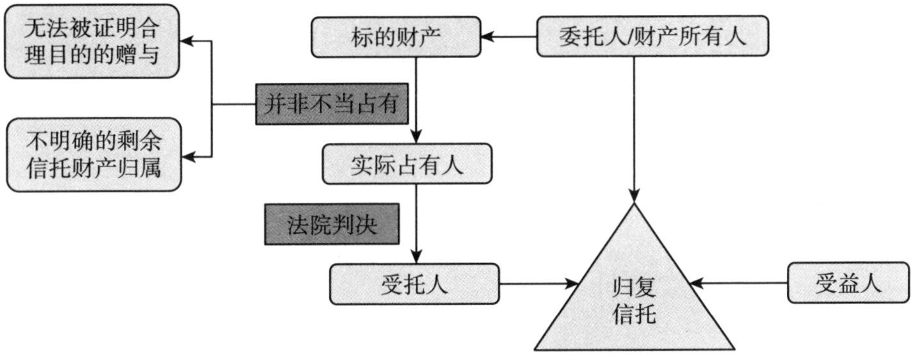

图4-10　归复信托的结构图

资料来源：ChPBCLUB中国私人银行家俱乐部。

归复信托又分为假定的归复信托和自动的归复信托两种类型。

所谓假定的归复信托，就是当没有任何证据能够证明委托人无偿将财产转移给另一个人的意图到底是什么，就有可能会被法院判定为假定的归复信托。需要强调的是，假定的归复信托只是一种假设，目的是保护财产转让人即归复信托的委托人的合法权益，但如果财产转让人已经明确表示，或者财产受让人能够证明，这是一项对其的绝对赠与，那么假定的归复信托就不存在了。举例来说，如果张三以自己的资金购买一辆车，同时指示将这辆车转移到李四的名下，此时，如果没有其他法定的假设或者相反的证据，证明这项财产转移或者是对李四的绝对赠与，或者是为了偿还张三对李四的债务等，那么就会产生归复信托，使得李四只是以受托人的身份持有这辆车。

所谓自动的归复信托，一般是先有一个信托，由于一些特殊的原因，导致尚有一部分或者全部信托受益权没有明确处理，此时，就会产生自动的归复信托。所谓的一些特殊的原因，主要包括信托被判无效、信托目的无法实现、信托目的已经实现但还有剩余信托财产未确定归属等。

举例来说，张三为自己的儿子张四设立一份教育支持信托，约定从儿子上学开始，每年支付10万美元，直到硕士研究生毕业。很不幸，儿子在大一时，在一次参加户外活动时遇险身亡，此时信托中尚有100万美元的信托财产，但由于没有考虑此等意外事件，信托文件并未规定这部分信托财产的最终归属，此时，就极有可能会被判定为一项以张三为受益人的自动的归复信托。

九、人寿保险信托

人寿保险信托，简单来说就是人寿保险和信托的结合，是以保险金或人寿保险单作为信托财产，由委托人和信托机构签订人寿保险信托合同，再以受托人的名义购买并持有人寿保险，或者将委托人已经持有的保单变更受托人为新的投保人，保险期限届满或者保险事故发生后，由保险公司将保险赔款或满期保险金交付于受托人，受托人依信托合同约定的方式管理、运用信托财产，并于信托期间终止时，将信托资产及运作收益交付信托受益人。

人寿保险信托具有众多的优势和功能，已经成为国际上被普遍使用的财富管理和财富传承工具。

首先，人寿保险信托兼具人寿保险的确定性和杠杆性以及信托的灵活性和独立性。当我们购买人寿保险后，基本能确定在保险事故发生后能够获得多少保险理赔金，而人寿保险所对应的保险事故是必然会发生的，毕竟人的寿命都是有限的，因此人寿保险具有确定性；人寿保险所缴纳的保费往往要少于保险理赔金，有时候甚至远远少于保险理赔金，因此人寿保险还具有杠杆性。人寿保险信托近似这两个工具的结合，因此具备这两大工具各自独特的优势。

信托财产的独立性对于规避投保人债务具有非常重要的作用。如果投保人直接购买保险，在保险事故发生之前，保单的现金价值属于投保人的责任财产，一旦投保人面临债务风险，那么存在很大可能被法院依法退保，从而取出保险现金价值，用以偿还投保人的债务。与之相类似，当投保人面临婚姻变化亦或是其先于被保险人身故的情况下，保险同样面临被分割现金价值的可能，如此，投保人想要达到的债务隔离、婚财保全、财富传承等目的，单纯通过保险的方式就存在诸多的变数。

而人寿保险信托则能解决这个问题，由于人寿保险的投保人是受托人，即人寿保险本身已经成为信托财产，按照信托财产的独立性，其完全独立于委托人，就能避免上述问题对于保险的影响，从而能够保障委托人目的的顺利实现。

其次，人寿保险信托能够避免人寿保险受益人先于被保险人死亡后的尴尬。根据《保险法》的规定，保险金由保险人按照人身保险合同的约定支付给受益人。同时《保险法》第四十二条规定："被保险人死亡后，有下列情形之一的，保险金作为被保险人的遗产，由保险人依照《中华人民共和国继承法》的规定履行给付保险金的义务：（一）没有指定受益人，或者受益人指定不明无法确定的；（二）受益人先于被保险人死亡，没有其他受益人的；（三）受益人依法丧失受益权或者放弃受益权，没有其他受益人的。受益人与被保险人在同一事件中死亡，且不能确定死亡先后顺序的，推定受益人死亡在先。”

由此可见，如果单纯只有人寿保险，万一受益人和被保险人在同一事故中死亡并且无法确定死亡的先后顺序，甚至于受益人本来就是先于被保险人死亡，而被保险人及投保人均没有及时做受益人的变更，则保险理赔金就成为被保险人的遗产，既要面临潜在的较高的继承税费，还需要偿还被保险人生前的债务，更有甚者，还有可能面临一些烦琐的继承手续和令人痛心的继承纠纷。

而通过设立人寿保险金信托，可以利用信托文件，根据不同的情况设计并指定不同的受益人，甚至还可以指定受益人的范围，即使指定的受益人先于被保险人身故了，由于信托有确定的受益人范围，因此依然符合法律的规定，避免成为被保险人的遗产，从而能够避免潜在的较高的继承税费，避免被用来偿还被保险人生前的债务，避免烦琐的继承手续和令人痛心的继承纠纷，真正做到财富的永续传承。

再次，实现保险理赔金的科学管理与合理分配并实现精准传承。保单虽然能够保证受益人享有保险金的利益，却没有考虑受益人如何才能切实享有其合法权益。有些时候，保险受益人或许并不具备合理处理保险金的能力和条件，例如，年纪太小、太大或身心有障碍、挥霍过度等，甚至由于各继承人或监护人之间的利益冲突使得合法权益受到侵害。此时，保险受益人虽然形式上拥有保险金，但实际上并不能享受到保险金的好处，其合法权益难以得到保障。而人寿保险信托则能很好地解决这个问题。

保险理赔金进入信托之后，受托人会依据委托人生前所定的原则，一方面科学地管理信托财产，实现信托财产的稳健增值，另一方面会灵活地分配信托利益，保障这部分资金真正为受益人所用。比如，受益人缺乏民事行为能力，则可以通过“代支付”等方式，保障受益人的生活所需。

另外，由于信托的受益人还可以是未出生的后代，这就帮助委托人实现保险理赔金的隔代、精准传承。

最后，隔离受益人未来的各种风险对保险理赔金的影响。直接购买大额保单，保险理赔金或许可以避免被保险人的债务，但是当保险理赔金给付受益人之后，则成为完全属于受益人所有的责任财产，届时如果受益人面临债务问题，则需要用这部分资金偿还。而如果受益人在取得保险理赔金后，面临婚姻变化的问题，则理赔金也有可能会被认定为夫妻共同财产而进行分割；当受益人身故后，则成为其遗产，既要面临潜在的继承税费，也要面临复杂的继承手续，更有可能引发令人痛心的继承纠纷。

而在人寿保险信托下，保险理赔金进入信托之后，其并不直接属于受益人所有，至少在没有分配之前，不属于受益人的财产，如此一来，就能够避免以上的各种尴尬，让保险理赔金真正为受益人所用。

人寿保险信托作为一项重要的财富管理工具，在境外得到广泛的运用。

（一）美国的人寿保险信托

虽然生根于英国，但人寿保险信托却在美国得到了快速的发展。在20世纪早期，美国保险公司就开始设立信托部门，并且兼营信托业务，其中又以人寿保险信托为主，目前人寿保险信托已成为美国居民重要的家族财富管理方式。

美国的人寿保险信托分为两类，即可撤销人寿保险信托和不可撤销人寿保险信托。撤销与否是指保单的撤销与否，即投保人是否放弃保单的所有权，包括保单的现金价值、变更保单受益人、解除或转让保单等权利，而这些权利，实际上都转移给了受托人。

另外，由于不可撤销人寿保险信托的受益人拥有不可撤销的、法律上已经确定的未来收益，实现了保单与被保险人的完全分离，符合美国税法关于死亡保险金免征遗产税的规定，能够帮助高净值家庭合理地规避遗产税。因此，不可撤销人寿保险信托成为美国最常使用的遗产税避税方式。

需要特别说明的是，在通过人寿保险信托进行税务筹划的时候，还需要注意两个方面的因素：

1.保费的支付规划

在美国，除了有遗产税之外还有赠与税，以第三人为受益人的保险，也有可能被认为是赠与而需要交赠与税。因此在交付保费的时候，需要进行合理的规划，避免赠与税或者降低赠与税的适用税率。

2.保单转移时间

按照美国税法的相关规定，如果是将已经成立的保单转移至信托而成立人寿保险信托，保险理赔金免税进入私人信托的条件之一是被保险人必须自保单转移之日起，至少存活3年。而如果是新购买的保单，则没有这方面的顾虑。

另外，在美国，信托的受托人既可以是机构也可以是个人，人寿保险信托的受托人亦然。但需要注意的是，被保险人不能成为受托人。主要原因在于，只有被保险人死亡了，保险理赔金才能进入信托并由受托人进行管理和运作，若被保险人同时是受托人，则意味着没有人对信托财产进行管理和运作，或者需要更改受托人。因此，被保险人不能成为人寿保险信托的受托人。

（二）我国台湾地区的人寿保险信托

虽然我国台湾地区的信托业务起步非常早，但其人寿保险信托业务却相对比较滞后。1996年《信托法》和2000年《信托业法》的颁布标志着台湾人寿保险信托业开始走向规范发展的道路。2001年，由万通银行向台湾地区相关管理部门申请开办人寿保险信托业务。此后，中央信托局与彰化银行等多家金融机构相继进入。2008年后，信托公司和保险公司都可以开始经营人寿保险信托业务。

按照人寿保险信托的受益人不同，台湾地区的人寿保险信托分为自益人寿保险信托和他益人寿保险信托。

自益人寿保险信托，其委托人和受益人是同一人。最常见的是以父母为被保险人，子女作为保险受益人、信托的受益人和信托委托人签署人寿保险信托，当父母身故时，保险金汇入子女的信托账户。根据台湾地区的《遗产及赠与税法》的规定，由于保险及信托受益人都是子女，因此可以享受死亡保险金免交赠与税的政策。

但此种方式有一个弊端，即子女作为信托的委托人，有权变更甚至解除信托，并且不受是否成年的限制，此时如果受到别有用心的监护人的误导，势必会影响人寿保险信托设立的初衷，甚至无法实现信托目的。为了防止这种情况的发生，一般会在人寿保险信托中设立信托保护人，由父母信得过的第三人担任，从而约束子女的行为，保障人寿保险信托目的的顺利实施。

他益人寿保险信托，其委托人和受益人不是同一个人。比如，以父母为被保险人和信托的委托人，子女为保险受益人和信托受益人签署人寿保险信托。这是针对自益人寿保险信托的受益人不能合理管理信托财产而设立的，父母可以在信托文件中设定信托利益分配的条件及其他个性化的事项，并且由于子女不是信托的委托人，无权变更甚至解除信托，能够更好地保障信托目的的实现，并可以据此实现财富的代际传承。

但这种方式也有弊端，那就是会增加税费成本。按照台湾地区相关规定，若信托合同中的委托人与受益人不一致，则视委托人将享有信托利益的权利赠与受益人，该信托行为属于赠与行为，需要依法缴纳赠与税。因此，在设立他益人寿保险信托时，需要注意相关税法对于免税金额的规定，避免不必要的税收负担。

（三）日本的人寿保险信托

日本的人寿保险信托最早被认为是1925年由三井信托公司推出。随着人们对于财富管理和分配的个性化、多样化的需求不断增强，人寿保险信托在日本获得了巨大的发展。

日本的人寿保险信托是委托人与保险公司签订保险合同，同时与受托人签订信托合同，在保险事故发生后，受托人领取保险理赔金并进行管理运用，受益人一般为委托人的家属子女。

依据日本《保险业法》第五条的规定，允许经营生命保险事业的保险公司经营信托业务。因此，在日本，人寿保险信托有两种模式，即以保险公司为信托受托人和以信托机构为信托受托人。

以保险公司为信托受托人是指，信托委托人同时也是保险投保人，而保险公司在承保的同时又担任信托受托人的身份，在信托设立后，由保险公司按照文件管理和运作信财产。保险公司只是同时兼具了两个身份，真正的经营上依然是分离的。

以信托机构为信托受托人是指，保险合同签订后，委托人将保险金债权让与信托机构，也就是在保险发生赔付后，保险金的领取权利让与了信托机构，之后信托机构按照信托文件的约定管理和运作信托财产。目前，此种方式在日本更为普遍，而且日本有很多信托机构都作为信托受托人进行此类型的人寿保险信托业务。

十、慈善信托

所谓慈善信托，简单来说，就是通过信托的形式来开展慈善活动，具体而言，委托人将信托财产放到信托中，委托人交付的信托财产以及受托人对信托财产管理产生的收益全部用于慈善活动。

（一）慈善信托与非慈善信托的区别

上述前9种类型的信托，都可以称为非慈善信托，慈善信托与非慈善信托在许多规则方面是相同的，比如，对于信托财产合法性的要求、信托目的明确的要求等。但两者之间也有着一些重要的区别，包括但不限于：

1.受益对象的确定性要求不同

慈善信托的受益对象一般是整个社会或者至少是社会大众中的一部分，无须确定到具体某个人。而非慈善信托的受益对象必须是确定的某个人或者某些人，或者至少是可以确定的某些人，如果非慈善信托在存续期内无法确定具体的受益人，则信托往往是无效的，但慈善信托不存在这个担忧。

2.信托期限的要求有所不同

大部分国家和地区对于非慈善信托都有明确的期限要求，有的是99年，有的是150年，只有极少数国家和地区允许永久期限的非慈善信托存在，但大部分国家或者地区，都允许慈善信托是永久期限的。

3.受托人资格的要求不同

非慈善信托的受托人，只要是双方协商一致，所有具有完全民事行为能力的自然人和法人都可以担任，并且在境外，在多个受托人的模式下，每一个受托人对于信托事务都有一票否决权，即管理信托事务，需要所有受托人协商一致，但慈善信托的受托人则有所不同。一方面，在受托人资格方面，由于涉及慈善目的，其比非慈善信托的受托人要求更为严格，有过不良记录的个人和法人，基本上不能担任慈善信托的受托人；另一方面，在管理慈善信托事务时，如果有多个受托人，其依据的原则是少数服从多数的原则，即多数受托人的决定和行动代表着全体受托人。

4.享受的税收优惠不同

对于非慈善信托的税务问题虽然各个国家规定不一，但大部分都会对此征收相关的税，比如，个人设立非慈善信托，在有遗产税或者赠与税的国家，都有可能被征收遗产税或者赠与税，而对于信托财产所取得的增值部分，也需要缴纳增值税或者资本利得税，而对于受益人取得的信托利益，也是需要进行个人所得税的纳税申报。但慈善信托则不同，其在全世界范围内都享有极大的税收优惠，甚至可以说，在全世界范围内，对于以任何形式从事任何慈善活动，几乎都有着非常优惠的税收政策，包括对于捐赠者的税收减免和抵扣，对于信托财产增值税的豁免，对于受益人获得的信托利益的所得税的减免等。

5.信托终止后剩余信托财产的归属不同

非慈善信托终止后，一般会依据信托文件的规定将剩余信托财产给予最后的权利人，包括委托人本人及其继承人、全体受益人或者部分受益人及其继承人，当然，也可以给其他非信托当事人，而且在特定情况下，比如信托被判无效，法院还可以判定一项归复信托的成立，从而即便在没有任何规定的情况下，剩余信托财产也能最终归还到委托人本人。而慈善信托则不同，委托人一旦捐赠了其财产，就意味着其彻底失去了信托财产的所有权，即便信托目的已经实现或者已经不能实现，信托财产也要捐赠给与原慈善目的近似的慈善机构，继续实现近似的慈善目的，不能够指定其他具体的人获得剩余信托财产，也不能成立一项归复信托，实际返还给委托人。

（二）慈善信托的类型

委托人要成立一项慈善信托，必须要满足3个条件：一是信托目的必须是慈善的，二是信托必须具有公共利益，三是信托必须具有彻底的慈善性。

从目的来说，慈善信托包括4种类型：

1.以救济贫困为目的的慈善信托

这个是唯一可以不必满足上述三个条件中的第二个条件的慈善信托。比如，信托目的仅是“帮助我的穷哥哥”则肯定会被认定为非慈善信托，但若信托目的是“帮助我的穷亲戚”，由于从范围上来说要比“穷哥哥”更宽泛，并且信托也满足另外两个条件，则很有可能会被法院认定为是慈善信托。

2.以促进教育为目的的慈善信托

以教育为目的的慈善信托必须要满足上述3个条件，尤其是公共利益。比如，仅以家族成员为捐赠对象的教育信托，只能被认定为非慈善信托，而只有受益人中包含并不具有血缘关系的其他人员，才能从形式上满足公共利益的要求，才有可能被法院认定是慈善信托。比如，一项信托的目的为“促进全民学习汉语”，其受益人就有可能包含委托人的家族成员，但由于目的具有社会普遍的公共利益特征，所以极有可能被法院认定为慈善信托。

3.以倡导宗教为目的的慈善信托

判定宗教活动是否具有社会公共利益，是判定此类信托是否为慈善信托的关键。比如，设定一项信托，用以支持在公共场合公开地举行宗教仪式，若此仪式允许社会公众参与，则通常会判定其是慈善信托，但若此仪式明确规定不允许社会公众参与，则通常不会被认定为慈善信托。

4.以惠及社会其他用途为目的的慈善信托

上述3个项目的都有比较明确的指向，而随着社会的发展，满足慈善信托3个基本条件的活动往往不止上述3个方面，因此有必要对其他有利于社会公共利益的活动进行适当的界定，并将符合条件的活动定义为慈善活动，将以这些活动为手段的信托定义为慈善信托。比如，设立一项信托，其目的是让第二次世界大战中流落他乡甚至是他国的所有英国老兵重回家乡，并得到妥善安置，虽然极有可能是面对少数人的活动，仍然会被认定为慈善信托；但如果该信托是为了让某个或者某几个具体的老兵回家，则该信托极有可能会被认定为非慈善信托。再比如，如果设立一项信托，其目的是修一座桥，而该桥是为了让所有需要的人通过，无论需要它的人是很多还是很少，都会被认定为是一项慈善信托，但若该桥只限定某些人能够通过，无论“某些人”有多少，都有可能会被认定为非慈善信托。

第三节　主要离岸信托设立地

对于中国居民来说，大部分境外信托设立地是一些低税甚至是免税的国家或地区，其中尤以一些离岸的小岛或金融中心为主，这些小岛或离岸中心普遍具有两个特点：第一，现在是或者曾经是英国的属地或殖民地，受英国法律法规的影响较大，对于信托制度的继承和发展都比较完善；第二，这些区域由于特殊的地理位置，难以构建完整的产业体系，只能依靠外资来发展本地经济，而为了吸引外资，一般都会在法律上规定非常低的税赋和非常便捷的注册及审批手续，并且有宽松、自由的法律环境等。

这些国家或地区包括但不限于：亚洲的中国香港、新加坡，欧洲的列支敦士登、瑞士、卢森堡、根西岛、泽西岛、马恩岛、马耳他，非洲的塞舌尔、毛里求斯，美洲的百慕大群岛、英属维尔京群岛、开曼群岛，澳洲的库克群岛、萨摩亚、新西兰等。

下面选择几个主要地区，作简要分析。

一、中国香港地区

香港是全球高度繁荣的国际大都会之一，全境由香港岛、九龙半岛、新界等三大区域组成，管辖陆地总面积1104.32平方千米，截至2014年年末，总人口约726.4万人，人口密度居全世界第三位。

1997年7月1日，中华人民共和国正式恢复对香港行使主权，设立香港特别行政区。香港被允许保留原有的经济模式、法律和社会制度，并可享受除外交及国防以外所有事务的高度自治权。

香港是继纽约、伦敦后的世界第三大金融中心，在世界享有极高声誉。

根据香港的法律规定，信托是私人的安排。因此，香港的信托无须进行登记，建立信托安排只需要财产授予人、受托人同意即可。在香港，对受托人的居住地没有要求，对受托人的身份也没有其他限制。

香港没有资本利得税，也不征收赠与税。因此，内地居民在香港建立信托持有内地资产，无须缴纳税款。然而，通过赠予或者出售转让香港房地产或者香港证券需要支付印花税。而持有香港资产的大陆信托可能会被征收此印花税。

二、泽西岛

泽西岛是英国三大皇家属地之一，地处英国群岛与欧洲大陆之中，位于诺曼底半岛外海20千米处的海面上，面积116.2平方千米，人口7.6万，是英吉利海峡靠近法国海岸线的海峡群岛里，面积与人口数都排第一位的一座。

根据泽西岛的法律，不要求注册信托文件。因此，在泽西岛建立信托只需要受托人签署相应的书面声明，而不需要财产授予人出面作为这个工具的参与方。

在信托中，所有来自泽西岛外部的收入都是免税的。此外，泽西岛不征收任何利得税、赠与税和继承税，对信托也不征收任何形式的资本税。然而，当泽西岛的居民收到来自信托的收入时，个人将需要缴纳泽西岛的所得税。

在泽西岛，财产授予人可以是受益人。在某些情况下，他们也可作为信托的共同受托人。财产授予人不能是信托的唯一受托人或信托的唯一受益人。

三、马恩岛

马恩岛，也是英国的三大皇家属地之一，位于英格兰与爱尔兰之间的海上岛屿。马恩岛是一个独立于英国的自治地区。它有自己的收入税、进口税和消费税。较低的公司赋税和个人税，以及不收取遗产税，使得该地区成为世界上有名的国际离岸商业中心。

在马恩岛建立信托没有登记或者维护的要求。需要的仅仅是对可辨认财产加以信托条款，这意味着只要财产转移给受托人，信托通常就能够被建立。然而，慈善信托需要在马恩岛总注册处进行登记，获得应税收入的信托应该在所得税部门进行登记，而涉及养老金计划的信托应该在保险及养老金管理局进行登记。

马恩岛的法律不要求受托人持牌或者在马恩岛注册作为信托合法的先决条件。此外，在马恩岛的法律体制下，也没有通用的规则禁止非居民受托人的存在。

非马恩岛的居民受托人和马恩岛的居民受托人都不需要就支付给非马恩岛受益人的非马恩岛来源的收入承担税收责任，但是他们可能会需要就马恩岛来源的收入进行缴税。当信托的受益人包括马恩岛居民时，也有可能需要支付税款。

四、马耳他

马耳他共和国是一个位于地中海中心的岛国，有“地中海心脏”之称，是英联邦和欧盟的成员国，是一个高度发达的资本主义国家。

马耳他的信托可以通过口头或其他协议进行创建。在马耳他建立信托，没有法定限制，没有手续，也没有登记的相关要求。这意味着信托的建立相对较为容易。

根据马耳他的《信托和受托人法》(于2004年进行了广泛的修订)，受托人可以是其管理的信托的一名受益人，前提是该信托还有其他受益人。但是，受托人无权从受益人的身份中赚取利润，并且应避免引起利益冲突的情况。

根据马耳他的法律，只能有两种类型的受托人：经过马耳他金融服务管理局授权的专业受托人和私人受托人，后者必须与财产授予人有关联，或者与财产授予人相熟10年以上。

虽然私人受托人不需要从马耳他金融服务管理局那里获得授权，但是需要使用存放公证处的服务，来保留他们管理的信托的记录。在其他司法管辖区的持牌受托人无须在马耳他获得额外的授权。他们所要做的只是在受托关系开始前至少45天的时间内通知马耳他金融服务局自己将在马耳他成为受托人。

马耳他《信托及受托人法》同样承认根据其他国家法律建立的信托。

五、列支敦士登

列支敦士登是欧洲中部的内陆袖珍国家，处于瑞士与奥地利两国之间，为世界上仅有的两个双重内陆国之一，全国只有西侧约1/3的国土位于平坦的河谷里，其余地区大都属于山地。列支敦士登国土总面积160.5平方千米，全国总人口约3.7万人。

列支敦士登作为金融离岸地之一，其商业实体的最大特点是有很大比例的法人实体在列士敦士登注册，但在国外运营，这些实体包括资产管理公司、信托、信托公司和基金会。

列支敦士登是欧洲大陆唯一主要采用了盎格鲁-撒克逊信托立法的大陆法系辖区。列支敦士登有成文的信托法，包含在《列支敦士登法人和公司法》内。

信托的设立需要在委托人及受托人间达成书面协议，或以委托人出具书面信托宣言再辅以受托人接受委托的书面声明。信托文件不必包含受益人的姓名。在列支敦士登设立信托通常不需要登记，只须将信托文件存储于公共注册处，其信息不会向公众开放。

列支敦士登法律允许已设立的信托做相关变更，但需要信托文件的明文规定，此外，还需要经过列支敦士登最高法院的法外程序。

六、英属维尔京群岛

英属维尔京群岛（The British Virgin Islands，BVI），位于大西洋和加勒比海之间，背风群岛的北端，距波多黎各东海岸100千米，与美属维尔京群岛毗邻。1493年哥伦布抵达该岛；1672年该岛被英国兼并，1872年成为英国殖民地背风群岛的一部分，受背风群岛总督管辖至1960年，现为英国属地。

BVI是英联邦成员国之一，是一个自治管理、通过独立立法会议立法的、政治稳定的英国属地。法律体系是参照英国普通法体系设立的，同时还引用了一些美国特拉华州公司法的条款，并以当地条例配合施行。由于国际商业公司法例简易明确，容易履行，在BVI注册公司深受国际社会欢迎。

BVI国际商业公司在全球所赚取的利润均无须向BVI政府缴税。BVI也没有任何外汇管制，对于任何货币的流通都没有限制。

BVI的信托适用于普通法，并且可以在信托中自主约定适用的法律及管辖法院，其设立时间最快，仅需2—3天，最低的成本为政府规定的200美元印花税，其他费用则需要依据信托的不同架构以及不同受托人等而订。其允许设立的信托最长期限一般为100年，个别的也可以有例外，比如，公益信托、允许永久存在等。

若信托的委托人和受益人均非BVI居民，则受益人取得信托财产或信托利益时，不需要缴纳任何BVI税负。

由于法律要求受托人对其相关公司的管理事务要进行监督与接入，为了解决委托人将股权设立信托后，委托人和受托人在管理公司股份上的困难，BVI于2003年通过了《BVI特殊信托法案》(简称“VISTA信托”)，即作为股东的信托委托人将其股份设立信托，同时公司及相关业务得以依照公司董事会认为适当的管理方式进行。

其核心价值在于：一方面，以法律的形式免除了受托人的监督与介入公司事务管理的义务，禁止受托人担任公司董事，并且不必对持有股份的后果承担责任；另一方面，未经董事会批准，受托人不得出售公司股份，非特殊事由(例如董事会陷入了僵局等)，受托人不得行使股份表决权或其他权利，从而介入公司业务的管理或执行。

设立VISTA信托必须具备3个条件：

其一，信托必须持有一家BVI商业公司的股份；

其二，VISTA信托的受托人必须是持有信托业务执照的专业信托公司，享有豁免的私人信托公司不能成为VISTA信托的受托人；

其三，信托契约必须载明适用VISTA法律，方可免除受托人的监督与介入义务。

七、百慕大

百慕大位于北大西洋，是自治的英国海外领地，联合国非殖民化委员会自1945年起将其列为全球16个非自治领地之一。

在百慕大，只要签署了信托文件并且财产授予人将资产转移给受托人后，信托就能够被建立。此外，在百慕大建立的信托不需要注册，除非信托中的资产包括百慕大的土地。

受托人也不需要是百慕大的居民，对受托人的身份也没有限制。然而，对那些计划在百慕大建立信托的中国人来说，至少应该有一名受托人是百慕大的居民，以确保在需要时百慕大的法院可以接受信托所属的司法管辖地。

在一般情况下，如果百慕大的受托人管理的信托持有非百慕大货币或者非百慕大房地产资产，他们无须缴税。根据2008年的百慕大印花税修正法案，拥有房地产或者当地货币在内的百慕大资产的信托需要缴纳印花税。

八、开曼群岛

开曼群岛是英国在西加勒比群岛的一块海外属地，是著名的离岸金融中心和“避税天堂”。

在开曼群岛建立信托没有具体的流程或者监管要求。只要财产授予人和受托人签署信托文件并且财产授予人将初始信托财产转移给受托人，信托就能够建立。在开曼群岛建立信托不要求当地居民作为受托人，对受托人的身份也没有任何限制。

开曼群岛没有直接税收，受托人、财产授予人和受益人都无须支付所得税、继承税和其他与信托收入相关的税收，无论他们是不是开曼群岛的居民。对大多数信托来说，唯一的费用是信托建立时需要支付约50

美元。为了进一步保护资产，信任可以被注册为“豁免信任”，这意味着在长达50年的时间里，开曼群岛实行的法律不会对信托中的任何资产或者收入征收任何收入或者资本利得税。在开曼群岛，只有不设受益人的信托可以被注册为豁免信托。

1997年，开曼群岛颁布了《特殊信托另类体系》（简称“STAR信托”）。与其他离岸司法管辖区的法律结构相比，开曼群岛的STAR信托具有很大的优势。STAR信托的一个特点是，如果委托人在设立信托时援引STAR法条，则STAR适用对象可以是为了人的信托，为了目的的信托，也可以是为了目的和人的混合信托。其他的司法管辖权的信托只能是为人设立或为目的设立，而不能同时为人和目的设立。STAR信托的该特点可以避免因信托是为人设立还是为目的设立而产生的诉讼，其具有的特征主要有：

（1）信托契约中必须载明适用STAR法令；

（2）可以指定受益人或不指定受益人，信托目的可以是慈善或非慈善目的；

（3）信托期限可无限期永续；

（4）信托企业内必须指定“执行人”；

（5）信托目的执行上有不确定或无法执行时，可申请法院裁决；

（6）受托人必须是开曼群岛取得信托业务执照的专业信托公司；

（7）STAR信托不可以拥有开曼群岛土地，但可以拥有开曼群岛的公司股权。

九、新西兰

新西兰是一个实行君主立宪制混合英国式议会民主制的国家，现为英联邦成员国之一，是一个高度发达的资本主义国家，世界银行将新西兰列为世界上最方便营商的国家之一。

在新西兰建立信托一般不需要注册，除非该信托拥有土地或者物业资产，在这种情况下，信托必须以书面形式进行记录。

对新西兰的受托人没有持牌要求，对新西兰信托拥有非居民受托人没有限制。不过，至少有一名受托人必须是新西兰的受托人。

2007年新西兰所得税法规定，在信托建立到最终分配之间，外资信托的财产授予人必须不是新西兰的居民。外资信托的受托人不需要就信托的海外收入缴税。但是，国内信托的受托人需要就其全球收入缴纳税款。

但值得我们注意的是，如果受益人是或者可能成为新西兰的居民，这不会影响外资信托税收中立的身份。在信托建立后，新西兰的法律同样允许财产授予人成为信托的受益人。

新西兰法律允许信托协议下拥有托管受托人及管理受托人。这种安排对中国的财产授予人是有利的，他们可以指定一个“仅仅负责执行”的托管信托人，根据中国内地的执行受托人给出的指令进行管理。鉴于财产授予人居住在新西兰以外的地区，该信托仍然可以被视为新西兰的外资信托，并且保留其在新西兰的税收中立地位。

十、库克群岛

库克群岛位于南太平洋上，是新西兰的自由结合区，1965年8月4日宪法生效，库克群岛实行内部完全自治，享有完全的立法权和行政权，同新西兰保持自由联系，防务和外交由新西兰协助。1989年，新西兰政府致函联合国，声明库克群岛有完全的宪法能力自主处理其对外关系和签署国际协定，希望国际社会将库克群岛作为主权国家对待。

外国人在库克群岛建立的信托基金必须进行登记，必须通过库克群岛持牌受托人公司进行外资信托登记的申请，在信托各方就信托的条款达成一致并且提供所有相关的信息后，相关注册流程通常需要一天的时间。注册一个信托的费用是200美元，每年注册续期的费用也相同。持牌受托人公司就注册信托收取的费用会根据每个受托人公司的费率而有所不同。

在库克群岛建立的外资信托应至少有一名受托人是库克群岛持牌受托人公司、库克群岛公司或者是在库克群岛注册的外资公司。只要根据上述受托人类型其中之一建立信托，对拥有非居民受托人没有相关的限制。

只要在库克群岛建立的外资信托继续保持外资信托的注册身份，该信托的任何外国受托人和所有其他各方都不需要缴纳任何形式的税收。如果库克群岛的居民从库克群岛的信托或者建立在其他地方的信托中获得收入，他们需要缴纳相关的税款。

十一、美国

在美国建立信托相对较为容易，只需要一个财产授予人、一个受托人和信托条款。在信托建立时，信托未必需要由财产授予人提供资金。在建立时，信托无须在任何办公室进行登记或者注册。

美国信托的受托人必须是美国居民。非美国居民只能与美国居民一起作为共同受托人。对拥有非居民受托人则没有限制。

美国的信托及其受益人的税项取决于信托是否被认为是美国信托还是外资信托，以及与信托有关的重要决定是否由美国的居民做出。美国信托需要就全球收入缴纳联邦所得税和州所得税。而外资信托只需要就来源于美国的收入缴纳联邦税。

就美国税收而言，仅仅当信托在美国建立，并且包括分配安排在内的重要决定由美国居民做出时（或者由已经申请美国永久居住权的个人做出，或者这个人在过去的3年中在美国居住至少183天，其中包括当年的31天），这个信托才会被认为是美国的信托。

除非一个人在所得税的意义上变成了美国居民，他或她无须就信托的非美国收入进行缴税。然而，只要他或她成为一个美国公民或居民，这个人将就其对信托的贡献进行缴税，不管他或她是否从信托中收到任何分配，也无论信托收入的来源。

对那些选择美国公民权的中国公民来说，他们可以通过确保对信托有关的决定拥有很少或根本没有实际控制权，来达到减少税收的目的。如果信任的结构允许财产授予人改变分配形式，控制投资并且有权撤换受托人，那么信托将被视为财产授予人的财产，并且征收相应的财产税。

那些保留中国国籍的人将就他们位于美国的信托支付最低的税款，但是当信托向美国居民或者公民进行分配时，将支付相应的税款。为了帮助信托的受益人避免收入或赠与税，信托的设置应该规定具体的财产将在未来的一个时间点分配给受益人，分配不超过3个阶段，或者信托的条款规定分配的收入可以来自信托以外的来源。

第四节　境内外私人信托的比较

随着我国经济的不断发展，居民的财富积累得也越来越多，大部分“富一代”“创一代”基本都已经或者即将面临退休，随之而来的就是如何将其前半生辛苦创造的财富，更好地传承给下一代，既要避免传承中的风险，也要尽量地减少传承中的成本，家族信托被普遍认为是实现此双重目的的非常重要的选择。

在实践中，有不少高净值家庭选择了从法治基础到业务模式都相对更为成熟的境外家族信托，而也有越来越多的高净值家庭选择了从服务机构到文化习俗都更为熟悉的境内家族信托。那么，境外家族信托和境内家族信托，到底有些什么样的区别？当高净值客户面临两种家族信托的对比时，该如何进行抉择？

本节将从法律基础、信托类型、适应法律、税收政策等20个方面进行全方位的对比分析，希望能够给读者带来一些启示。

总的来说，无论境外家族信托还是境内家族信托，既不会形成非此即彼的对立关系，也不会简单地实现“一加一大于二”的效果，而是要依据家庭的具体情况，进行有针对性的选择。简而言之，适合且可执行的，才是好的（见表4-1）。

表4-1　境内外私人信托的对比表

类别	境内信托	离岸信托
法理基础	公法大于私法的大陆法系	私人财产神圣不可侵犯的英美法系
信托类型	以集合信托为主，家族信托业务处于起步发展阶段	家族信托为主
适应法律	境内的法律法规（我国基于信托制度方面的法律法规还有待于进一步完善，目前以信托法及其他法规为主）	离岸地法律法规（各离岸地的法律法规虽然有所差异，但整体而言均比较成熟和稳定，很多地区既有信托法也有信托业法）
税收政策	信托财产的增值部分具有延迟纳税的功能	大部分离岸地均有免税或者低税的投资环境
争议解决	境内司法程序，较为方便	境外司法程序，较为复杂
配套措施	有待于进一步发展和完善	具有较为丰富的配套措施和投资产品
财产属性	集合信托财产不具有独立性，家族信托财产等同于转移，具有一定的独立性	实质的转移，独立性较好
成熟度	刚起步，很多细节处于摸索和完善阶段	数百年的历史，制度和模式更为成熟
资产形态	目前主要以无须登记的金融资产为主，其他类型资产受限于登记制度的缺失及税费成本较高的因素，短期难以装入信托	境外所有形态的资产，境内部分行业的股权及少部分的商业地产

续表

类别	境内信托	离岸信托
私密性	是境内私密性最好的，但可能会受到来自公权力的挑战	各离岸区域的司法制度非常完善且高度独立，私隐性极强
适应范围	资产大部分都集中在境内的中产以上家庭	有很大一部分资产在境外的超高净值家庭
信托种类	目前以资金信托为主，其他财产权信托处于不断摸索和创新的阶段	种类多样，既有资金信托，也有财产权信托、遗嘱信托、保险金信托等
受托人监管	国家及法律监管，容易分辨，并且由于地域的优势，更容易与受托人进行沟通和协调，也更容易防范受托人的各种风险	法律监督，由于地域和国情不同，识别和防范各种风险比较困难
从业人员	由于起步较晚，从业人员的数量和质量处于快速发展阶段	由于发展时间长，从业人员的数量和质量均有所保障，且稳定性较好
受托人资格	国内的信托公司属于金融机构，国家对于营业性信托的受托人资格有着比较严格的要求和限制	在境外的很多地方，信托公司并不是金融机构，只是开展一些受托业务，因此对信托公司基本没有太多的要求，也不会像对待金融机构一样对其进行管理
信托费用	费用较低，且以浮动的管理报酬为主	固定管理费用为主且较高，收费项目多
服务内容	境内信托服务包含既有整体的架构设计及原始的受托服务，也有全面的财富管理服务和家庭事务管理服务	以架构设计、受托服务为主，很少设计财富管理及家族事务管理
设立程序	较为简便，且信托文件为中文版本，容易理解	较为复杂，且信托文件均为英文版本，由此容易出现意思表述不一致的风险
资本管制	境内资本无限制	资本进出有管制
其他	由于是在自己的文化体系和法律制度下，信托当事人对境内家族信托更容易理解和把控，且在面对突发事件时，能比较便捷地对家族信托进行修改	由于具有不同的文化背景及法律环境，信托当事人要完全理解和把控境外家族信托及对其进行灵活修改和日常监督具有更大的难度

第五节　海牙信托公约

信托制度是普通法发展的产物，诞生于英国，并在美国及众多原/现英属地得到广泛的运用和发展。如今，大部分大陆法系国家也设立了信托制度，并使其成为当今社会不可或缺的一种财富管理制度。但是，随着国际信托活动的日益频繁，在法律适用方面，大陆法和普通法存在着一定的障碍甚至矛盾，并且尚有部分大陆法系国家并未承认信托制度，为了解决这一问题，并为各国间信托制度的完善和相互认可提供解决方案，《海牙信托公约》（以下简称《公约》）应运而生。

《海牙信托公约》共五章、三十二条，从运用范围、适用法律、信托承认、一般条款和最后条款等5个角度进行了阐述。

在第一章“运用范围”中，明确了信托的基本特点，即信托财产独立于受托人，并以受托人的名义拥有、管理、使用或处分等，以及具体的表现形式，即为自愿设定并以书面证明。

而第二章的“适用法律”，则明确了信托的意思自治原则和最密切联系原则。

《公约》第六条规定：“信托应依财产授予人所选择的法律。该项选择必须是明示的或默示地规定在设定或书面证明信托的文件的条款中，必要时，须根据案件的情况予以解释。”

《公约》第七条规定：“如适用的法律未经选择，信托应依与之有最密切联系的法律。确定与信托有最密切联系的法律时，特别应考虑：（一）财产授予人指定的信托管理地；（二）信托财产的所在地；（三）受托人的居住地或营业地；（四）信托的目的及其目的的实现地。”

同时，《公约》也明确所选择的法律对信托的管理事宜，包括以下10

个方面的内容，即：（一）受托人的委派、辞职或撤换，作为受托人的行为能力，受托人职责的转移；（二）受托人相互间的权利和义务；（三）受托人将其义务的履行或权力行使全部或部分地委托给他人的权利；（四）受托人管理或处分信托财产、在信托财产上设定担保利益或取得新的财产的权力；（五）受托人进行投资的权力；（六）对信托存续时间以及积累信托收益的权力的限制；（七）包括受托人对受益人的个人责任在内的受托人和受益人之间的关系；（八）信托的变更和终止；（九）信托财产的分配；（十）受托人报告管理情况的义务。

《公约》的第三章就信托的承认方面做了具体的规定，既包括信托有效性的承认，也包括信托财产独立性的承认等。

《公约》的第四章就信托的一般条款做了说明。这些一般条款包括公约在各缔约国法律中的适用，包括：（一）对未成年人和无行为能力人的保护；（二）婚姻及于身份和财产的效力；（三）遗嘱继承或无遗嘱继承中的继承权，特别是配偶或亲属的不得取消的份额；（四）财产所有权和设定在财产上的担保利益的转移；（五）在破产事件中对债权人的保护；（六）在其他方面对善意第三人的保护。同时，也明确了各缔约国所享有的部分“保留”权利，即缔约国可以申明对部分条款的不适用原则。

《公约》的最后一部分对信托的一般性争议解决及生效做了说明。

通读整部《公约》，可以看出，《海牙信托公约》的诞生，具有重要的意义。对于没有信托制度的国家来说，该公约为其认识信托制度提供了机会，为其处理国际信托事务提供了指导，为其适用信托冲突法规则提供了方法论上的创新；对于有信托制度的国家来说，该公约有利于信托制度的承认和信托冲突法规则的统一。而该《公约》对于完善我国信托法律适用制度的启示则是，既为我国制定信托冲突法规则提供了立法蓝本，也为我国加强与世界其他国家的信托事务方面的国际合作提供了契机。

当然也必须看到，尽管《公约》具有非常重要的作用，但也存在着一些不足，比如，由于其过于讲究原则性和概括性的规定，导致各缔约国法院的认定和判罚存在一些差异，同时由于对某些问题保持缄默，导致各缔约国的自由裁量空间过大，而且由于目前的缔约国较少，所以《公约》的影响力还比较小，在处理国际信托事务方面，尚有潜力可挖。

Chapter 5 第五章 慈善信托

第一节 概 述

一、慈善信托的概念与特征

（一）慈善信托的概念

1. 慈善信托的定义

《慈善法》第四十四条规定："本法所称慈善信托属于公益信托，是指委托人基于慈善目的，依法将其财产委托给受托人，由受托人按照委托人意愿以受托人名义进行管理和处分，开展慈善活动的行为。"《信托法》没有对公益信托进行定义，仅于第六十条规定，为了公共利益目的而设立的信托，属于公益信托。

概言之，慈善信托是指通过信托的形式开展慈善活动。具体而言，委托人将信托财产放到信托中，委托人交付的信托财产以及受托人对信托财产管理产生的收益全部用于慈善活动。

2. 慈善目的

《信托法》第六十条规定的公益利益目的，主要包括：（1）救济贫困；（2）救助灾民；（3）扶助残疾人；（4）发展教育、科技、文化、艺术、体育事业；（5）发展医疗卫生事业；（6）发展环境保护事业，维护生态环境；（7）发展其他社会公益事业。

《慈善法》第三条规定："本法所称慈善活动，是指自然人、法人和其他组织以捐赠财产或者提供服务等方式，自愿开展的下列公益活动：（1）扶贫、济困；（2）扶老、救孤、恤病、助残、优抚；（3）救助自然灾害、事故灾难和公共卫生事件等突发事件造成的损害；（4）促进教育、科学、文化、卫生、体育等事业的发展；（5）防治污染和其他公害，保护和改善生态环境；（6）符合本法规定的其他公益活动。"

可以看出，《信托法》和《慈善法》对于慈善目的均采取了广义的界定，不仅包含扶贫、扶老、济困、救灾等直接救助层面的慈善行为，也包括科教文卫以及环境保护等社会公众利益层面的公益活动。此外，都有一个兜底性条款，目的是能够适应社会的发展，可以将出现的新型公益事业类型纳入慈善范围之中。

在实践操作中，关于慈善目的的表述可以是概括性的，例如，为了公益事业；也可以是指向性的，例如，为了保护和改善生态环境、扶贫济困等。但是，在概括性地表述慈善目的时，需要受托人在具体运用信托财产时，在《慈善法》规定的6项法定公益事业范围内确定具体运用领域和运用比例。

（二）慈善信托的法律依据

《慈善法》是慈善信托直接的法律依据，《慈善法》第五十条规定，该法未规定的，适用《信托法》的有关规定。因此，《信托法》也是慈善信托的法律依据。《慈善法》明确了慈善信托受托人可以是慈善组织或信托公司，采用备案制，主管机关为民政部门，可以根据需要设立监察人等。这些具体要求的明确，提高了慈善信托的可操作性，为慈善信托的发展提供了制度保障。

2016年8月25日，民政部、中国银行业监督管理委员会联合发布《关于做好慈善信托备案有关工作的通知》(民发〔2016〕151号)。该通知对备案管辖机关、备案文件材料和程序要求、职责划分及信息公开做出了明确限定，使《慈善法》中关于慈善信托备案的相关要求进一步细化，为慈善信托的具体备案和操作提供了政策依据。

2017年7月31日，为贯彻落实党中央决策部署，规范慈善信托，保护慈善信托当事人的合法权益，促进慈善事业发展，银监会、民政部联合印发《慈善信托管理办法》(银监发〔2017〕37号)。《慈善信托管理办法》包含“总则”“慈善信托的设立”“慈善信托的备案”“慈善信托财产的管理和处分”“慈善信托的变更和终止”“促进措施”“监督管理和信息公开”“法律责任”和“附则”9个方面的内容。根据《慈善信托管理办法》，银行业监督管理机构负责信托公司慈善信托业务和商业银行慈善信托账户资金保管业务的监督管理工作，县级以上人民政府民政部门负责慈善信托备案和相关监督管理工作。

除此以外，一些地方民政部门出台了相关文件，对当地的慈善信托予以规范。例如，2016年9月21日，北京市民政局发布《北京市慈善信托管理办法》，对其辖区内慈善信托的备案、财产管理、变更与终止、信息公开和监督管理进行了明确。2017年12月2日，江苏省人大常委会审议通过《江苏省慈善条例》，12月7日，江苏省民政厅发布《江苏省慈善信托备案管理实施办法》，为探索推进更透明、更具公信力的慈善事业强化了运作机制，提供了法律支撑。

（三）慈善信托特征

1.信托目的的公益性

信托目的是委托人设立信托所欲达成的目的，是信托最为核心的构成要素之一。慈善信托必须以公共利益为目的，所有的信托财产都要用于此公益目的，满足完全公益性的要求。信托目的的公益性是慈善信托区别于一般的以特定人的利益为目的的私益信托的主要特征。

2.受益人不特定性

信托是为受益人的利益而设立的，因此，任何一项信托都必须要有受益人。我国《信托法》第十一条第五项规定，"受益人或受益人范围不能确定的，信托无效。"因此，设立信托，需要可以确定的受益人，这是《信托法》的一个基本条件。但是，《信托法》也规定了一个例外，即公益信托不能有确定的受益人。原因在于，公益信托是为了公共利益而设立的，如果设立时就有确定的受益人，就不是公益信托。慈善信托属于公益信托，慈善信托也不能有特定的受益人，因此，受益人不特定性是慈善信托的特征之一。

3.设立和运作上的特殊性

慈善信托因为涉及公共利益，因而其设立和运作都有严于私益信托的监管体系。我国《慈善法》第四十五条规定："设立慈善信托应当采取书面形式。受托人应当在慈善信托文件签订之日起七日内，将相关文件向受托人所在地县级以上人民政府民政部门备案。未按照前款规定将相关文件报民政部门备案的，不享受税收优惠。"可以看出，与之前《信托法》第六十二条规定的，设立公益信托应当经有关公益事业的管理机构批准不同，《慈善法》对慈善信托的设立采用了备案制，但仍体现出慈善信托设立上与私益信托的不同。

在慈善信托财产的管理和处分上，慈善信托财产及其收益应当全部用于慈善目的；资金信托应当委托商业银行担任保管人，并且依法开立慈善信托资金专户；委托人和信托公司未有约定时，慈善信托财产可以运用于银行存款、政府债券、中央银行票据、金融债券和货币市场基金等低风险资产。这些都属于法律对于慈善信托运作做出的特殊规定。

4. 变更和终止上的特殊性

私益信托的变更被限定于信托财产管理方法的变更（《信托法》第二十一条）、受托人的变更（第三十八条）以及特殊情形下受益人的变更（第五十一条）。慈善信托由于其目的的特殊性，则在允许变更的范围更广，可以增加新的委托人，增加信托财产，变更受益人范围及选定程序和方法以及民政部和银监会规定的其他情形（《慈善信托管理办法》第三十八条）。此外，慈善信托的受托人不得自行辞任，除信托文件另有规定的除外（《慈善信托管理办法》第三十九条）。

慈善信托终止时，慈善信托财产的处置适用“近似原则”，即没有信托财产权利归属人的，受托人应当将信托财产用于与原慈善目的近似的目的（《慈善信托管理办法》第四十三条）。私益信托中不存在近似原则的适用。此外，慈善信托终止时，受托人应当将相关情况向备案的民政部门报告。

5. 享受税收上的优惠

慈善信托是为了公益目的而设立的，其实施有利于社会的发展和进步。因此，各国通常对慈善信托给予税收方面的优惠措施，以鼓励慈善信托的发展。我国《信托法》第六十一条规定，国家鼓励公益信托的发展；《慈善法》第四十五条第二款规定，慈善信托在民政部门备案的，享受税收优惠；《慈善信托管理办法》第四十四条规定，慈善信托的委托人、受托人和受益人按照国家有关规定享受税收优惠。虽然我国有关慈善信托的具体税收优惠措施，目前尚无出台，法律已明确慈善信托可以享受税收优惠，因此，享受税收上优惠也应当被视为慈善信托的特征之一。

二、慈善信托与相关概念

（一）慈善信托与营业信托

1. 信托目的不同

慈善信托以公益事业为目的，营业信托以私人利益为目的，这是两者最大的不同。我国《信托法》第三条规定："本法适用于在境内进行的民事、营业和公益信托活动。"这表明，民事信托、营业信托和公益信托是在法律层面并列的信托类型。营业信托是指信托公司和其他经营信托业务的机构担任受托人开展的信托业务，从信托目的来看，属于私益信托。民事信托也属于私益信托。

2. 受托人不同

《信托法》第二十四条规定："受托人应当是具有完全民事行为能力的自然人、法人，法律、行政法规对受托人的条件另有规定的，从其规定。"《慈善法》第四十六条规定，慈善信托的受托人，可以由委托人确定其信赖的慈善组织或者信托公司担任。我国对营业信托机构采取准入制度，未经银监会、证监会批准，任何法人机构一律不得以各种形式从事营业性信托活动，任何自然人一律不得以任何名义从事各种形式的营业性信托活动。银监会制定的《信托公司管理办法》第七条规定，设立信托公司应当经银监会批准，并领取金融许可证。因此，我国目前营业信托的受托人是信托公司和证券投资基金管理公司。

3. 受益人不同

慈善信托的受益人是不特定的社会公众；营业信托的受益人由委托人指定，并且需要是确定或可以确定的。并且，不同的监管文件可能对于受益人作出特定要求，例如，《信托公司集合资金信托计划管理办法》第五条要求，信托公司设立信托计划，参与信托计划的委托人为唯一受益人。

4. 监管机制不同

慈善信托的法律依据是《慈善法》和《信托法》，在信托公司担任受托人，开展慈善信托时，除了要根据《信托公司管理办法》受银保监会监管外，还要遵循民政部门的相关规定。营业信托的主要依据是《信托法》《信托公司集合资金信托计划管理办法》《信托公司管理办法》《证券投资基金法》等，信托机构分别受银保监会和证监会监管。因此，慈善信托和营业信托的监管机制也有所不同（见表5-1）。

表5-1　慈善信托与营业信托的对比

	慈善信托	营业信托
法律依据	《慈善法》《信托法》	《信托法》《集合资金信托计划管理办法》《证券投资基金法》等
信托目的	公益目的	私益目的
受托人	信托公司 / 慈善组织	信托公司、证券投资基金管理公司
受益人	不特定社会公众	委托人指定
信托文件	可以量身定制	有固定格式条款
监管部门	银监会、民政部	银监会

（二）慈善信托与慈善捐赠

1. 两者的不同之处

（1）制度设计不同。慈善信托是信托的一种类型，其制度设计与信托相同，法律关系中包括委托人、受托人和受益人三方当事人，其中受益人在信托设立时是不确定的。在特殊情形下，还可以聘请信托监察人。《慈善法》第三十四条规定，慈善捐赠是指自然人、法人和其他组织基于慈善目的，自愿、无偿赠与财产的活动。第三十五条规定，捐赠人可以通过慈善组织捐赠，也可以直接向受益人捐赠。可以看出，慈善捐赠的当事人包括捐赠人和受赠人，其中捐赠人可以是自然人、法人或其他组织，受赠人可以是慈善组织，也可以是受益人，但只涉及两方当事人。从法律性质上看，慈善捐赠属于一种特殊的赠与合同关系，与信托有本质上的不同。

（2）财产的独立性不同。在慈善信托中，财产的所有权虽然也从委托人转移至受托人，但是受托人不享有信托财产的收益权，也不享有信托财产的所有权，信托财产是完全独立的财产。当信托财产为资金时，受托人需要开设慈善信托资金专用账户，对信托资金进行保管，以保证其独立于受托人的固有财产和其他信托财产。同时，信托财产也独立于委托人未设立信托的其他财产。在慈善捐赠中，捐赠人在将财产捐赠给受赠人以后，受赠人将拥有该财产的所有权，捐赠人捐赠的财产将与受赠人的财产、其他捐赠人的财产混合在一起。因此，慈善信托财产具有独立性，故也具有风险隔离的功能，即便受托人出现破产清算等极端状况，信托财产也不被会被用来偿还债务。

（3）当事人的权利不同。根据《慈善法》第四十七条规定，慈善信托的受托人违反信托义务或者难以履行职责的，委托人可以变更受托人。然而，在慈善捐赠中，捐赠人虽然能在捐赠之前与受赠人约定慈善财产的数量、用途和交付时间等。但是在捐赠行为发生后，捐赠人不能因为受赠人未遵守约定而变更受赠人，只能依据相关规定采取救济措施。例如，《慈善法》第四十二条规定，若慈善组织违反捐赠协议约定的，捐赠人有权要求其改正，若不改正的，捐赠人可以向民政部门投诉、举报或者向人民法院提起诉讼。

2. 慈善信托的优势

慈善信托是慈善事业的新型方式和重要载体，具有安全、灵活、透明、高效、持久的优势。与慈善捐赠相比，慈善信托具有以下优势（见表5-2）。

表 5-2　　慈善信托与慈善捐赠比较

相关因素	慈善信托	慈善捐赠
法律关系与地位	信托——委托人	赠与（合同）——捐赠人
设立形式	书面	书面或口头
财产独立性	慈善信托财产完全独立	捐赠财产是受赠人的财产
委托人权利	委托人权利较大，可以变更受托人、设立监察人，并要求受托人向其报告信托事务的处理情况	捐赠人有监督权和查询权
持续性	信托具有持续性，一笔资金可以设立持续 10 年或者 20 年的慈善信托，持续开展慈善活动	捐赠是一次性的行为，通常一次捐赠完成即终结
慈善活动开展	根据委托人的意愿，开展慈善活动，委托人参与程度强	通常按照慈善组织的意愿开展，捐赠人参与程度弱
设立成本	设立成本低，全部资金用于慈善	成本较高
信息透明程度	有严格的信息披露要求，还可以设立监察人，监督资金的使用	信息披露程度低，不透明，违反监督机制
税收优惠	备案后可以享受税收优惠	有明确的税收优惠

（1）财产独立。从委托人角度来看，慈善信托财产与委托人的其他财产相互隔离。慈善财产交付信托后，不再是委托人自己的财产，即使委托人破产清算，信托财产也不受影响。

从受托人角度来看，慈善信托财产与受托人的固有财产相互隔离，也与受托人管理的其他信托财产互相独立，可以最大限度地保障信托财产的安全。

（2）结构灵活。资金、股权、不动产等各类财产都可以设立慈善信托；慈善信托的规模、期限、决策机制及委托人的参与程度都可以灵活约定。

资金使用灵活，与公募基金会每年有 70% 的支出比例下限规定相比，慈善信托每年财产支出没有严格的比例限制，可以根据委托人的意愿以及慈善项目的实际需求支出。

（3）设立简便与高效。慈善信托是一种契约关系，慈善信托设立不受资金门槛的限制，也无需运营场地及专职人员等配套设施，委托人与受托人签订合同并在民政部门备案完毕后，慈善信托即宣告成立。

慈善信托受托人或其自主选择的投资管理人，可以对慈善资金进行专业化管理，实现保值增值，有助于提高慈善财产的运作效率。

（4）运作透明。利用信托架构，通过资金保管人、监察人、信息披露等制度规定，为慈善财产使用引入多重外部监管，可以消除传统慈善捐赠中的捐赠人与慈善组织、受益人之间的信息不对称问题。受托人按照委托人意愿管理和使用慈善财产，当受托人违反约定损害委托人和受益人利益时，委托人有更多的救济措施，包括撤销信托、更换受托人等，能够更好地保护委托人的利益。

（5）实现传承。慈善信托可与家族信托结合，共同实现物质财富和精神财富的延续。许多企业家不仅注重传承自己家族的财富，同时也注重对后代人生观、价值观的塑造。在家族信托中嵌入慈善信托，可以在财富传承过程中传承整个家族的慈善精神，跨越委托人的生命周期，将其慈善精神以更有生命力的模式实现传承。

（三）慈善信托与公益信托

《慈善法》第四十四条规定："本法所称慈善信托属于公益信托，是指委托人基于慈善目的，依法将其财产委托给受托人，由受托人按照委托人意愿以受托人名义进行管理和处分，开展慈善活动的行为。"

基于此，慈善信托属于公益信托，也应当适用《信托法》的相关规定，但根据"新法优于旧法"的原则，《慈善法》与《信托法》规定不一致的地方，以《慈善法》规定为准。慈善信托与公益信托主要存在以下几点差别：

1. 适用法律不同

公益信托和慈善信托各自所适用的法律依据有所不同。公益信托制度主要由《信托法》规定，而慈善信托则需要同时遵循《信托法》和《慈善法》。按照法律适用的一般原则，同一位阶的法律，新法优于旧法，特别法优于一般法。慈善信托和公益信托重合的部分，主要适用慈善法。

2. 慈善信托和公益信托的目的范围不同

我国法律明确了慈善活动属于公益活动，但不是任何公益活动都是慈善活动，而且慈善信托属于公益信托，两者不能简单等同。目的范围的不同取决于慈善活动和公益活动的差别。慈善活动强调民间性，而公益活动还包括非民间性的活动，故后者较前者范围略广。

3. 受托人的范围不同

慈善信托和公益信托的受托人和委托人等当事人不同。按照我国《信托法》的规定，公益信托受托人应当是具有完全民事行为能力的自然人、法人。而我国《慈善法》对慈善信托受托人范围有更严格的规定，只有委托人信赖的慈善组织或信托公司才可以担任慈善信托受托人。另外，公益信托受托人的确定需要经过公益事业管理机构的批准，而慈善信托受托人可以由委托人自行选择。

4. 设立生效条件不同

公益信托的设立在我国采用的是审批制度，只有得到有关公益事业管理机构的批准才能够获得认可，但是《信托法》没有明确规定公益事业管理机构是哪个部门。为了鼓励我国公益慈善事业的发展，《慈善法》适当降低了慈善信托的设立门槛，规定慈善信托只需要到民政部门备案即可。该规定不但将慈善信托的设立明确为事后备案制，还同时明确了负责部门为民政部门，以解决当初公益信托发展中遇到的问题。

5. 变更受托人的主体不同

公益信托的变更主体是公益事业管理机构，而不是委托人或受益人，即只能由公益事业管理机构决定是否需要变更。慈善信托的变更主体是委托人，在符合《慈善法》第四十七条情形出现时，委托人可以变更受托人，不需要经过主管机关的批准。

6.设置信托监察人的规定不同

《信托法》中规定公益信托必须设置信托监察人，而《慈善法》规定慈善信托的委托人可以根据需要，自主选择是否设置信托监察人。

（四）慈善信托和基金会的主要区别

1.法律形式不同

基金会是拥有自己名称、住所以及必要财产的实体组织，拥有理事会、监事会等法人治理结构。慈善信托则是一种法律关系。

2.设立门槛不同

基金会的设立在资金等方面有法定门槛，例如，地方性非公募基金会的原始基金不得低于200万元，而且必须具备专门的办公场所和工作人员，内部治理结构方面也有专门的规定。而慈善信托的设立较为简单，没有法定的资金门槛，当事人双方协商一致即可，办公场所、工作人员和治理机构等法律也没有强制性要求，凭信托文件向民政部门备案后成立，设立成本相对较低。

3.财产管理规定不同

基金会的财产管理运用有较多限制。根据现行的《基金会管理条例》，公募基金会每年用于从事章程规定的公益事业支出，不得低于上一年总收入的70%；非公募基金会每年用于从事章程规定的公益事业支出，不得低于上一年基金余额的8%。基金会工作人员工资福利和行政办公支出不得超过当年总支出的10%。慈善信托的财产使用则较为灵活，受托人报酬和慈善活动支出都由委托人和受托人约定即可，除此之外，并无特别限制。

第二节　慈善信托设立实务

一、慈善信托的设立

慈善信托设立是委托人为了实现特定的慈善目的，选定受托人，经双方沟通协商，确定交易结构，签署信托文件，使慈善信托得以成立的过程。慈善信托的设立是慈善信托法律关系的开始，是指依照法律的规定，在信托当事人之间形成有效的信托关系。因此，本节分别介绍慈善信托设立的条件和设立流程。

（一）慈善信托设立的条件

信托的基本要素包括信托当事人、信托财产、信托行为和信托目的，因此，慈善信托的设立条件，也需要围绕信托的4个基本要素展开。

1.慈善信托当事人

信托由委托人、受托人和受益人三方当事人组成，这是信托的法律构成要素。慈善信托的特殊性在于，慈善信托的受益人是不特定的。此外，除了委托人和受托人之外，慈善信托可以聘请信托监察人，并且慈善信托资金需要由商业银行保管。因此，下文在分别介绍慈善信托的委托人、受托人和受益人后，也对于慈善的其他参与方进行介绍。

（1）委托人。慈善信托的委托人应当是具有完全民事行为能力的自然人、法人和依法成立的其他组织。这与一般的信托的委托人一致。也就是说，无论是自然人、法人还是其他组织，都可以作为委托人发起设立慈善信托。

一个委托人可以设立慈善信托，也可以由多个委托人共同发起设立慈善信托，例如，多个自然人和一个基金会共同作为委托人，设立一个慈善信托；再比如，一个公司、一个基金会和一个合伙企业，共同发起设立慈善信托。

《慈善信托管理办法》第三十八条规定，根据信托文件约定或者经原委托人同意，可以增加新的委托人。这表明，慈善信托成立后，如果一个自然人或机构认可该慈善信托的慈善目的和交易结构，可以作为新的委托人，加入已经成立的慈善信托，该慈善信托的委托人增加。

（2）受托人。《慈善法》第四十六条规定，慈善信托的受托人，可以由委托人确定其信赖的慈善组织或者信托公司担任。《慈善信托管理办法》第九条有同样规定。这表明，我国法律对于慈善信托的受托人进行了限制性规定，只有信托公司和慈善组织可以担任。

目前，经原中国银监会批准开展信托业务的信托公司仅有68家，多数信托公对于慈善信托持积极态度并积极尝试。《慈善法》实施后至2018年4月20日，已有31家信托公司作为受托人开展慈善信托业务。根据“慈善中国”的统计数据，截至2018年4月20日，经民政部门认定的慈善组织有3979家，其中具有公开募捐资格的慈善组织有1046家，已担任慈善信托受托人的慈善组织（含与信托公司共同担任受托人）有10家，占慈善组织的比例较低。其原因可能在于：第一，慈善组织对于信托并不熟悉，需要一个了解和熟悉的过程；第二，慈善组织在商业银行独立开立慈善信托专户目前还有一定的障碍。

我国《信托法》第三十一条第一款规定，同一信托的受托人有两个以上的，为共同受托人。慈善信托也可以采用共同受托人模式，实践中通常是信托公司和慈善组织共同担任受托人，这种模式有助于发挥各自优势，解决信托资金专户开立问题，更好地开展慈善信托。《慈善信托管理办法》第十七条规定：“同一慈善信托有两个或两个以上的受托人时，委托人应当确定其中一个承担主要受托管理责任并按照本章规定进行备案。”这表明，慈善信托共同受托人（或称为“双受托人”）得到认可，并且如何备案也得以明确。

根据《慈善信托管理办法》第三十九条的规定，慈善信托的受托人不得自行辞任，信托文件另有约定的除外。这属于考虑到慈善信托目的的特殊性，法律进行的特殊规定。在一般的信托中，信托设立后，经委托人和受益人同意，受托人可以辞任。

（3）受益人。慈善信托不可以有确定的受益人，这是慈善信托与私益信托的最大区别之一。受益人或受益人范围可以确定是私益信托的生效要件，但是没有确定的受益人是慈善信托成立的必要条件之一。

《慈善信托管理办法》第十条规定，慈善信托的委托人不得指定或变相指定与委托人或受托人具有利害关系的人作为受益人。这主要考虑到慈善信托是为了公益事业设立的，慈善信托还可以享受税收优惠，信托设立时有确定的受益人或指定受益人，可能存在利益输送，影响慈善目的的实现。

然而，慈善信托财产最终需要运用于公益慈善事业，因此，《慈善信托管理办法》第十四条明确，信托文件中应当载明受益人范围及选定的程序和方法、受益人取得信托利益的形式和方法。这表明，慈善信托中受益人的选择需要由委托人和受托人协商确定，并且需要在信托文件中予以明确。

（4）其他参与人。

①信托监察人：《慈善法》第四十九条规定，慈善信托的委托人根据需要，可以确定信托监察人。这是与《信托法》关于信托监察人规定的不同之处。《信托法》第六十四条第一款规定，公益信托应当设置信托监察人。《慈善信托管理办法》第十一条规定，慈善信托的委托人根据需要可以确定监察人。监察人对受托人的行为进行监督，依法维护委托人和受益人的权益。监察人发现受托人违反信托义务或者难以履行职责的，应当向委托人报告，并有权以自己的名义向人民法院提起诉讼。可以发现，信托监察人既是慈善信托委托人和受益人的代表，又是对受托人进

行监督的人，其存在是为了保护受益人的利益，促进慈善信托的目的实现。慈善信托监察人由委托人指定，可以是个人或机构。慈善信托设置监察人的，应当签署信托监察服务协议，明确各方的权利和义务。

②资金保管机构：《慈善信托管理办法》第二十八条规定，对于资金信托，应当委托商业银行担任保管人，并依法开立慈善信托资金专户。第十八条也规定，慈善信托受托人向民政部门申请备案，应当提交开立慈善信托专用资金账户证明、商业银行资金保管协议。因此，商业银行作为资金保管机构是慈善信托参与方之一。资金保管机构的引入，是为了进一步强调慈善信托财产的独立性，确保慈善信托财产独立于受托人的其他财产，确保慈善目的可以实现。

③慈善项目执行人：当信托公司担任受托人时，由于信托公司并不具备开展慈善活动的经验，可能会委托人基金会等专业公益机构担任慈善项目执行人或执行顾问。《信托法》第三十条规定，受托人应当自行处理信托事务，但信托文件另有规定或者有不得已事由的，可以委托人他人代为处理。《慈善信托管理办法》第二十九条规定，受托人依法将此信托事务委托他人代理的，应当对他人处理慈善信托事务的行为承担责任；受托人因依法将慈善信托事务委托他人代理而向他人支付的报酬，在其信托报酬中列支。可以看出，信托公司可以委托他人担任慈善项目执行人，但最终责任和相关费用都需要受托人承担。

④投资管理人或投资顾问：慈善信托受托人可以委托具有资产管理能力的机构担任投资管理人或投资顾问，根据信托合同中确定的投资宗旨及原则，对信托财产进行投资或者提供投资建议。在慈善组织担任受托人并且不具备专业的投资管理能力时，可以引入投资管理人或投资管理顾问，以满足委托人对慈善信托财产增值保值的需求。如果受托人具备专业的投资管理能力或者对慈善信托财产没有增值保值的需求，则不需要投资管理人或投资管理顾问（见图5-1）。

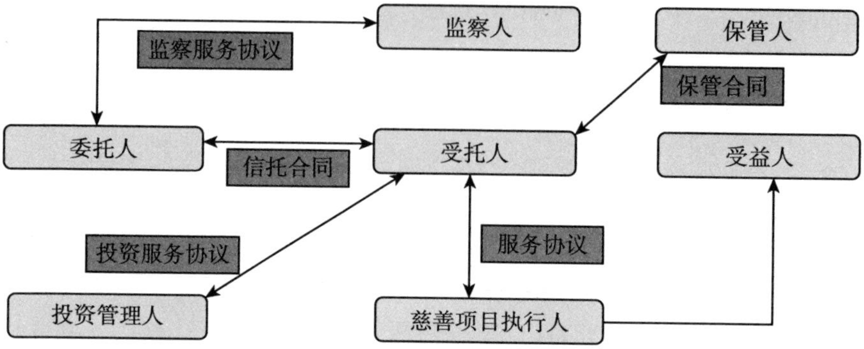

图5–1　慈善信托当事人及其他参与方的关系图

资料来源：ChPBCLUB中国私人银行家俱乐部。

2.慈善信托财产

信托是一种以转移和管理财产为目的的制度安排，信托财产是其载体，因此，信托财产是信托的核心要素。《慈善信托管理办法》第十二条规定，设立慈善信托，必须有确定的信托财产，并且该信托财产必须是委托人合法所有的财产。前款所称财产包括合法的财产权利。《北京市慈善信托管理办法》第十条规定，慈善信托财产包括货币、实物、房屋、有价证券、股权、知识产权等有形和无形财产。从理论上看，只要委托人合法所有的任何类型的财产，都可以作为信托财产，设立慈善信托。但从实践来看，资金是信托财产的主要类型。因为其他类型财产作为信托财产可能存在法律或税收上的障碍。资金作为慈善信托财产和非资金作为慈善信托财产的主要区别在于，受托人对信托财产的管理方式不同。并且，以资金作为信托财产时，应当委托商业银行担任保管人，并依法开立慈善信托资金专户；备案时要提交慈善信托专用资金账户证明、商业银行资金保管协议。非资金信托的当事人可以委托人第三方进行保管，但并非必须，并且备案时也不需要提交相应的证明。目前在实践中，除了资金外，也有以股权作为信托财产设立的慈善信托。

慈善信托文件应当载明信托财产的范围、种类、状况和管理方法。慈善信托成立后，受托人向民政部门申请备案时，还应当提交信托财产交付的证明材料（复印件）。慈善信托存续过程中，根据信托文件约定或经原委托人同意，增加信托财产的，属于慈善信托的变更，受托人应当将变更情况报原备案的民政部门重新备案。

3. 慈善信托合同

信托行为是设立信托的行为，《信托法》第八条规定，设立信托，应当采取书面形式。书面形式包括信托合同、遗嘱或者法律、行政法规规定的其他书面文件。《慈善信托管理办法》第十三条规定，设立慈善信托、确定受托人和监察人，应当采取书面形式。书面形式包括信托合同、遗嘱或者法律、行政法规规定的其他书面文件。这表明，设立慈善信托和设立一般信托相同，可以采取合同、遗嘱和其他书面形式。但从实践看，主要是通过合同的形式设立慈善信托。

《慈善信托管理办法》第十四条规定了慈善信托文件应当载明的事项，实际上就是慈善信托合同应当包括的主要条款，主要包括：慈善信托名称；慈善信托目的；委托人、受托人的姓名或者名称、住所，如设置监察人，监察人的姓名或者名称、住所；受益人范围及选定的程序和方法；信托财产的范围、种类、状况和管理方法；年度慈善支出的比例或数额；信息披露的内容和方式；受益人取得信托利益的形式和方法；信托报酬收取标准和方法。除前款所列事项外，可以载明信托期限、新受托人的选任方式、信托终止事由、争议解决方式等事项。

4. 慈善信托目的

慈善信托目的是委托人设立信托所欲达成的目的，是不可或缺的构成要素之一。《慈善信托管理办法》第七条规定，设立慈善信托，必须有合法的慈善信托目的：扶贫、济困；扶老、救孤、恤病、助残、优抚；救助自然灾害、事故灾难和公共卫生事件等突发事件造成的损害；促进教育、科学、文化、卫生、体育等事业的发展；防治污染和其他公害，保护和改善生态环境；符合《慈善法》规定的其他公益活动。开展慈善信托，应当遵循合法、自愿、诚信的原则，不得违背社会公德、危害国家安全、损害社会公共利益和他人合法权益。

委托人设立慈善信托时，与受托人沟通确定慈善目的，引入信托监察人和资金保管人，以及签署信托文件等，都是为了确保慈善信托目的的实现。在实践中，通常需要从上述慈善活动范围中选择一到三项，作为慈善目的。慈善信托目的需要在信托文件中明确，并且在向民政部门提交的备案申请书中，也需要明确慈善目的。

（二）慈善信托设立流程

根据《信托法》《慈善法》《慈善信托管理办法》以及其他法律法规，慈善信托设立的主要流程如下：

第一，有慈善意愿的委托人选定受托人（信托公司或慈善组织），受托人与委托人沟通慈善目的、慈善活动开展方式等要素，初步拟订慈善信托项目方案。

第二，受托人和委托人沟通慈善信托的方案，包括慈善目的、信托财产类型与规模、是否设置信托监察人、保管银行的选择、慈善活动的具体开展方式（例如，是否设置项目执行人、设立慈善信托决策委员会等）。

第三，起草《信托合同》《保管合同》《监察服务协议》（如有）等信托相关文件。

第四，受托人在商业银行开立信托账户。慈善组织担任受托人时需要和商业银行沟通信托账户开立事宜，因为目前多数商业银行没有给慈善组织开立信托账户的先例。

第五，委托人、受托人、保管人、监管人签署《信托合同》《保管合同》等相关信托文件。

第六，委托人向受托人交付信托财产，如果是信托财产是资金，则划付至信托账户。

第七，受托人向民政部门（受托人所在地县级以上民政部门）备案；若备案材料符合要求，民政部门会当场出具备案回执；否则，民政部门将会一次性告知应该补正的相关材料。备案成功后，慈善信托即可视为正式成立。

第八，受托人根据信托文件约定，按照投资范围和投资策略进行信托财产投资。

第九，按照信托文件约定，开展慈善活动，如果有项目执行人的由项目执行人负责，没有项目执行人的由受托人负责。慈善组织担任慈善信托受托人的，通常不需要设置项目执行人，慈善组织可以自行开展慈善活动。

第十，受托人定期披露信托财产投资及其收益、慈善活动开展情况，并按照要求报民政部门备案。

第十一，受托人根据经济发展和金融市场运行情况，调整信托资产投资组合，使得信托资产的运作符合保值增值的目标，更好地实现慈善目的。

二、慈善信托备案

我国《慈善法》第四十五条规定，受托人应当在慈善信托文件签订之日起七日内，将相关文件向受托人所在地县级以上人民政府民政部门备案。未按照前款规定将相关文件报民政部门备案的，不享受税收优惠。《慈善信托管理办法》第十五条做出了类似规定。可以看出，在我国《慈善法》中，“备案”是受托人设立慈善信托时的一项义务，不备案不能享受税收优惠。

（一）备案的效力

关于《慈善法》规定的慈善信托备案的效力，有不同观点。一种观点认为，备案仅仅是获取税收优惠的条件，慈善信托不备案不影响信托的成立，但不备案不可以享受税收优惠。另一种观点认为，《慈善法》规定的备案是慈善信托的生效要件，不备案不能使慈善信托生效。

本书认为，从对慈善进行规范统一管理的角度看，应当将备案作为慈善信托生效要件，而非仅仅是享受税收优惠的条件，理由在于：第一，慈善信托目的的公益性决定了对于慈善信托应当进行统一监管，只有将备案作为生效要件，才可以对慈善信托进行管理。第二，慈善信托涉及不特定社会公众的利益，有必要进行公开统一的信息披露，其前提是对慈善信托开展情况的掌握和了解。第三，从目前法律规定看，《慈善信托备案管理办法》第五十五条规定的，民政部门和银行业监督管理机构应当及时向社会公开的慈善信托信息包括慈善信托备案事项；并且第五十六条规定，受托人应当在民政部门提供的信息平台上，发布慈善信托设立情况说明，信托事务处理情况报告、财产状况报告，慈善信托变更、终止事由，备案的民政部门要求公开的其他信息，并对信息的真实性负责。将备案作为慈善信托生效条件较仅作为享受税收优惠条件，更有助于这两条规定的实现。

（二）备案机关

《慈善法》仅规定，慈善信托应当向受托人所在地县级以上人民政府民政部门备案。《慈善信托管理办法》对慈善信托备案机关进行了进一步的明确，其第十六条规定：信托公司担任受托人的，由其登记注册地设区市的民政部门履行备案职责；慈善组织担任受托人的，由准予其登记或予以认定的民政部门履行备案职责。第十七条规定，同一慈善信托有两个或两个以上的受托人时，委托人应当确定其中一个承担主要受托管理责任的受托人按照相关规定进行备案。备案的民政部门应当将备案信息与其他受托人所在地的县级以上人民政府民政部门共享。

可以看出，信托公司担任受托人时，登记注册地设区市的民政部门是备案机关，例如，某信托公司登记注册地是某省某市某区工商局，该信托公司担任慈善信托受托人时，应当有该市民政局履行备案职责，而非该区工商局。慈善组织担任受托人时，准予其登记或予以认定的民政部门是备案机关，慈善组织本身就是由民政部门登记或认定的，因此，其担任慈善信托受托人时，备案机关就是原登记或认定的民政部门即可。信托公司和慈善组织担任共同受托人时，应当有一方承担主要受托责任，并由这一方履行备案义务（见表5-3）。

表5-3　　　　慈善信托有关的备案机关

<table>
<tr><th>受托人</th><th colspan="2">备案机关</th></tr>
<tr><td>信托公司</td><td colspan="2">该信托公司登记注册地设区市的民政部门</td></tr>
<tr><td>慈善组织</td><td colspan="2">准予该慈善组织登记或予以认定的民政部门</td></tr>
<tr><td rowspan="2">共同受托人</td><td rowspan="2">承担主要受托管理责任</td><td>信托公司：该信托公司登记注册地设区市的民政部门</td></tr>
<tr><td>慈善组织：准予该慈善组织登记或予以认定的民政部门</td></tr>
</table>

（三）备案提交材料

根据《民政部、银监会关于做好慈善信托备案有关工作的通知》（民发〔2016〕151号）规定，慈善信托备案需要提交的书面材料包括：（1）备案申请书；（2）委托人身份证明（复印件）；（3）担任受托人的信托公司的金融许可证或慈善组织的社会组织法人登记证书；（4）信托合同、遗嘱或者法律、行政法规规定的其他书面信托文件，信托文件中应包括：1）慈善信托的名称；2）慈善信托的慈善目的；3）委托人、受托人的姓名、名称及其住所；4）不与委托人存在利害关系的不特定受益人的范围；5）信托财产的范围、种类、状况和管理方法；6）受益人选定的程序和方法；7）信息披露的内容和方式；8）受益人取得信托利益的形式和方法；9）受托人报酬；10）如设置监察人，监察人的姓名、名称及其住所；（5）开立慈善信托专用资金账户证明、商业银行资金保管协议；（6）其他材料。以上材料一式四份，提交民政部门办理备案，申请备案材料符合要求的，当场出具备案回执；不符合要求的，应当一次告知受托人补正相关材料。

《慈善信托管理办法》第十八条规定，慈善信托的受托人向民政部门申请备案时，应当提交以下书面材料：（1）备案申请书；（2）委托人身份证明（复印件）和关于信托财产合法性的声明；（3）担任受托人的信托公司的金融许可证或慈善组织准予登记或予以认定的证明材料（复印件）；（4）信托文件；（5）开立慈善信托专用资金账户证明、商业银行资金保管协议，非资金信托除外；（6）信托财产交付的证明材料（复印件）；（7）其他材料。以上材料一式四份，由受托人提交履行备案职责的民政部门指定的受理窗口。

可以看出，《慈善信托管理办法》对备案材料的要求和《关于做好慈善信托备案有关工作的通知》相比，增加了关于信托财产合法性的声明和信托财产交付的证明材料（复印件）两项材料，并且明确非资金信托不需要提交开立慈善信托专用资金账户证明、商业银行资金保管协议。《慈善信托管理办法》第六十三条规定，此前有关慈善信托的相关规定与该办法不一致的，以该办法为准。因此，慈善信托受托人提交备案材料时，应当以《慈善信托管理办法》的规定为准。

此外，有的地方对于慈善信托备案材料规定了更为细化的要求，在当地民政局备案时，也应当遵循。例如，《北京市慈善信托管理办法》要求的备案材料包括：备案申请书；委托人身份证明（复印件）、担任受托人的信托公司的金融许可证或慈善组织的社会组织法人登记证书；信托合同、遗嘱或者法律、行政法规规定的其他书面信托文件，信托文件应当由所有委托人和受托人共同签署；信托财产交付证明；开立慈善信托专用资金账户证明、商业银行资金保管协议；备案机关要求提交的其他材料。

从备案时间来看，法律规定“受托人应当在慈善信托文件签订之日起七日内，将相关文件向受托人所在地县级以上人民政府民政部门备案”。但备案申请书中需要明确信托财产，因此，实践中通常需要信托资金到账或其他信托财产已转移到信托后，再办理慈善信托备案。

《慈善信托管理办法》第二十一条规定：“慈善信托备案申请符合《慈善法》《信托法》和本办法规定的，民政部门应当在收到备案申请材料之日起7日内出具备案回执；不符合规定的，应当在收到备案申请材料之日起7日内一次性书面告知理由和需要补正的相关材料。”

慈善信托备案流程图见图5-2。

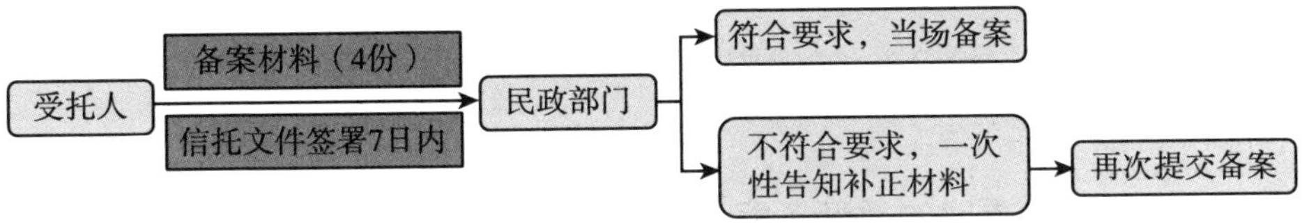

图5-2 慈善信托备案流程图

资料来源：ChPBCLUB中国私人银行家俱乐部。

（四）重新备案

重新备案，是指慈善信托备案后，发生法定变更事项的，慈善信托受托人应当在变更之日起7日内向民政部门申请备案，并提交发生变更的相关书面材料。

我国《慈善法》第四十七条规定：“慈善信托的受托人违反信托义

务或者难以履行职责的，委托人可以变更受托人。变更后的受托人应当自变更之日起七日内，将变更情况报原备案的民政部门重新备案。”除此之外，并无对慈善信托变更备案的规定。《慈善信托管理办法》对重新备案的具体情形以及重新备案的流程进行了明确规定，为实践操作提供了指引。

1.部分事项变更时的备案

《慈善信托管理办法》第十九条规定：“备案后，发生第三十八条规定的部分变更事项时，慈善信托的受托人应当在变更之日起7日内按照第十八条的规定向原备案的民政部门申请备案，并提交发生变更的相关书面材料。如当月发生两起或两起以上变更事项的，可以在下月10日前一并申请备案。”

结合《慈善信托管理办法》第三十八条，当慈善信托增加新的委托人、增加信托财产、变更信托受益人范围及选定的程序和方法时，受托人应当在变更之日起7日内，向原备案的民政部门备案。考虑到操作上的便利性，如果当月发生两起或两起以上变更事项的，例如，当月增加两个委托人或者当月增加一个委托人、原委托人增加信托财产的，可以在下月10日前一并备案。

2.受托人变更时的重新备案

我国慈善信托受托人不得自行辞任，除非信托文件另有约定，这主要也是出于慈善信托公益性的考虑，以避免对慈善活动开展造成不利影响。但是，受托人也可能出现确实难以履责或继续履行不利于慈善目的实现的情形，例如，受托人依法解散、法定资格丧失、被依法撤销、被宣告破产或者受托人违反信托文件义务等。

因此，《慈善信托管理办法》第二十条规定，慈善信托受托人变更时须重新备案。具体而言，慈善信托的受托人违反信托义务或者难以履行职责的，委托人可以变更受托人。变更后的受托人应当在变更之日起7日内，将变更情况报原备案的民政部门重新备案。申请重新备案时，应当提交以下书面材料：

（1）原备案的信托文件和备案回执；

（2）重新备案申请书；

（3）原受托人出具的慈善信托财产管理处分情况报告；

（4）作为变更后的受托人的信托公司的金融许可证或慈善组织准予登记或予以认定的证明材料（复印件）；

（5）重新签订的信托合同等信托文件；

（6）开立慈善信托专用资金账户证明、商业银行资金保管协议（非资金信托除外）；

（7）其他材料。

以上书面材料一式四份，由变更后的受托人提交至原备案的民政部门受理窗口。可以看出，受托人变更时，变更后的信托人应当履行备案义务，但备案部门仍是原备案的民政部门。

需要注意的是，信托公司担任受托人时，除了向民政部门履行备案手续外，信托公司还需要按照监管要求履行报告和产品登记义务（见图5-3）。

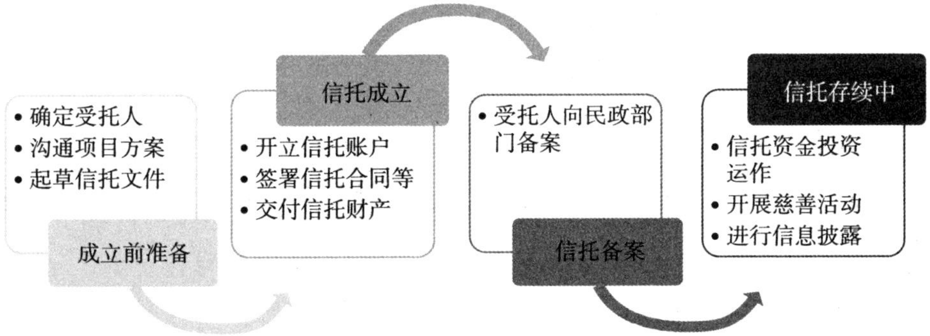

图5-3　重新备案程序图

资料来源：ChPBCLUB中国私人银行家俱乐部。

三、慈善信托财产的管理与处分

慈善信托财产及其收益应当全部用于慈善目的。这是对于慈善信托完全公益性的规定，回答了实践中经常讨论的“信托收益用于慈善事业，信托本金返还给委托人；或者是信托财产及其收益的特定比例用于慈善事业，剩余部分返还给委托人或者分配给其他特定主体等其他模式是否属于慈善信托”的问题。这也确立了慈善信托财产管理和处分的基本前提，即必须全部用于慈善目的。

受托人管理和处分慈善信托财产，应当按照慈善信托目的，恪尽职守，履行诚信、谨慎管理的义务。受托人除依法取得信托报酬外，不得利用慈善信托财产为自己谋取利益，这属于慈善信托财产管理和处分的基本原则。受托人管理和处分信托财产时，还应当遵循一些具体的规则。本部分分别从慈善信托财产的保管、慈善信托财产的投资运作和慈善信托财产的使用3方面进行阐述。

（一）慈善信托财产的独立性和保管

信托财产的独立性是信托制度的特性和核心，信托的功能如风险隔离、财产传承等都是以信托财产的独立性为前提的。慈善信托财产也具有独立性。我国《慈善信托管理办法》明确规定，慈善信托财产与受托人固有财产相区别，受托人不得将慈善信托财产转为其固有财产。任何组织和个人不得私分、挪用、截留或者侵占慈善信托财产。为了确保信托财产的独立性，受托人必须将慈善信托财产与其固有财产分别管理、分别记账，并将不同慈善信托的财产分别管理、分别记账。对于资金信托，应当委托商业银行担任保管人，并且依法开立慈善信托资金专户；对于非资金信托，当事人可以委托第三方进行保管。

1.信托财产专户

开立信托财产专户，是信托公司管理信托财产的基本义务。中国人民银行发布的《信托投资公司人民币银行结算账户开立和使用有关事项的通知》(自2003年12月1日起执行)规定，信托投资公司对受托的信托财产，应在商业银行设置专用存款账户(以下简称“信托财产专户”)。信托财产专户的存款人名称应为受托人(即信托投资公司)全称。不同的信托财产应开立不同的专户，并对应不同的账号。受托人(即信托投资公司)在内部管理上须对不同的账户和账号分别管理。该通知还明确了信托公司申请开立信托财产专户应当提交的材料和信托财产专户的管理和使用。例如，信托财产专户可接受现金缴存或款项划入，但不得办理现金支取业务；信托财产不属于信托投资公司的固有财产，也不属于信托投资公司的负债。若执法部门对信托财产人民币专用存款账户进行冻结或扣划，银行有义务出示证据以证明信托财产专用存款账户的性质。

信托财产专户主要是为了实现信托财产和固有财产、不同委托人的信托财产分别管理、分别记账。信托财产专户主要是针对资金信托的，对于非资金信托，则无法通过银行开立的专户实现其独立，需要委托人和受托人协商确定具体方式。因此，《慈善信托管理办法》规定，对于非资金信托，当事人可以委托第三方进行保管。

2. 信托财产的保管

对于信托财产，除了开立信托财产专户外，对于特定类型的信托，还需要委托商业银行对信托财产进行保管。例如，《信托公司集合资金信托计划管理办法》第三章明确规定了信托计划财产的保管。其第十九条规定，信托计划的资金实行保管制。对非现金类的信托财产，信托当事人可约定实行第三方保管，但中国银行业监督管理委员会另有规定的，从其规定。信托计划存续期间，信托公司应当选择经营稳健的商业银行担任保管人。信托财产的保管账户和信托财产专户应当为同一账户。信托公司依信托计划文件约定需要运用信托资金时，应当向保管人书面提供信托合同复印件及资金用途说明。其第二十条到第二十二条，分别规定了受托人与保管人签署的保管协议应当包含主要内容、保管人的职责和信托公司违反法定或约定义务操作时，保管人应尽的报告义务。

可以看出，信托资金的保管是在信托财产专户之外进一步提出的要求。对于单一资金信托，则可以不进行保管，只要开立信托财产专户即可。信托资金由商业银行进行保管，可以进一步保证资金的安全，因为信托公司运用信托资金时，需要向保管行出具划款指令，保管行需要对资金用途是否符合信托文件约定进行审核。

《慈善信托管理办法》要求，对于资金信托，应当委托商业银行担任保管人，并且依法开立慈善信托资金专户。可能主要是考虑到慈善信托涉及社会公共利益，需要最大限度地确保信托资金安全。

（二）慈善信托财产的投资运作

对慈善信托财产进行投资运作是产生信托收益的途径。《慈善法》将慈善信托引入慈善领域，除了可以丰富慈善活动开展方式外，还可以通过对信托财产投资运作，实现信托财产的增值保值，使慈善信托本身具有自我造血功能，从而为慈善事业发展筹集和积累更多的资金，实现慈善信托的长期和持续发展。因此，慈善信托受托人负有对慈善信托财产投资运作的职责。

然而，慈善信托是为公共利益设立的，因此，投资运作慈善信托财产的首要目标是确保信托财产的安全。《慈善信托管理办法》第三十条规定，慈善信托财产运用应当遵循合法、安全、有效的原则，可以运用于银行存款、政府债券、中央银行票据、金融债券和货币市场基金等低风险资产，但委托人和信托公司另有约定的除外。这表明，除非委托人和信托公司在信托文件中对慈善信托财产的运用进行了约定，否则信托财产只能运用于规定的这几类低风险资产。从实践运作情况看，信托公司担任受托人时，信托文件中通常都会对信托财产运用作出约定，受托人可以按照约定进行资产配置，如信托计划、银行理财和资管计划等。

受托人运用信托财产时，不得将其固有财产与慈善信托财产进行交易或者将不同委托人的信托财产进行相互交易，但信托文件另有规定或者经委托人同意，并以公平的市场价格进行交易的除外。这主要是指信托公司担任受托人时，将慈善信托财产投资于其管理的其他信托计划的，则存在信托财产的关联交易。因此，通常需要在信托文件中约定可以投资受托人管理的信托计划，并履行法律规定的关联交易报备手续。

此外，《慈善信托管理办法》第三十二条规定，委托人、受托人及其管理人员不得利用其关联关系，损害慈善信托利益和社会公共利益，有关交易情况应当向社会公开。《北京市慈善信托管理办法》还设立禁止性条款，规定受托人不得利用信托财产从事以下活动：提供担保；借款给非金融机构；进行可能使慈善信托承担无限责任的投资；进行违背慈善信托目的的投资；为自己或他人牟取私利；国家法律、行政法规和信托文件禁止的其他行为。

（三）慈善信托财产的使用

委托人交付的慈善信托财产以及受托人对其投资运作产生的收益，主要用于以下两个方面：一是用于慈善活动的开展，包括直接用于慈善事业的支出，以及慈善活动开展过程中发生的必要费用；二是慈善信托管理的费用支出，包括受托人、保管人和监察人收取的报酬，信托财产运用过程中的申购赎回费、资金汇划费以及税收支出等。其中，慈善活动是慈善信托财产最主要的运用领域。

1. 开展慈善活动的支出

根据法律规定，慈善信托财产和收益只能用于慈善目的。然而，《信托法》《慈善法》和《慈善信托管理办法》等都没有对慈善信托财产的使用和支出比例进行明确规定。但是，慈善信托设立的目的就是开展慈善活动，因此，委托人和受托人应当在信托文件中约定信托财产的支出方式和支出比例。《慈善信托管理办法》第十四条规定的慈善信托文件应当载明的事项中，包括年度慈善支出的比例或数额。这表明，慈善支出属于委托人和受托人约定事项，并且属于必须约定的事项。从实践情况看，信托文件中可以约定每年慈善支出的比例，如不低于上一年度末信托财产规模的5%或10%等；也可以约定每年进行固定数额的慈善支出。具体采取哪种约定方式，主要取决于慈善信托的目的、慈善信托规划、慈善信托财产规模以及委托人意愿等因素。

在信托文件中可以约定慈善支出比例和规模，也是慈善信托与基金会等其他慈善组织相比具有的优势之一。《基金会管理条例》第二十九条规定，公募基金会每年用于从事章程规定的公益事业的支出，不得低于上一年总收入的70%；非公募基金会每年用于从事章程规定的公益事业的支出，不得低于上一年基金余额的8%。《全国性社会团体公益性捐赠税前扣除资格初审暂行办法》规定，社会团体申请前连续3年每年用于公益活动的支出不低于上年总收入的70%，同时须达到当年总支出的50%以上（含50%）。根据《慈善法》第六十条的规定，慈善组织中具有公开募捐资格的基金会开展慈善活动的年度支出，不得低于上一年总收入的70%或者前三年收入平均数额的70%；年度管理费用不得超过当年总支出的10%，特殊情况下，年度管理费用难以达到前述规定要求的，应当报告其登记的民政部门并向社会公开说明情况。具有公开募捐资格的基金会以外的慈善组织开展慈善活动的年度支出和管理费用的标准，由国务院民政部门会同国务院财政、税务等部门依照前款规定的原则制定。捐赠协议对单项捐赠财产的慈善活动支出和管理费用有约定的，按照其约定。2016年8月25日，民政部在深入调查研究、委托专家对相关数据进行量化分析的基础上，起草了《慈善组织开展慈善活动年度支出和管理费用标准（征求意见稿）》，并广泛听取了有关专家学者和各类社会组织的意见，还征求了国务院财政、税务等部门的意见。根据该征求意见稿，具有公开募捐资格的基金会年度慈善活动支出不得低于上年总收入的70%，具有公开募捐资格的社会团体和社会服务机构年度慈善活动支出不得低于上年总收入的70%；不具有公开募捐资格的基金会、社会团体和社会服务机构，则根据净资产规模的不同，划分了不同的慈善活动支出比例，具体分为上年末净资产的6%、7%和8%三档。

慈善信托不存在年度支出上的强制性要求，可以方便受托人根据慈善活动需要，灵活安排资金的使用，不但可以使信托财产得到更有效的利用，也有利于慈善信托财产的运作，充分体现了信托制度的灵活性。相比慈善捐赠，设立慈善信托可以更加独立、灵活、有效地使用善款，有助于慈善活动的长期持续开展。

2. 慈善信托管理的费用支出

我国《信托法》和《慈善法》并未就受托人管理费用能否收取以及收取比例作出强制性规定。2008年6月2日，中国银监会办公厅发布的《关于鼓励信托公司开展公益信托业务支持灾后重建工作的通知》（银监办发〔2008〕93号）提出，受托人管理费和信托监察人报酬，每年度合计不得高于公益信托财产总额的8‰。因此，《慈善法》颁布之前的公益信托实践通常遵循该规定，并且多数情况下，信托公司作为受托人，经常不收取受托人报酬。对于受托人而言，管理公益信托项目需要投入较大的人力、物力，不收取报酬，并不利于该业务长期持续发展。

《慈善信托管理办法》第十四条规定的慈善信托文件应当载明事项包括信托报酬收取标准和方法，这表明，慈善信托受托人报酬有待于委托人和受托人在信托文件中协商确定，法律不再设定标准和上限。根据“特殊法优于一般法”以及“新法优于旧法”的原则，银监办发〔2008〕93号文关于受托人报酬的规定，并不适用慈善信托。从实践情况看，受托人收取的报酬从0到1%不等，但零报酬的现象逐渐减少。可以看出，多数受托人已经开始将慈善信托作为一项业务来看待，而非单纯的履行社会责任，这对于慈善信托乃至慈善事业的长远发展都是有益的。与受托人的报酬相同，信托监察人的报酬、保管人的报酬也由双方当事人协商确定。

值得关注的是，《慈善信托管理办法》第二十九条第一款明确，受托人可以委托他人处理慈善信托事务，但第三款同时规定，受托人因依法将慈善信托事务委托他人代理而向他人支付的报酬，在其信托报酬中列支。这表明，慈善项目执行人和投资顾问等收取报酬属于信托报酬的一部分，需要由受托人承担，而非由信托财产承担。

但受托人或慈善项目执行人等在管理慈善信托或开展慈善活动中发生的一些费用，则应当由信托财产承担，而非由受托人承担，否则无疑将会增加受托人负担。《慈善组织开展慈善活动年度支出和管理费用标准（征求意见稿）》明确规定，慈善组织的业务活动成本包括慈善活动支出和其他业务活动成本，主要包括：（1）直接或委托其他组织资助给受益人的款物；（2）为提供慈善服务和实施慈善项目发生的人员报酬以及使用房屋、设备、物资发生的相关费用；（3）为管理慈善项目发生的差旅、物流、交通、会议、审计、评估等费用。这对于认定和区分慈善活动支出和慈善信托管理费用，可以提供一定的借鉴。

四、慈善信托的变更与终止

（一）慈善信托的变更

慈善信托变更是指慈善信托设立后，当出现法定或约定的变更事由时，信托当事人依法对慈善信托文件规定的事项进行改变或调整。慈善信托变更并不影响信托关系的存在，慈善信托变更所产生的法律后果，只及于变更事项本身，受托人应当按照变更后的约定进行管理。

1. 慈善信托受托人的变更

《慈善法》第四十七条规定，慈善信托的受托人违反信托义务或者难以履行职责的，委托人可以变更受托人。《慈善信托管理办法》第三十七条规定，慈善信托的受托人违反信托文件义务或者出现依法解散、法定资格丧失、被依法撤销、被宣告破产或者其他难以履行职责的情形时，委托人可以变更受托人。可以发现，有权变更受托人的是委托人。这与《信托法》关于公益信托受托人变更的规定有所不同。《信托法》第六十八条规定，公益信托的受托人违反信托义务或者无能力履行其职责的，由公益事业管理机构变更受托人。《慈善法》的规定一方面充分考虑了当事人的意思自治，另一方面考虑到《慈善法》背景下已经没有公益事业管理机构的存在，只有慈善信托备案机关。

委托人有权利变更受托人可能存在以下问题：第一，在委托人为多数人的慈善信托中，可能无法落实委托人变更受托人的权利；第二，在作为委托人的自然人死亡或丧失民事行为能力、作为委托人的机构解散或破产的情形下，变更慈善信托受托人将无法落实。由于法律并未解决这两个问题，因此，信托文件中需要对此进行明确、清晰的约定，以避免出现受托人不尽责但无法变更受托人的现象。对于多数委托人的问题，可以在信托文件中约定多数委托人的决策和权利行使机制，例如，成立委托人大会，或者约定可以代表所有委托人行使权利的机构等。对于第二个问题，可以约定委托人缺位时，由信托监察人或其他机构行使变更受托人的权利。

此外，《慈善信托管理办法》第三十九条明确规定，慈善信托的受托人不得自行辞任，信托文件另有规定的除外。因此，信托文件中需要对受托人是否可以辞任以及受托辞任和变更的流程和权利义务交接、新受托人选任方式等进行明确的约定。

2. 慈善信托条款的变更

《慈善法》并未对慈善信托条款变更进行规定，《慈善信托管理办法》

第三十八条规定，根据信托文件约定或者经原委托人同意，可以变更以下事项：

（1）增加新的委托人；

（2）增加信托财产；

（3）变更信托受益人范围及选定的程序和方法；

（4）国务院民政部门和国务院银行业监督管理机构规定的其他情形。

可以看出，慈善信托的委托人和信托财产可以在信托存续过程中增加，受托人范围以及选定的程序和方法可以变更。除此之外，慈善信托名称、慈善信托目的、年度慈善支出比例或数额、信托报酬收取标准和方法等《慈善信托管理办法》第十四条规定的慈善信托文件应当包含的其他事项，原则上不可以变更。

此外，如果委托人和受托人协商一致，又不违反《慈善法》《慈善信托管理办法》等规定的，双方可以对慈善信托文件相关内容进行变更。这属于双方协议进行的变更。

慈善信托发生变更的，应当按照《慈善信托管理办法》等规定，向民政部门履行备案手续，具体内容可以参见上文慈善信托备案部分。

（二）慈善信托的终止

慈善信托终止是指慈善信托法律关系消灭，终止可以分为到期终止和提前终止。慈善信托到期终止是指信托文件约定的信托期限届满时的终止。慈善信托提前终止，是指信托期限尚未届满，但发生信托文件约定的终止事由或法律规定的终止事由时的终止。

1. 慈善信托终止的事由

《慈善信托管理办法》第四十条规定，有下列情形之一的，慈善信托终止：

（1）信托文件规定的终止事由出现；

（2）信托的存续违反信托目的；

（3）信托目的已经实现或者不能实现；

（4）信托当事人协商同意；

（5）信托被撤销；

（6）信托被解除。

可以发现，慈善信托的终止事由分为信托文件约定事由和法定事由。这表明，在信托文件中可以对信托提前终止事由进行约定，《慈善信托管理办法》第四十条第二款规定，慈善信托文件可以约定信托终止事由。除了约定终止事由外，信托的存续违反信托目的、信托目的已经实现或不能实现、信托当事人协商同意、信托被撤销或被解除的，慈善信托终止。对照《信托法》规定的信托终止事由，两者基本一致，最大的不同可能在于慈善信托目的的特殊性，慈善目的已实现或者没有必要存在时，会导致慈善信托终止。

2. 慈善信托终止的法律后果

《慈善信托管理办法》第四十一条规定，自慈善信托终止事由发生之日起15日内，受托人应当将终止事由、日期、剩余信托财产处分方案和有关情况报告备案的民政部门。这属于慈善信托终止时的备案。除此之外，慈善信托终止时需要进行清算并处理没有归属的信托财产。

慈善信托终止时，对慈善信托进行清算是受托人的一项义务。《慈善信托管理办法》第四十二条规定，慈善信托终止的，受托人应当在30日内作出处理慈善信托事务的清算报告，向备案的民政部门报告后，由受托人予以公告。慈善信托若设置信托监察人，清算报告应事先经监察人认可。慈善信托清算报告应当包括慈善信托概况，慈善信托财产的管理、运用和处分情况，慈善信托清算情况，剩余信托财产的处理情况等。

慈善信托终止时，剩余信托财产的处理适用近似原则，是各国慈善信托的惯例。近似原则是指，慈善信托需要终止但仍有信托财产时，可以将信托财产用于与原慈善目的相近似的其他慈善项目。《慈善信托管理办法》第四十三条规定，慈善信托终止，没有信托财产权利归属人或者信托财产权利归属人是不特定的社会公众，经备案的民政部门批准，受托人应当将信托财产用于与原慈善目的相近似的目的，或者将信托财产转移给具有近似目的的其他慈善信托或者慈善组织。由该规定可以看出，第一，慈善信托终止时财产处理适用近似原则的前提是，没有信托财产权利归属人或者信托财产权利归属人是不特定的社会公众。然而，由于我国慈善信托采用完全公益性原则，所以不得约定委托人或其他自然人或机构为信托财产权利归属人，如果有此类约定，该约定无效。但可以约定某慈善组织等公益机构或某慈善信托为信托财产权利归属人。第二，慈善信托终止时，适用近似原则处置信托财产需要经备案的民政部门批准。《信托法》规定，公益信托终止时，适用近似原则需要经公益事业管理机构批准。由于《慈善法》取消了公益事业管理机构的设置，经备案的民政部门批准不仅有助于更好地适用近似原则，也便于实践操作。

五、慈善信托信息披露

由于慈善信托具有社会公益性，受托人对于慈善信托的管理、运用和处分除了接受慈善信托委托人、监察人和备案机构的监督外，也应当接受社会公众的监督。基于此，《慈善法》以及《慈善信托管理办法》对于慈善信托的信息披露做了详细规定。

《慈善法》第四十八条规定，慈善信托的受托人应当根据信托文件和委托人的要求，及时向委托人报告信托事务处理情况、信托财产管理使用情况。慈善信托的受托人应当每年至少一次将信托事务处理情况及财务状况向其备案的民政部门报告，并向社会公开。第七十一条规定，慈善组织、慈善信托的受托人应当依法履行信息公开义务。信息公开应当真实、完整、及时。第七十五条规定，慈善组织、慈善信托的受托人应当向受益人告知其资助标准、工作流程和工作规范等信息。

《慈善信托管理办法》对于信息披露的具体内容和信息披露平台作了进一步明确的规定。其第五十五条规定，民政部门和银行业监督管理机构应当及时向社会公开下列慈善信托信息：

（1）慈善信托备案事项；

（2）慈善信托终止事项；

（3）对慈善信托检查、评估的结果；

（4）对慈善信托受托人的行政处罚和监管措施的结果；

（5）法律法规规定应当公开的其他信息。

第五十六条规定，受托人应当在民政部门提供的信息平台上，发布以下慈善信息，并对信息的真实性负责：

（1）慈善信托设立情况说明；

（2）信托事务处理情况报告、财产状况报告；

（3）慈善信托变更、终止事由；

（4）备案的民政部门要求公开的其他信息。

从目前情况看，“慈善中国”是民政部统一的慈善信息平台，可以通过该平台查询慈善信托信息，也可以查询慈善组织、慈善项目以及民政部指定的12家慈善组织互联网公开募捐信息平台。

信息公开可能与商业秘密和个人隐私保护等形成冲突，此外，从慈善信托开展的实践看，也存在委托人由于各种原因不愿意使公众知晓的情形，例如，有的委托人可能出于隐私保护的考虑，不愿意让自己设立慈善信托的事情公之于众。对于这种情况，法律也进行了充分的考虑和安排。《慈善法》第七十六条规定，涉及国家秘密、商业秘密、个人隐私的信息以及捐赠人、慈善信托的委托人不同意公开的姓名、名称、住所、通讯方式等信息，不得公开。《慈善信托管理办法》第五十七条也规定，涉及国家秘密、商业秘密、个人隐私的信息以及慈善信托的委托人不同意公开的姓名、名称、住所、通讯方式等信息，不得公开。因此，对于委托人不愿意公开的信息，可以免除信息披露要求，信息披露和个人隐私保护可以得到很好的平衡。

在信息披露的频率上，《慈善法》第四十八条规定，慈善信托的受托人应当每年至少一次将信托事务处理情况及财务状况向其备案的民政部门报告，并向社会公开。《慈善信托管理办法》第五十八条进一步明确，慈善信托的受托人应当于每年3月31日前向备案的民政部门报送慈善信托事务处理情况和慈善信托财产状况的年度报告。

第三节　慈善信托在中国的发展

《慈善法》第五章对于慈善信托的明确规定激发起社会各界对于慈善信托的热情。实际上，在《慈善法》出台之前，在《信托法》公益信托的架构下，实践领域对于公益信托或准公益信托已经有所尝试。《慈善法》亦明确慈善信托属于公益信托，《慈善法》未规定的，适用《信托法》的有关规定。为了更好地描述慈善信托在中国的发展情况，本节分别介绍公益信托、准公益信托和慈善信托，重点介绍慈善信托的发展，最后对慈善信托未来的发展进行展望。

一、公益信托

（一）公益信托概览

2001年颁布实施的《信托法》和2008年四川省汶川地震以后发布的《中国银监会办公厅关于鼓励信托公司开展公益信托业务支持灾后重建工作的通知》（银监办发〔2008〕93号）（以下简称“93号文”）是我国公

益信托发展的法律依据。《信托法》规定公益信托的首要特征是，公益信托需要公益事业管理机构批准，并且必须要设立信托监察人。93号文主要规定，受托人管理费和信托监察人报酬，每年度合计不得高于公益信托财产总额的8‰。信托公司设立公益信托，可以通过媒体等方式公开进行推介宣传。信托公司应当在商业银行开立公益信托财产专户，并可以向社会公布该专户账号。公益信托的委托人可以是自然人、机构或者依法成立的其他组织，其数量及交付信托的金额不受限制。只能投资于流动性好、变现能力强的国债，政策性金融债及中国银监会允许投资的其他低风险金融产品。

1. 公益信托设立情况

从2008年到2016年《慈善法》出台之前，信托行业内已有长安信托、信托公司、重庆信托、紫金信托、陕国投信托、万向信托、湖南信托、国元信托、国民信托、中原信托、厦门信托等10多家信托公司设立了10多只标准的公益信托（见表5-4）。

表5-4　　信托公司开展公益信托项目一览表

公益信托名称	受托人	初始规模（万元）	期限	用途	批准部门	成立时间
5·12抗震救灾公益信托计划	长安信托	1000	3年	向四川地震灾区的5所援建学校捐款	陕西省民政厅	2008年6月
郑州慈善公益信托计划	信托公司	300	10年	全部资金用于四川灾区和其他贫困地区公益事业	郑州市民政局	2008年11月
金色盾牌·重庆人民警察英烈救助基金公益信托	重庆信托	10070	10年	收益部分全部捐赠给英烈家属及因公伤残民警、特困民警等	重庆市公安局	2009年9月
紫金厚德1号公益信托	紫金信托	100	1年	全部资金用于救助患重病的儿童	南京市民政局	2011年12月
紫金厚德2号公益信托	紫金信托	60	1年	全部资金用于救助患重病的儿童	南京市民政局	2012年11月

续表

公益信托名称	受托人	初始规模（万元）	期限	用途	批准部门	成立时间
紫金厚德 3 号公益信托	紫金信托	74	1 年	全部资金用于救助患重病的儿童	南京市民政局	2013 年 11 月
长安信托奖学金公益信托	长安信托	16.35	10 年	用于奖励西安交通大学经济与金融学院优秀全日制在校研究生	—	2013 年 11 月
陕国投·贫困地区教育援助公益信托	陕国投信托	10—10000	10 年	用于帮助陕西省内外贫困地区学校或在校学生	—	2014 年 5 月
中国自然保护公益信托	万向信托	34.72	永续	执行中国境内自然环境和生态保护公益项目的个人、组织或法人机构	—	2014 年 7 月
紫金厚德 4 号公益信托	紫金信托	70	1 年	全部资金用于救助患重病的儿童	南京市民政局	2014 年 11 月
湘信·善达农村医疗援助公益信托计划	湖南信托	720	5 年	运用于湖南省武陵山片区和罗霄山脉片区等贫困地区农村医疗卫生事业援助	湖南省卫生与计划生育委员会	2014 年 11 月
国元爱心慈善公益信托	国元信托	34.5	5 年	用于《信托法》规定的公益事业	安徽省民政厅	2014 年 12 月
爱心久久·贵州黔西南州贞丰“四在小学”公益信托计划	国民信托	20.15	2 年	用于支持贞丰县开展“四在小学”活动，改善贫困地区教育条件和农村儿童、留守儿童在校的学习和生活环境	贵州省贞丰县民政局和教育局	2014 年 12 月
乐善 1 期公益信托计划	中原信托	50.688	5 年	用于郑州慈善总会的社会公益慈善项目	郑州市民政局	2015 年 10 月
“乐善有恒”公益信托	厦门信托	100	—	用于厦门市慈善总会“雨露育青苗”等公益项目	厦门市民政局	2015 年 12 月

2. 公益信托的主要特征

对以上案例进行总结，可以发现以下特点：

（1）从公益事业管理机构来看：除了作为主要审批机构的民政部门外，公安部门、卫生部门和教育部门也担任管辖范围内公益事业的公益信托审批机构。

（2）从信托规模来看：多数为几十万元，也有个别达到几百万甚至上千万元。当然，大部分公益信托采取开放式设置，信托规模也是持续增长的。但总体来看，公益信托规模整体偏低，在募集资金上并非十分容易。

（3）从信托期限来看：近半数的公益信托期限为1—3年，有1/3的公益信托期限为10年，还有个别为永续。可见，既有的公益信托整体期限偏短，不具有持续性和长期性。

（4）从运作模式来看：信托公司设立的公益信托多采取和基金会等慈善组织合作的模式，慈善组织在公益信托中充当执行顾问、项目管理人、监察人等不同角色。

（5）从救助领域来看：既有的公益信托已经涵盖了救灾、扶贫、教育、医疗、环保等多个领域，并且部分信托公司在救助领域上有一定的延续性，例如，紫金信托设立的紫金厚德1—4号公益信托均以救助患重病的儿童为公益目的。

（6）从信托资金的投资和管理来看：公益信托财产的投资范围较窄，需要遵守银监办发〔2008〕93号文的规定，再加上公益信托期限短的特征，通过公益信托实现公益事业可持续性的目的尚未达到。

（二）典型案例

为了让读者对于公益信托的架构有更直观、更清晰的了解，下文以百瑞信托·郑州慈善（四川灾区及贫困地区教育援助）公益信托为例，对于公益信托的要素和运营情况进行介绍。

1. 信托要素

（1）信托名称：百瑞信托·郑州慈善（四川灾区及贫困地区教育援

助）公益信托。

（2）成立时间：2008年12月。

（3）信托期限：10年，自信托计划成立之日起计算。

（4）信托规模：初始不低于100万元，委托人可在信托计划存续期间，交付信托资金，加入本信托计划。

（5）信托当事人

委托人：自然人、法人及依法成立的其他组织；

受托人：信托公司有限责任公司；

受益人：四川灾区及贫困地区受本公益信托计划援助及因校舍建设而受益的不特定社会群体。

（6）公益事业管理机构：郑州市民政局。

（7）信托监察人：郑州慈善总会。

（8）信托计划财产的运用

信托计划资金用于四川灾区和其他贫困地区的教育事业援助，包括但不限于校舍建设、贫困学生助学与帮困等教育公益事业相关领域，帮助和支持四川灾区和其他贫困地区的教育事业发展。

（9）信托计划资金的保管

委托商业银行担任信托计划资金的保管人，对信托财产专户中的资金进行保管。信托计划资金的保管账户和信托计划财产专户为同一账户。

（10）受托人报酬：受托人不收取委托人报酬。

2.运行情况介绍

该信托属于信托行业内设立较早的公益信托项目，公益目的为救灾扶贫。截至2015年年末，该信托累计信托规模为300多万元。从设立背景上看，该信托是2008年汶川地震后按照93号文的精神和规范要求开展的。从整个项目交易结构设计来看，该项目属于信托公司和慈善组织合作开展公益事业的尝试，郑州慈善总会在其中担任信托监察人，对公益信托的运行和捐赠资金的使用进行全流程的监管。从委托人来看，委托人包括5个机构委托人和71个自然人委托人。从捐赠流程来看，受托人经信托监察人认可后确定具体的援助项目；受托人将信托计划资金划拨至郑州慈善总会指定账户，由郑州慈善总会根据受托人指令将资金运用于具体的援助项目。从捐赠资金使用来看，捐赠资金主要用于四川省江油市新兴学校教学辅助楼和教工周转房建设以及荥阳市汜水镇中心小学餐厅建设和荥阳市高村乡第二小学寝室楼教学楼维修。

（三）小结

总体来看，在《信托法》对于公益信托的规定尚不明确并且在公益信托设立审批难的环境下，依然有十几只公益信托设立，表明信托公司对公益事业有很高的热情。然而，囿于法律规范、社会公众认知以及宣传范围等多重因素限制，公益信托面临募集善款能力弱、信托规模小、存续期限短等问题。

二、准公益信托

（一）准公益信托概览

《信托法》第三条规定，该法适用于民事、营业和公益信托活动，但实践中民事信托和公益信托并不活跃。公益信托不活跃的原因之一是，《信托法》规定公益信托的设立采用审批制，但作为审批机构的公益事业管理机构并不明确。然而，信托行业从事公益事业的热情还是比较高的。从《信托法》实施以来，陆续有信托公司推出以私益信托形式存在但服务于公益目的的信托产品。由于其践行公益事业的根本目的，但又不符合公益信托的要件，这类信托在实践领域被称之为准公益信托。准公益信托由于投资范围广、信托收益采取部分捐赠等原因，其一般规模大于标准公益信托（见表5-5）。

表5–5　准公益信托计划汇总表

产品名称	成立时间	受托人	初始规模	公益运作模式	合作公益机构	监察人	审批单位	性质
宝恒组合投资信托计划	1999 年	华宝信托	3500 万元	捐赠信托收益用于发放教育奖学金和对贫困学生提供资助	—	—	—	公益信托
爱心成就未来——稳健收益型集合资金信托计划第一期	2004 年	云南信托	536 万元	信托收益超过预期收益率部分捐赠给云南青少年发展基金，用于援建云南的石屏县和大姚县两座希望小学	—	—	—	公益信托
新疆助学公益信托	2005 年	平安信托	1 亿元	信托收益全部捐赠给新疆教育厅，资助当地贫困家庭	—	—	—	公益信托
爱心成就未来——稳健收益型集合资金信托计划第二期	2006 年	云南信托	—	所得超额收益部分捐赠给云南省青少年发展基金会，用于援建腾冲县五河乡老寨村公益信托希望小学	—	—	—	公益信托
爱心满中华集合资金信托计划	2007 年	重庆信托	10 亿元	信托收益超过预期收益率部分捐赠给中国残疾人福利基金会	—	—	—	公益信托
同心慈善 1 号新股申购集合资金信托计划	2007 年	北京信托	4588 万元	部分信托财产捐赠给中华慈善总会，用于资助北京农民工子弟学校	—	—	—	准公益信托
“5・12”抗震救灾公益信托计划	2008 年	长安信托	1000 万元	全部资金定向捐赠给陕西省民政厅，并通过陕西省民政厅向四川地震灾区的 5 所援建学校捐款	—	西安希格玛有限责任会计师事务所	陕西省民政厅（陕西银监局备案）	标准公益信托

续表

产品名称	成立时间	受托人	初始规模	公益运作模式	合作公益机构	监察人	审批单位	性质
郑州慈善公益信托计划	2008年	信托公司	159万元	全部资金用于四川灾区和其他贫困地区公益事业	—	郑州慈善总会	郑州市民政局	标准公益信托
中信开行爱心信托	2008年	中信信托	10亿元	信托收益超过预期收益部分全部捐赠给宋庆龄基金会，用于援建四川省绵阳市平武坝子乡中心小学和在四川省39个县（市、区）的50个中小学和50个安置点，捐建100所“宋庆龄爱心图书室”及捐赠2000余万册图书	—	—	—	准公益信托
“衡平爱心系列”信托理财产品	2008年	中铁信托	—	—	—	—	—	—
金管家——爱心传递集合资金信托计划	2009年	华润信托	不详	信托收益超过预期收益率部分的10%捐赠给“华润信托·爱心传递梦想中心”，支持四川灾区重建	—	—	—	准公益信托
安信·关爱系列“阳光二号·颐养”集合资金信托计划	2012年	安信信托	—	信托财产的部分捐赠给上海市老年人基金会或受托人合理指定的其他对象	上海宋庆龄基金会	—	—	准公益信托
百瑞仁爱天使基金1号集合资金信托计划	2013年	信托公司	1100万元	用于河南金庚脑瘫儿童救助中心，专门用于对脑瘫实施康复治疗的医疗机构	北京市长江科技扶贫基金会	—	—	准公益信托

续表

产品名称	成立时间	受托人	初始规模	公益运作模式	合作公益机构	监察人	审批单位	性质
华宝爱心信托	2013年	华宝信托	100万元	第一批项目计划是雅安地震灾后重建工作和教育领域的公益项目，如地震灾区的孤残儿童康复救助、“双特”高中生（学业特优、家庭特困）资助项目等	—	—	—	准公益信托
“上善”系列云南地区教育助学信托计划	2014年	上海信托	500万元	用于云南贫困地区教师培训项目，最终受益人为受项目资助而受益的不特定中小学教师。信托项目计划每年组织两批培训，每批50名教师，计划5年内共计输送500名云南贫困地区骨干教师到沪学习交流，深入沪上优秀中小学听课访问和挂职锻炼，将上海先进的基础教育理念带回云南	上海师范大学教育发展基金会	—	—	准公益信托
“上善”系列长江C8援建桃树完小信托计划	2014年	上海信托	350万元	信托财产定向捐赠，用于大理市太邑乡桃树完小希望小学重建项目，支持云南省大理市政府改善贫困乡村办学条件，发展基础教育事业	云南省青少年发展基金会	—	—	准公益信托
万向信托——中国自然保护公益信托	2014年	万向信托	34.72万元	信托财产全部用于无偿捐助受托人，根据信托文件的规定筛选确定的、执行中国境内自然环境和生态保护公益项目的个人、组织或法人机构	大自然保护协会	德勤华永会计师事务所北京分所	杭州市民政局	标准公益信托

续表

产品名称	成立时间	受托人	初始规模	公益运作模式	合作公益机构	监察人	审批单位	性质
百瑞仁爱·瑞祥基金集合资金信托计划	2014年	信托公司	—	利用信托计划产生的收益分别在对外经济贸易大学、南开大学和北大汇丰商学院设立了可以持续20年的奖学金	—	—	—	准公益信托
大爱长安·陕西银行业普惠金融扶贫慈善信托	2015年	长安信托	—	陕西省各大金融机构、其他机构、个人作为委托人，委托长安信托设立“大爱长安·陕西银行业普惠金融扶贫慈善信托”，旨在发挥金融机构优势，支持陕西省相对贫困落后地区特别是革命老区的发展建设	陕西省慈善协会	北京康达律师事务所	—	准公益信托
乐善1期公益信托计划	2015年	中原信托	50.68万元	用于郑州慈善总会的社会公益慈善项目	郑州慈善总会	—	郑州市民政局	标准公益信托
“乐善有恒”公益信托	2015年	厦门信托	100万元	用于厦门市慈善总会“雨露育青苗”等公益项目	厦门慈善总会	—	厦门市民政局	标准公益信托
百瑞安鑫·信托金融理论研究创新型公益信托计划	2016年	信托公司	3150万元	部分收益用于信托金融理论研究	—	—	—	准公益信托
爱建信托——大慈爱心1号集合资金信托计划	2016年	爱建信托	3000万元	信托资金99%用于补充冉娟装潢工程有限公司流动资金；1%用于上海大慈公益会，向徐汇区1600户特困家庭儿童捐款	大慈公益会	—	—	准公益信托

（二）案例介绍

下文以百瑞仁爱·天使基金集合资金信托计划为例，对于准公益信托的要素和特点进行介绍。

1.信托计划要素

（1）信托计划名称：百瑞仁爱·天使基金1号集合资金信托计划（以下简称“百瑞仁爱·天使基金”）。

（2）信托计划规模：初始不低于100万元。

（3）信托计划期限：20年，经信托监察人认可，受托人可以根据信托计划目的，延长信托计划期限。

（4）信托当事人：

1）委托人/受益人：救助中心、基金会、企业和高净值个人等合格投资者，投资起点是100万元；

2）受托人：信托公司有限责任公司。

（5）信托监察人：北京市长江科技扶贫基金会。

（6）信托保管人：商业银行。

（7）信托财产投资方式：兼顾当期收益和潜在的增值能力进行组合投资。

（8）信托利益的分配：信托收益不向受益人进行分配，以捐赠形式投向脑瘫儿童救助事业领域，委托人可在开放期赎回信托本金。

（9）受托人报酬：受托人不收取受托人报酬。

（10）信托监察费：信托监察人不收取费用。

（11）开放期设置：委托人随时可以加入，持有满6个月后可赎回信托本金，受益人进行赎回登记并经受托人确认后，受托人应于20个工作日之内将信托本金划至受益人账户。

（12）信托终止：信托计划期限届满时终止，受托人有权决定信托计划提前终止。信托终止时，信托本金分配至受益人信托利益划付账户，信托收益捐赠于脑瘫儿童救助事业。

2. 信托计划的特点

从性质来看，百瑞仁爱·天使基金属于集合资金信托计划，按照《集合资金信托计划管理办法》的规定，委托人是合格投资者并且信托的委托人为唯一受益人，但为了实现委托人收益用于公益事业的目的，使用了受益人将信托收益捐赠给脑瘫儿童事业的设计。

从交易结构来看，委托人仅仅将信托收益捐赠给脑瘫儿童救助事业，在信托计划的开放期，委托人可以赎回信托本金；信托终止时，信托本金归受益人（委托人），本应归受益人的信托收益捐赠给脑瘫儿童救助事业。

从目的来看，百瑞仁爱天使基金属于以私益信托的形式实现公益目的的准公益信托。从新出台的《慈善法》的规定来看，也仅认可信托本金和收益全部用于慈善事业的信托为慈善信托。带着发展的眼光来看，此类带有慈善目的的私益信托也应当是值得鼓励和提倡的。

从参与主体来看，百瑞仁爱·天使基金采用信托公司和基金会合作的模式，在交易结构中基金会担任信托监察人，但除了履行监察人的职责外，基金会也负责向受托人推荐救助项目。受托人选定救助项目后，对于救助资金也是首先将其划拨到基金会的账户上，由基金会按照救助项目需求进行分期支付。从这个角度来看，基金会在整个项目中还充当了公益救助活动执行机构的角色。

从捐赠资金的划付流程来看，受托人和基金会签订捐赠协议，将捐赠资金先划付给基金会，而非直接划付给救助项目。其原因在于，信托公司作为受托人不具备开具捐赠发票的资格，通过捐赠给基金会就可以由基金会向委托人开具捐赠发票，使委托人可以享受到公益捐赠的税收优惠。暂且不论这种迂回的路径效率和价值是否合理，实践中更为尴尬的是，并不是所有的基金会都同意给此类信托的委托人开具捐赠发票。这就出现委托人进行了公益捐赠却享受不到税收优惠的困境，难免会打击委托人参与公益事业的积极性。

（三）慈善信托的发展概况

自2016年9月1日《慈善法》正式实施以来，越来越多的信托公司和慈善组织参与慈善信托业务。慈善信托数量、规模显著增长，财产类型取得突破，慈善信托目的日趋多元化，受托管理不断规范，慈善信托模式日益丰富，慈善效果更加突出。整体而言，慈善信托显现出持续、快速发展的势头。

从慈善信托规模和数量来看，慈善信托取得快速发展。根据“慈善中国”披露数据，截至2018年4月末，全国一共备案84只慈善信托，慈善信托总规模达到9.52亿元，受托人包括31家信托公司和9家慈善组织。其中，2017年备案42只，较2016年增长91%，信托总规模为6.90亿元，比2016年增长248%；受托人包括24家信托公司和7家慈善组织，相比2016年的16家信托公司和2家慈善组织同比增长了50%和250%。可以看出，信托公司与慈善组织参与度均显著提高（见图5-4）。

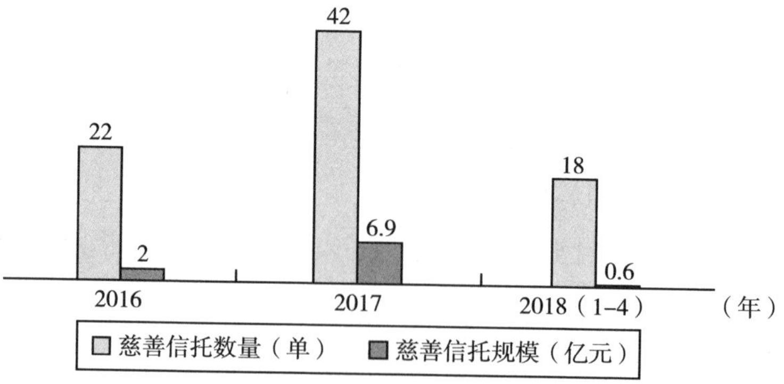

图5-4　2016年—2018年4月慈善信托成立数量和规模

资料来源：ChPBCLUB中国私人银行家俱乐部。

从慈善目的来看，覆盖范围日益广泛，针对性更强。例如，2017年成立的42只慈善信托，慈善目的覆盖扶贫济困、教育、环境等不同领域。其中，以“扶贫济困”为慈善目的的慈善信托数量最多，达到12只，占比28%，与2016年相比提高19%；以“扶老、救孤、恤病、助残、优抚”为目的的慈善信托有7只，占比17%，与2016年基本持平；以“救助自然灾害、事故灾难”为目的的慈善信托有2只，占比5%，相比2016年提高5%，均用于九寨沟地震灾区灾后重建与生态恢复；以“促进科教文卫等事业发展”为目的的慈善信托有8只，占比19%，相比2016年降低17%，以“防止污染、保护和改善生态环境”为目的的慈善信托有3只，占比7%，相比2016年降低7%。

从信托期限来看，长期限慈善信托占比提高，更有助于慈善信托的长期发展。在2017年成立的42只慈善信托中，无固定期限的有7只，5年期以下的有8只，5年期以上（含本数）10年期以下的有8只，10年期及以上的有13只，永续型的有6只。2017年，10年期以上及永续型慈善信托占比高达45.23%，相比2016年36.36%的占比提高了8.87%，更加突出地显示了慈善信托的持久性。与此同时，各种期限结构的慈善信托均占有一定比例，也显示出慈善信托在期限安排上充分发挥慈善信托灵活性、满足委托人需求的特征（见表5-6）。

（四）慈善信托业务模式

1.企业作为委托人设立慈善信托

（1）交易结构。企业开展慈善活动时，除了直接进行捐赠外，还可以作为委托人，委托信托公司或慈善组织担任受托人，设立慈善信托。在慈善活动开展方面，可以由受托人自行开展，受托人也可以委托其他慈善组织开展，还可以成立慈善信托决策委员会，对慈善活动开展做出决策。慈善信托文件签署后，受托人向民政部门备案。慈善信托成立后，受托人对信托财产进行管理运作，并按照信托文件约定开展慈善活动（见图5-5）。

表 5-6　2017 年设立的慈善信托一览表

序号	名称	委托人	受托人	期限	慈善目的	总规模（万元）
1	国元慈善信托	安徽国元控股（集团）有限责任公司	国元信托	3 年	《慈善法》规定的慈善公益事业	1300
2	天顺〔2016〕206 号中国扶贫慈善信托	江西省老区建设促进会	中航信托 中国扶贫基金会	无固定期限	精准扶贫济困，救灾重建，培训人才，为公益活动提供咨询、代管、服务等扶贫合作	10000
3	中铁信托·明德 1 号宜化环保慈善信托	湖北宜化化工有限公司	中铁信托	5 年	资助环保组织的设立、环保组织开展的环保活动及环保相关的奖励活动	700
4	“弘毅 1 号”——社区养老公益组织扶持慈善信托	上海弘毅迁善实业发展集团	海南弘毅扶贫慈善基金会	10 年	优质社区居家养老公益服务项目的开发、实施、宣传、评估、推广	100
5	北京信托 2017 年大病关爱慈善信托	广州永万投资公司	北京信托	1 年	扶贫救济、医疗救助	30
6	国投泰康信托 2017 年真爱梦想 2 号教育慈善信托	自然人	国投泰康信托	5 年	素养教育研究和推广	48
7	长安慈—民生 001 号慈善信托	内蒙古自治区慈善总会（实际委托人为民生银行高净值客户）	长安信托	10 年	《慈善法》规定的慈善公益事业	100
8	陕国投·公益助学慈善信托	自然人、机构	陕国投	10 年	为发展教育事业，帮助贫困学生，助其顺利就学，并解决生活、学习等各项困难	1000
9	中信·何享健慈善基金会 2017 顺德社区慈善信托	美的控股有限公司	广东省何享健慈善基金、中信信托	永续	支持顺德社区的扶贫、济困、教育、养老、社区发展等综合性慈善需求	49200

续表

序号	名称	委托人	受托人	期限	慈善目的	总规模（万元）
10	百瑞仁爱·映山红慈善信托	中国共产主义青年团国家电力投资集团公司委员会	百瑞信托	20	开展救济贫困的慈善活动	195
11	山东信托·大同系列同心扬梦慈善信托计划	向社会开放	山东信托	无期限	公益慈善（首笔信托资金已用于为孤寡老人“送物资、送健康、送文化”，今后还将进行扶贫助学）	1
12	刑白家族慈善信托	未知	山东信托	无期限	公益慈善	1000
13	万向信托——中国水源地保护慈善信托	民生人寿保险公益基金会	万向信托	永续	促进中国的水环境保护事业发展，保护生态环境	500
14	北京银行－华能信托·新凤祥慈善信托	新凤祥集团	华能信托	5年	关爱中国青少年内心精神世界	1000
15	中信·上海市慈善基金会蓝天至爱2号慧福慈善信托	两位自然人	上海市慈善基金会、中信信托	10年	扶持和帮助孤寡病残等非特定群体，从事一系列与帮助困难群体有关的活动，改善困难群体的生活	600
16	川信·帮一帮慈善信托	四川省慈善总会	四川信托	永续	首笔资金为九寨地震灾区重建工作提供金融支持与资金援助，今后还将用于扶贫济困、救灾教育等	100
17	百瑞仁爱·甘霖慈善信托	机构	百瑞信托	永续	《慈善法》规定的慈善公益事业	153
18	天信世嘉·信德黑大同窗互助慈善信托	机构	天津信托	10年	因重大疾病或其他特殊困难需要帮助的黑龙江大学校友及其直系亲属、贫困地区失学儿童及留守儿童，包括符合上述条件的自然人及资助上述群体的慈善组织	15.1

续表

序号	名称	委托人	受托人	期限	慈善目的	总规模（万元）
19	长安慈——杨凌精准扶贫慈善信托	杨凌农业高新技术产业示范区慈善协会、杨凌区精准扶贫办公室	长安信托	4年	用于精准扶贫专项救助和精准扶贫项目资助	501
20	中航信托·绿色生态慈善信托	中航信托股份有限公司	中航信托、中华环境保护基金会	无固定期限	支持绿色生态事业发展及相关活动开展，涵盖绿色生态保护、教育、培训、交流等，首期运用于推动九寨沟地震灾区灾后生态恢复项目	50
21	金谷信托2017信达大爱1号（扶贫及教育）慈善信托	中国信达资产管理股份有限公司新疆维吾尔自治区分公司	金谷信托	5年	扶贫济困及促进教育发展	30
22	中江国际·公益救助慈善1号集合资金信托计划	江西国际信托股份有限公司工会委员会	中江国际信托	永续	资助贫困家庭子女进入院校学习，针对贫困地区城乡大病困难群众进行慈善救助	30
23	川信·尊悦豪生慈善信托计划1号	成都市慈善总会	四川信托	2年	我国各类企业贫困职工、贫困家庭以及相关慈善救助、教育、医疗、文化、体育、环保和社会服务等领域，包括但不限于“成都市慈善总会”推荐并经受托人和相关主管部门认可的扶贫项目	190
24	金谷信托2017信达大爱2号（扶贫及教育）慈善信托	中国信达资产管理股份有限公司	金谷信托	5年	改善贫困地区群众生活，教育支持（优先青海地区）	90
25	新华信托·华恩1号教育扶贫慈善信托	重庆市慈善总会	新华信托	10年	支持我国教育扶贫事业	20

续表

序号	名称	委托人	受托人	期限	慈善目的	总规模（万元）
26	紫金信托·厚德7号慈善信托	南京市慈善总会	紫金信托	不少于1年	救助困难家庭罹患大病的儿童及残障儿童	100
27	瑞华公益轮椅助你行慈善信托	江苏省同泰慈善基金会	江苏省瑞华慈善基金会	3年	帮助下肢残疾人、行动不便的老年人等解决出行困难，向医院、机场、火车站、汽车站、旅游景点等公共场合免费提供出借轮椅服务	100
28	五矿信托－三江源精准扶贫1号慈善信托	北京中维房地产开发有限公司	五矿信托	3年	支持青海省扶贫开发事业	100
29	五矿信托－三江源精准思源1号慈善信托	三江源生态保护基金会	五矿信托	10年	用于改善与维持三江源地区生态稳定性	不设上限，首期不低于50万元
30	五矿信托－三江源精准扶贫2号慈善信托	五矿证券	五矿信托	3年	支持甘肃省精准扶贫事业	50
31	百瑞仁爱·金庚慈善信托	北京长江科技扶贫基金会、汝州市金庚康复医院	百瑞信托	30年	用于脑瘫患儿、困境儿童救助，脑瘫医护人员培训，脑瘫救治研究和医学交流以及与脑瘫儿童、困难儿童救助的相关的其他慈善活动	294
32	长安慈－老牛基金会教育慈善信托	老牛基金会	长安信托	长期	旨在促进内蒙古自治区教育事业发展	100

续表

序号	名称	委托人	受托人	期限	慈善目的	总规模（万元）
33	昆仑信托 2017 年·昆仑爱心一号助学慈善信托	未知	昆仑信托	10 年	助学、助教、资助贫困学生完成学业，奖励优秀学生和教室，提高校园设施水平等其他符合《中华人民共和国慈善法》规定的慈善活动	81.22
34	昆仑信托 2018 年·昆仑爱心二号助困慈善信托	未知	昆仑信托	10 年	扶贫、济困、帮扶困难群众，致力于困难家庭实现脱贫致富等其他符合《中华人民共和国慈善法》规定的慈善活动	67.82
35	昆仑信托 2019 年·昆仑爱心三号助医慈善信托	未知	昆仑信托	10 年	助医，为患病的困难群众提供医疗救助资金，资助特殊疾病的治疗等其他符合《中华人民共和国慈善法》规定的慈善活动	36.77
36	中航信托·天启 2017–408 号爱飞客公益集合信托计划二期	中航信托股份有限公司、中航爱飞客基金管理有限公司	中航信托	5 年	受托人根据信托计划文件的约定，以受托人名义，将委托人交付的信托资金用于慈善公益领域，慈善事业范围为航空培训教育、航空科普、精准扶贫、弘扬社会正义、绿色环保等	70
37	全国金融青联东方爱心慈善信托计划	李佳芮	大业信托	10 年	《慈善法》规定范围的慈善项目以及金融行业开展的慈善活动	10
38	广东省扶贫开发协会粤财扶贫慈善信托	广东省扶贫开发协会	粤财信托	3 年	信托财产运用于扶贫公益事业	100
39	外贸信托 2017 年度·中国银行·满堂红教育慈善信托	高净值客户	外贸信托	永续	奖励优秀教师员工、品学兼优的学生，改善教学条件，促进基础教育	724.9

续表

序号	名称	委托人	受托人	期限	慈善目的	总规模（万元）
40	山西信托·晋善慈善信托	山西省慈善总会	山西信托	不设固定期限	信托财产用于《中华人民共和国信托法》《中华人民共和国慈善法》《慈善信托管理办法》规定的慈善用途。包括省内的扶贫、济困扶老、救孤、恤病、优抚，救助自然灾害、事故灾难和公共卫生事件等突发事件造成的损害，促进教育、科学文化卫生体育等事业的发展，防治污染和其他公害，保护改善生态环境及《慈善法》规定的其他公益活动	100
41	天信世嘉·信德大田集团见义勇为慈善信托	天津大田集团有限公司	天津信托、天津市福老基金会	5 年	对不负有法定职责、法定义务或约定义务，为保护国家利益、社会公共利益或者他人人身财产安全，挺身而出，同正在实施的违法犯罪行为作斗争，或者抢险、救灾、救人，事迹突出的公民进行优抚	20
42	天信世嘉·信德大田集团爱心助学慈善信托	天津大田集团有限公司	天津信托、天津市福老基金会	5 年	发展天津市教育事业，帮助品学兼优或贫困学生完成学业	30

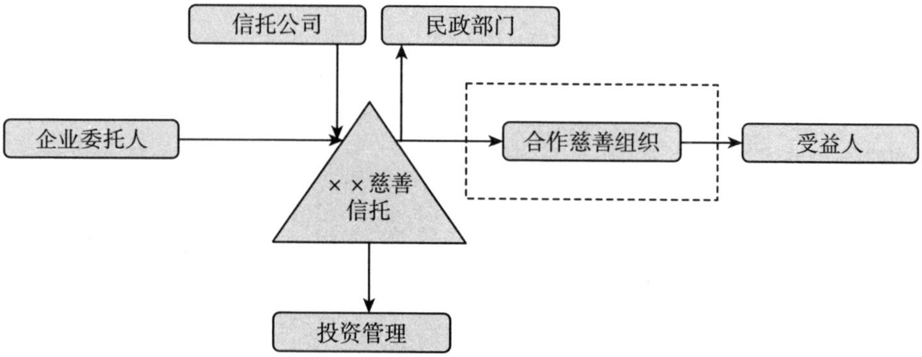

图5–5　企业作为委托人的慈善信托的交易结构图

资料来源：ChPBCLUB中国私人银行家俱乐部。

（2）特点

1）针对该企业定制的慈善信托，满足企业需求；

2）一次捐赠，长期存在，也可以实现税收抵扣；

3）可以以该企业名称命名慈善信托；

4）信托资金投资收益用于年度慈善支出；

5）企业作为委托人对于慈善信托的运作享有较大的权利；

6）设立后可以吸收其他资金加入慈善信托。

（3）案例

1）信托名称：××信托公司××慈善信托。

2）信托规模：初期153万元。

3）信托期限：永续。

4）慈善目的：救济贫困、扶老救孤、恤病助残；促进教育、科学、文化，环境保护等事业的发展。

5）信托当事人：委托人：一家企业；受托人：某信托公司。

6）保管人：商业银行（根据《慈善法》的规定，需要实行资金的保管）。

7）备案部门：郑州市民政局信托。

8）监察人：委托人指定的个人。

9）委托人大会：多个委托人时，全体委托人成立委托人大会。

10）慈善信托决策委员会：审议慈善活动支出，选定受益人。

11）信托财产的管理：初期规模较小时，以固收类信托产品为主，同时少部分配置现金管理类产品，以满足捐赠资金的流动性。通过持续运作信托规模增加时，可以根据市场情况，进行多元化的配置。

该信托的具体交易结构图见图5-6。

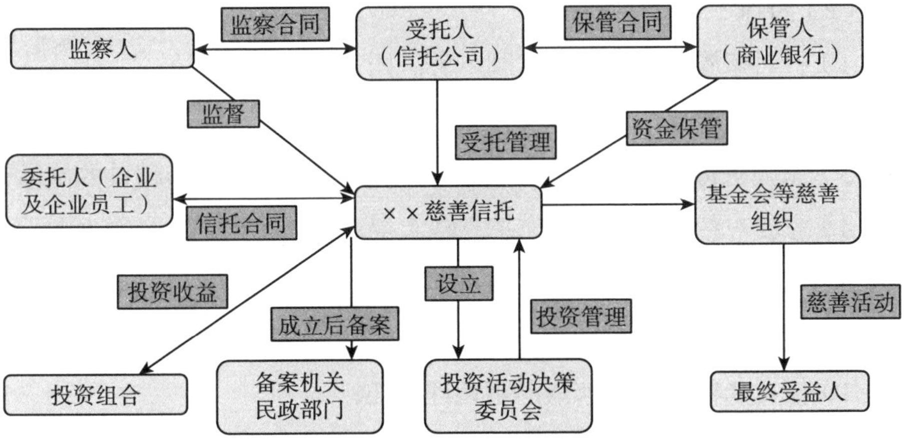

图5-6　××信托公司××慈善信托的交易结构图

资料来源：ChPBCLUB中国私人银行家俱乐部。

2.个人作为委托人设立慈善信托

（1）交易结构

个人或家族可以设立家族慈善信托，实现财富增值传承和慈善目的的双赢（见图5-7）。

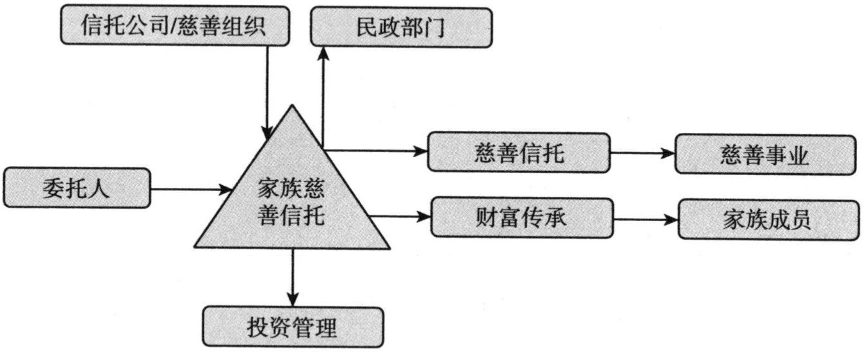

图5–7　个人作为委托人的慈善信托的交易结构图

资料来源：ChPBCLUB中国私人银行家俱乐部。

（2）特点

1）针对家族慈善意愿，定制慈善信托；

2）可以以家族命名，体现家族特质；

3）家族慈善信托可以永久存在，建立家风，实现家族精神的传承；

4）家族对慈善信托的运作享有较大权力，了解捐赠资金的去向；

5）与家族财富传承结合，同时实现财富传承与慈善目的。

（3）案例

1）信托名称：××家族财富管理信托；

2）信托当事人：委托人：超高净值客户；受托人：信托公司；受益人：委托人指定的家族成员、家族慈善信托；

3）信托目的：通过家族财富管理信托帮助客户实现财富安全传承的同时，根据信托合同约定，定期将部分收益转至家族慈善信托，用于慈善目的；

4）信托期限：50年。

该信托的具体交易结构图见图5–8。

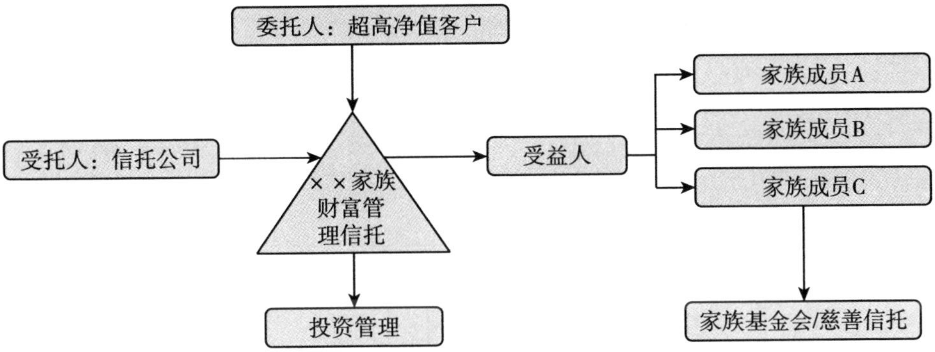

图5-8　××家族财富管理信托的交易结构图

资料来源：ChPBCLUB中国私人银行家俱乐部。

3. 慈善组织与信托公司合作

基金会等慈善组织与信托公司合作，开展慈善信托，可以发挥各自优势，实现专业机构做专业的事情：信托公司——信托资金投资运作；慈善组织——开展慈善活动。根据慈善组织角色的不同，有3种合作模式（见图5-9）。

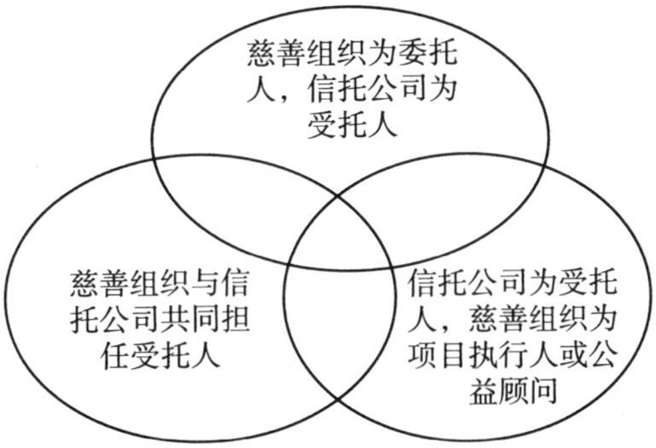

图5-9　慈善组织与信托公司合作的3种模式

资料来源：ChPBCLUB中国私人银行家俱乐部。

（1）基金会等慈善组织作为慈善信托委托人

基金会等慈善组织作为委托人，可以持续募集用于特定慈善目的

（如医疗救助、贫困失学儿童救助等）的捐赠资金、募集资金加入慈善信托。信托公司对信托资金进行投资运作和管理，信托文件约定每年的慈善支出比例。基金会等慈善组织可以同时担任慈善项目执行人，慈善信托资金的使用仍由基金会等慈善组织负责（见图5-10）。

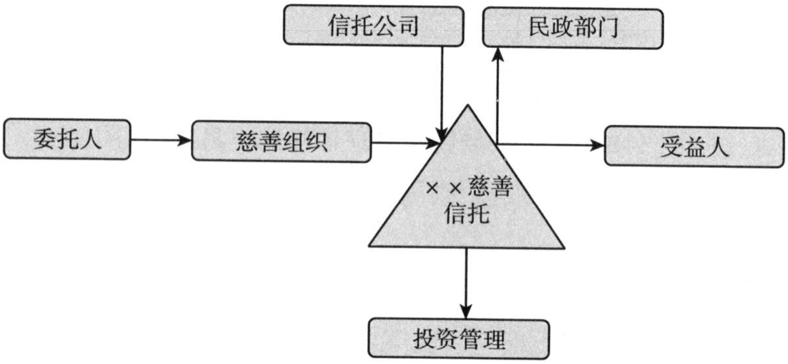

图5-10　慈善组织做委托人情形慈善信托结构图

资料来源：ChPBCLUB中国私人银行家俱乐部。

其特点主要有：

1）基金会作为委托人加入慈善信托，信托公司对慈善信托资金投资运作，收益直接用于慈善目的。

2）基金会可对捐赠人开具公益性捐赠票据，满足捐赠人需求。

3）根据基金会需求进行交易结构设计，灵活性较高。

4）慈善信托可以约定年度支出比例，不受总收入70%的限制。

5）慈善活动开展可以由慈善组织负责。

（2）基金会等慈善组织与信托公司共同担任受托人

共同受托人是由信托公司和慈善组织共同担任受托人设立慈善信托，目前，市场上已经有多个共同受托人慈善信托的案例。

共同受托人模式能够发挥信托公司和慈善组织各自财产管理和慈善事业实施方面的优势，使委托人的意愿和慈善目的更好地得以实现。从解决现实问题的角度看，引入慈善组织可以解决向委托人开具捐赠票据问题，引入信托公司可以解决开设信托专户问题（见图5-11）。

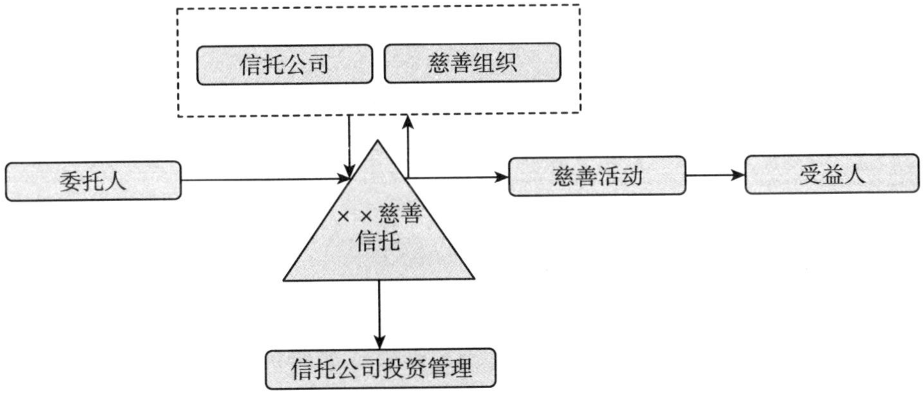

图5-11　共同受托人慈善信托结构图

资料来源：ChPBCLUB中国私人银行家俱乐部。

从操作流程上看，委托人向慈善组织捐赠财产，信托已成立生效；慈善组织把信托财产转移至信托公司开设的信托财产专户；信托财产实现了和受托人固有财产的分别管理。受托人各自按照信托合同的约定，信托公司履行财产管理职责，慈善组织负责项目实施职责。

其特点主要有：

1）信托公司和慈善组织发挥各自优势，互相监督。

2）探索共同受托人慈善信托模式，带动和促进慈善事业发展。

3）共同受托人模式可以带来慈善资金投资收益，同时避免缴纳所得税。

（3）慈善组织作为慈善信托项目执行人参与慈善信托

由于信托公司目前并不擅长开展慈善活动，因此，信托公司担任受托人时，可以聘请慈善组织担任项目执行人或慈善顾问开展慈善活动。在该模式下，慈善信托资金通过信托公司专业管理实现增值，慈善活动开展也实现专业化。由于有相关文件明确双方的权利和义务，并向民政部门备案，且向社会公众进行信息披露，可以确保信息公开透明、操作规范专业（见图5-12）。

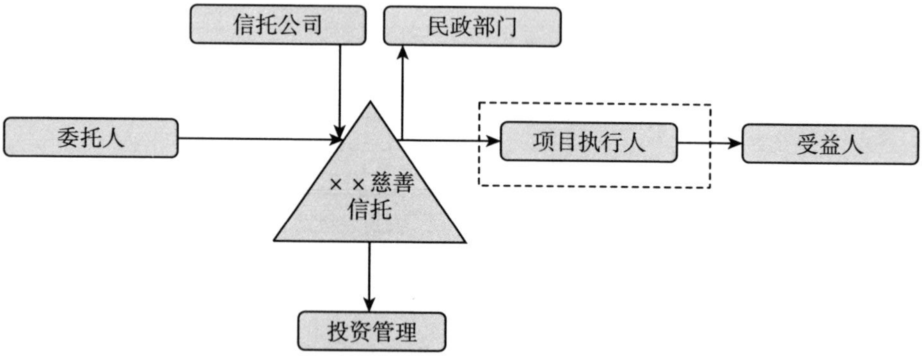

图5-12　慈善组织担任项目执行人慈善信托结构图

资料来源：ChPBCLUB中国私人银行家俱乐部。

案例：

1）信托名称：××慈善信托；

2）信托规模：初始规模不低于100万元；

3）信托期限：30年，期满后，经委托人大会审议通过且受托人同意，可延期；

4）慈善目的：脑瘫儿童、困境儿童救助；

5）委托人：爱心企业、个人、基金会等；

6）受托人：百瑞信托有限责任公司；

7）受益人：最终救助的个人、家庭或机构等；

8）保管人：商业银行；

9）备案部门：民政局；

10）监察人：律师事务所；

11）慈善项目执行人：基金会；

12）开放期设置：持续开放，委托人信托资金随时可以加入，不可以赎回；

13）信托财产的管理：根据委托人的意愿，在兼顾流动性和收益性的基础上，进行组合投资管理。

该信托的具体交易结构图见图5-13。

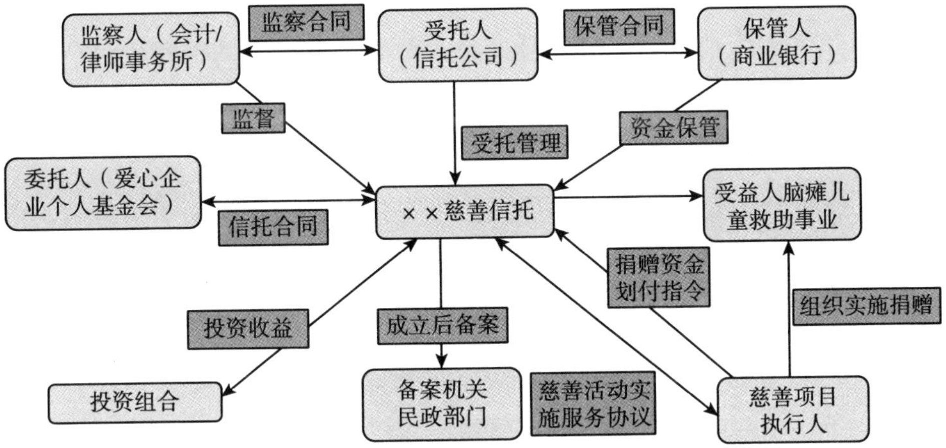

图5-13　××慈善信托的具体交易结构图

资料来源：ChPBCLUB中国私人银行家俱乐部。

除了以上介绍的信托公司与慈善组织开展慈善信托业务外，慈善组织还可以委托信托公司进行财富管理。具体而言，慈善组织为委托人和受益人；信托公司为慈善组织定制财富管理信托，在信托、银行理财、同业定存等领域进行组合、分散投资；对慈善组织而言，可以通过投资收益，使善款具有自身造血功能。

（五）慈善信托的发展展望

展望未来，慈善信托的发展趋势可能主要体现在以下几个方面。

1.参与主体将更加广泛，运作将更加专业

2016年《慈善法》颁布实施后的几年时间内，参与慈善信托的信托公司和慈善组织逐渐增多，未来将有更多的信托公司和慈善组织参与慈善信托业务，原因在于：第一，信托公司和慈善组织对慈善信托业务的

认识进一步深化。对于信托公司而言，慈善信托不仅是自己履行社会责任、开展慈善活动的一种路径，而是信托公司的一个重要的本源业务类型；对慈善组织而言，慈善信托可以组织开展慈善活动，注入新的动力和新的理念，慈善信托与慈善捐赠联动，可以产生多赢的效果。第二，监管政策大力支持开展慈善信托业务，慈善信托被纳入信托公司八大业务之列，慈善信托业务的开展情况被纳入行业评级体系之中，信托公司对于慈善信托业务的重视度将逐步提高。

慈善信托的运作也将更加专业。未来信托公司也会逐步探索慈善信托的专业化运作，目前已经有个别公司成立了专门的慈善信托部门，多数信托公司还是依托业务部门、研发部门或是财富管理部门开展慈善信托业务。随着慈善信托发展可持续性的增强，特别是将慈善信托与家族信托业务相结合，将财富传承与慈善需求进行紧密关联，将来可能会有更多的信托公司投入组建专门的部门或是团队来开展慈善信托业务。慈善组织可能会加大慈善信托业务人才的引进和培养，更多地探索和尝试独立担任慈善信托受托人。

2. 与慈善组织的合作将更加紧密

在目前慈善信托业务模式的基础上，未来的业务模式将更加多元化，信托公司与慈善组织的合作也将更为紧密。慈善组织可以利用信托财产风险隔离、信托公司投资管理的专业能力，更好地实现信托财产的保值增值；信托公司也可以利用慈善组织在慈善资源组织与整合、慈善项目管理、慈善活动执行等方面的优势，提升慈善活动开展的效率和效益。

虽然慈善组织自身可以作为受托人开展慈善信托，但也有强烈的意愿与信托公司合作。一是慈善组织的专业受托能力不足，希望与信托公司实现优势互补。信托公司长期经营营业信托业务，在信托财产的受托管理、风险控制和分配清算等方面具有很强的专业能力。慈善组织与其合作，可以充分体现“专业机构做专业的事”的理念。二是在短期内慈善组织开立信托专户存在一定问题的情况下，慈善组织需要借助信托公司开设信托专户，实现信托财产破产隔离，保障信托财产安全。三是《慈善信托管理办法》规定，慈善信托闲置资金开展低风险以外的投资的，需要由委托人与信托公司进行约定。可以看出，如果慈善信托由慈善组织担任受托人，则闲置慈善资金只能开展低风险投资，从而催生慈善组织与信托公司合作共同担任受托人的需求。

3.慈善目的和慈善效果将更加明确

党的十九大报告提出，我国社会主要矛盾已经转化为人民日益增长的美好生活需要和不平衡不充分的发展之间的矛盾。慈善信托可以成为解决这一矛盾的重要抓手，通过慈善活动进一步平衡地区差异、城乡差距和贫富差距，通过慈善力量补充社会保障体系，促进教育、科学、文化、卫生、体育、环保等领域的全面发展，可能会成为未来慈善信托更为聚焦的慈善目的。慈善信托灵活、透明与公开的特征，决定了其可以在精准扶贫、促进社会慈善事业方面发挥更大的作用。

随着近两年来成立的慈善信托逐步进入后续运行阶段，慈善信托的效果将逐步显现出来。这对慈善信托受托人和监管部门都提出了新的挑战。对监管部门而言，对慈善信托监管的重心需要逐步后移，从慈善信托成立时的事前监管，逐步向事中和事后监管过渡，需要更加注重慈善信托的信息披露，对慈善效果进行评估。对受托人而言，工作重点也需要从慈善信托架构设计向慈善活动开展和慈善项目实施转移，重点关注慈善资金使用、慈善项目执行和效果情况。需要及时发现问题、分析与解决问题，逐步完善慈善活动开展机制、持续创新慈善信托项目实施机制，使慈善信托效果可以更充分、高效地得以体现。

4.慈善信托税收优惠政策亟待出台

根据《慈善法》，慈善信托经备案，可以享受税收优惠；《慈善信托管理办法》也规定，慈善信托的委托人、受托人和受益人按照国家有关规定享受税收优惠。但目前针对慈善信托的税收优惠尚未落到实处，直接影响到慈善信托的发展。尤其是慈善信托的受托人无法开具捐赠发票，为了解决开具捐赠发票问题，只能通过迂回、复杂的结构设计，为委托人争取本应享有的权益。慈善信托税收优惠政策的出台，有助于引导参与方将更多的精力投入开展慈善活动和推动慈善事业的发展中。如果慈善信托税收优惠得不到妥善的解决和落实，不但慈善信托存在的价值会大打折扣，而且也不利于鼓励通过多种形式做慈善，促进慈善事业向更加规范、透明和专业的方向发展。